에 픽
콘텐츠
마케팅

일러두기

- 이 책에서 외래어는 기본적으로 국립국어원의 표기를 따랐으나, 일반적으로 통용되는 표기가 있는 경우 그것을 따랐습니다.
- 이 책에서 독자의 이해를 돕기 위한 부분은 저자주■와 역자주□로 나누어 설명했습니다.

시장을 지배하는
스토리텔링의 모든 것

에픽 콘텐츠 마케팅

EPIC CONTENT MARKETING

조 풀리지 지음 | 김민영 옮김

이콘

아담과 조슈아에게.

하거나 안 하거나 뿐, 해보는 건 없다!

영화 〈스타워즈〉 中

내게 능력 주시는 자 안에서 내가 모든 것을 할 수 있느니라.

빌립보서 4장 13절

추천사
More Praise for Epic Content Marketing

조 풀리지는 나를 콘텐츠 신도로 만들었다!
오늘부터 우리는 훌륭한 매체사에 더 가까워질 수 있도록
자체 콘텐츠를 개발하는 데 전력투구할 것이다.

———

에머슨 부사장 겸 마케팅 본부장 캐서린 버튼 벨

조 풀리지는 현존하는 인물 중에서
콘텐츠 마케팅에 대해 가장 많이 알고 있다.
바로 이 책이 그 증거다.

———

뉴욕타임스 베스트셀러 『소셜 마케팅 불변의 법칙, 유용성』
저자 제이 배어

앞으로는 브랜드를 성공적으로 구축하려면,
특히 고객과 브랜드 사이의 정서적 연결을 더 끈끈하게 하려면
콘텐츠 마케팅을 잘 알아야 한다.
이 책은 실무자들이 알아야 할 모든 것들을
자세히 그러나 복잡하지 않게 설명하고 있다.

———

노스캐롤라이나 주립대 채플힐
디지털 광고 마케팅 학장 조안 시아리노

조 풀리지는 급부상하고 있는 콘텐츠 마케팅 분야의 대부다.
목표, 원칙, 핵심 전략에 대해 이해하기 쉽고,
영감을 주는 방식으로 재미있게 풀어낸다.
아직도 당신의 회사가 매체사라는 것을 인지하지 못하고 있다면,
고객에게 다가가는 가장 강력한 방법을 놓치고 있는 것이나 다름없다.

———

크래프트 푸즈 미디어 및 소비자 관여 부서장 줄리 플라이셔

추천사

기업들이 고객들의 마음을 사로잡기 위해 다양한 마케팅 기법들로 경쟁하고 있는 이때, 고객들이 매일 접하는 수많은 콘텐츠들 속에서 내가 만든 콘텐츠가 선택될 가능성을 높이기 위해서는 그들이 콘텐츠를 어떻게 발견하고 소비하는지에 대해서 알아야 할 것이다.

이 책은 '콘텐츠 마케팅'의 본질적 가치가 무엇인지, SNS 마케팅과는 어떻게 다른지, 콘텐츠 마케팅은 어떻게 해야 하는지 등에 대해 다양한 사례를 들어 설명하고 있어, 실무자는 물론 경영진들에게도 유용한 가이드가 될 것이다. 나의 경우, 콘텐츠 마케팅을 재미있는 정보를 담은 콘텐츠를 만들어서 SNS 등을 통해 유포한 다음, 사람들의 반응을 확인하고, '좋아요'나 댓글 수를 더 늘려서 잠재 고객을 증대시키는 것으로만 이해했었다. 숫자에만 의미를 두고 경쟁사들과 비교했었고, "그래서 이게 우리 사업에 무슨 도움이 되느냐?"라는 경영진의 물음에도 명쾌하게 대답하지 못했다. 하지만 지금은 우리 회사에 도움이 되는 콘텐츠 마케팅 전략이 무엇인지에 대해서 구체적으로 제시할 수 있는 수준이 되었다. 지금도 기존과는 다른 콘텐츠 마케팅을 위한 실행 계획을 정리하며 기쁜 마음으로 추천사를 쓰고 있다. 많은 마케터들이 이 책을 통해 나와 같은 경험을 하고, 성과를 낼 수 있기를 기원한다.

박용원 이지웰페어 전략기획실장

CONTENTS

추천사 **7**
한국의 독자들에게 **11**
서문 **12**
감사의 말 **19**
들어가며 **20**

1부 콘텐츠 마케팅 - 또다른 시작

1장_ 콘텐츠 마케팅이란? **28**
2장_ 콘텐츠 마케팅의 역사 **42**
3장_ 왜 콘텐츠 마케팅인가? **48**
4장_ 콘텐츠 마케팅의 사업 모델 **63**
5장_ 콘텐츠 마케팅의 사업 타당성 **80**
6장_ 미래의 매체사들 **92**

2부 콘텐츠 영역과 전략 세우기

7장_ 더 옳거나, 덜 옳거나 **122**
8장_ 에픽 콘텐츠 마케팅은 무엇인가? **132**
9장_ 구독이라는 목표 **144**
10장_ 오디언스 페르소나 **159**
11장_ 관여과정 규정하기 **173**
12장_ 콘텐츠 영역 규정하기 **185**
13장_ 콘텐츠 마케팅 미션 스테이트먼트 **196**

3부 콘텐츠 프로세스 관리하기

14장_ 편집 일정표 짜기 212
15장_ 콘텐츠 제작 프로세스 관리 220
16장_ 콘텐츠 유형 250
17장_ 콘텐츠 자산 찾기 310
18장_ 사내에서 콘텐츠 조달하기 320
19장_ 콘텐츠 플랫폼 327
20장_ 콘텐츠 채널 계획의 실제 336

4부 스토리 퍼뜨리기

21장_ 콘텐츠 마케팅을 위한 소셜 미디어 344
22장_ 콘텐츠를 홍보하는 깨알 기술 373
23장_ 콘텐츠 마케팅에 소셜 인플루언서 활용하기 396

5부 콘텐츠 효과 내기

24장_ 콘텐츠 마케팅 효과 측정하기 408
25장_ 에픽한 이야기의 진화 439

찾아보기 467
작가에 대하여 477
역자 후기 479

한국의 독자들에게

콘텐츠 마케팅은 요즘 가장 빠르게 성장하는 마케팅 분야다. 왜일까? 인터넷 세상이 시작되기 전에는 광고 예산이 많은 브랜드와 미디어가 연합해 정보를 통제했다. 지금은 고객이 작은 스마트폰 하나만 있으면 원하는 모든 정보를 찾을 수 있고, 그 과정에서 광고와 홍보성 메시지는 무시할 수 있는 시대다. 때문에 오늘날의 기업들은 가치 있고, 아주 매력적이며, 타깃 오디언스에 유의미한 콘텐츠를 만들어야 한다. 그리고 고객들과 오랜 시간에 걸쳐 관계를 돈독히 해야 한다. 고객들은 이런 회사들을 좋아하고 신뢰하며, 궁극적으로 그 회사의 제품과 서비스를 더 많이 구입하게 된다.

물론 콘텐츠 마케팅은 어렵다. 하지만 콘텐츠 마케팅에 투자하고, 고객의 니즈에 집중하며, 끈기 있는 기업들은 그 투자가 아깝지 않을 정도로 엄청난 보상을 받는다. 그렇게 되기를 원하는 독자들이 목표를 이루는 과정에 이 책은 분명 도움이 될 것이다.

조 풀리지

서문

SAP라는 회사를 들어본 적이 있는가? 전문직 종사자라면 들어봤을지도 모른다. 독일 회사인 것을 아는 사람도 있을 것이다. 대기업에 재무회계 시스템 소프트웨어를 판매한다는 사실까지 알 수도 있다. 하지만 SAP는 그냥 독일의 소프트웨어 회사가 아니다. 그리고 일반 소비자들에게는 잘 알려져 있지 않다.

SAP의 고객 80%가 중소기업이라는 사실을 아는 사람은 드물 것이다. SAP의 소프트웨어는 전 세계 매출 거래액의 74%를, 전 세계에서 매일 주고받는 문자메시지 18억 건의 97%를 처리한다. 우리 고객은 세계 식량의 78%를 공급하며, 건강 미용 제품의 76%, 커피 및 차의 82%, 초콜릿의 79%, 맥주의 77%를 맡고 있다.

위에서 든 예시처럼, 우리는 커뮤니케이션이라는 숙제를 스토리로 풀어내고 있다. 우리가 무엇을 파는지에 대한 스토리가 아니라 우리가 고객을 위해 무엇을 하는지 설명하는 스토리를 만든다. 우리는 독자이자 소비자가 스토리의 일부가 될 때 스토리의 힘이 발휘된다고 믿는다. 즉 우리는 '에픽 콘텐츠 마케팅'을 믿는다.

사실 스토리라는 것은 새로울 게 없다. 인류의 존재와 함께 계속 있어왔던 것이다. 초기 인류는 장작불 앞에 모여 앉아, 효과적인 스토리텔링이 생존에 꼭 필요한 정보를 전달하기 가장 좋은 방법임을 깨달았다. 그들은 오디언스와의 진정성 있는 연결이 생사를 가르는 문제임을 알았던 것이다.

그로부터 1만 년 정도의 시간이 흘러 웹, 모바일, 소셜 미디어가 등장했고, 이것들은 우리가 스토리를 전하는 방식의 일부에 변화를 가져왔다. 이제는 누구나 콘텐츠를 발행할 수 있는 시대가 도래했다. 140자 이내의 글로, 또는 6초짜리 영상으로도 스토리를 만들 수 있게 됐다.

이제 전 세계는 콘텐츠와 정보의 바다에서 헤엄치고 있다. 콘텐츠 소비자가 순식간에 세계로 퍼져나가는 콘텐츠를 만들고 소비하는 상황을 즐기는 동안, 마케터와 기업들은 고객의 관심을 끌기 위해 점점 더 격해지고 있는 전쟁터에서 고군분투하고 있다.

일방적이고 단조로우며 브랜드가 주도하는 매스커뮤니케이션 시대는 공식적으로 끝났다. 하지만 여전히 기업들로부터 나오는 콘텐츠와 메시지는 좋았던 옛 시절에서 꿈쩍도 하지 않고 있다. 마케팅 전술의 효과가 점점 더 떨어질수록, 기업들은 이에 대한 대응으로 아무도 원치 않고, 아무도 좋아하지 않고, 아무도 반응하지 않는 홍보성 콘텐츠를 더 많이 만든다.

기업들은 계속해서 콘텐츠를 만들고 과도한 콘텐츠로 고객들을 상대하고 있다. 각각의 콘텐츠를 웹사이트와 소셜 미디어에 올린다지만, 오디언스에게 '우리는 고객의 목소리 따위는 듣지 않아요'라는 똑같은 메시지만 보내는 꼴이다.

기업들은 '우리가 누구인지' '무엇을 하는지'를 얘기하는 데만 관심이 쏠려 있다. 어떤 유명인사가 우리 고객인지에 대해 말하고, 고객 앞에서 우리가 얼마나 똑똑한지에 대해 한 시간 동안 떠들며 시간을 낭비한다. 기업의, 기업에 의한, 기업을 위한 콘텐츠를 만드는 것이다. 왜냐하면 이렇게 해야만 한다고 생각하기 때문이다.

문제는 이렇게 하면 아무도 듣지 않고, 읽지 않고, 반응하지 않는다는 점이다. 이메일 오픈율, 배너 클릭률, 유선 문의율 모두 떨어진다!

오늘날처럼 정보와 콘텐츠로 가득 찬 세상에서 오디언스에게 닿을 수 있는 유일한 방법은 '에픽 콘텐츠 마케팅' 뿐이다. 에픽 콘텐츠 마케팅은 기업과 그들이 가까워지고 싶은 사람들 사이에 정서적인 연결을 맺어준다.

나는 불과 몇 해 전 한 콘퍼런스에서 조 풀리지를 만났다. 나는 그와의 만남을 정말 뜻깊게 기억하고 있다. 그는 콘텐츠 마케팅은 전혀 새로운 것이 아니며, 그럼에도 불구하고 많은 브랜드들이 아직 걸음마 단계라고 얘기했다. 그러면서 존 디어, 프록터 앤 갬블, 레드불 같이 콘텐츠 마케팅을 잘하는 기업을 사례로 들었다.

나는 조가 던진 콘텐츠 마케팅의 문제점에 충분히 공감했다. 그래서 그의 발표가 끝나자마자 그에게 다가가 나에 대한 소개를 하고 사례로 든 유명 브랜드처럼 B2B 브랜드가 콘텐츠 마케팅을 잘하는 방법에 대해 물었다.

조의 답변은 간결하고 명료했다. 그는 콘텐츠 마케팅 미션 스테이트먼트를 만들고, 브랜드의 '고귀한 목적'을 달성하게 해줄 파일럿 프로그램을 작게라도 실행하고, 에픽 콘텐츠를 만드는 회사들의 사례를 팀원들과 공유하라고 제안했다. 에픽 콘텐츠는 만들 만한 가치가 있는 콘텐츠를 의미한다.

이것이 SAP의 콘텐츠 마케팅의 시작이다. 우리는 홍보성 콘텐츠, 제품 중심의 콘텐츠를 지나치게 많이 만들고 있음을 깨달았다. 아무도 우리가 만든 콘텐츠를 다운로드하지 않았고, 읽지 않았으며, 따라서 어떤 반응도 없었다. SAP의 웹사이트는 제품 상세 정보를 원하는 극소수 고객에게만 적합하고, 본인이 찾고 있는 제품이 있는지조차 모르는 대다수 고객에게는 무용지물이라는 내용의 보고서를 작성하고 공유했다. 즉 SAP의 콘텐츠에는 간극이 있었다.

우리는 이 간극을 회사 내 콘텐츠를 만드는 다양한 팀들과 공유하고 있다. 실제 콘텐츠는 사내 여러 곳에서 생산되고 있기 때문이다. 마케팅 부서뿐만 아니라 커뮤니케이션, 홍보, 영업 지원, 고객 지원, 제품개발, 기술 부서, 기타 부서 모두가 콘텐츠를 생산한다.

이 과정에서 우리는 "왜?"라는 가장 큰 걸림돌을 발견했다. 그래서 각 팀이 퍼블리셔처럼 생각하고 행동할 때 고객이 찾고 있는 콘텐츠를 더 많이 만들고 고객이 무관심하게 지나치는 콘텐츠를 덜 만든다는 점을 이해시키려 했다. 콘텐츠 마케팅의 최대 과제는 고객의 니즈를 회사의 니즈보다 먼저 생각하고, 사람들과 연결되는 이야기를 하는 것이다.

콘텐츠를 만드는 팀들을 돕기 위해, 우리는 고객이 가장 많이 할 것으로 예상되는 질문과 검색어를 규정했다. 우리는 지금도 기술과 혁신이 기업들의 최대 과제들을 해결하는 데 어떤 도움이 되는지에 대한 질문들을 정리하고 있다. 크게는 기업의 성장, 비용 절감, 경쟁, 충성 고객 확보 등에 대한 질문들이다.

우리는 또한 회사 내의 다양한 팀들과 만나면서, 우리의 고객들이 이용하는 콘텐츠 유형과 채널을 통해 이런 질문들에 답하는 방식을 차근차근 알려주고 있다.

이를 통해 최소한 고객에게 도움을 주는 방법을 알려주려고 한다. 바라건대 미래 고객에게 단순히 유용한 정보를 주는 것에서 나아가 그들을 즐겁게 해주고 싶다. 그리고 고객이 일에서 성공하도록 돕고 싶다. 이렇게 하면 고객은 SAP가 어떤 회사인지, 무엇을 하는지뿐만 아니라 그들의 사업 파트너라는 것도 자연스럽게 알 수 있다.

SAP의 고객들은 질문이 많다. 그리고 우리는 고객의 질문에 최선을 다해 대답한다. 우리는 고객과 그들의 니즈, 그리고 그들과 연결되는 스토리에 초점을 맞추고 있다. 하지만 아직 갈 길이 멀다.

우리의 콘텐츠도 모두 에픽하진 않다. 하지만 노력 중이다. '에픽 콘텐츠 마케팅'은 긴 여정이다. 하지만 첫걸음은 이제 마케팅을 다르게 해야지만 살아남고 번창할 수 있다고 인정하는 것이다.

당신이 콘텐츠 마케팅 여정의 어디쯤에 있건, 이 책은 당신의 회사, 부서, 경력에 큰 변화를 가져올 것이다. 책을 물리적으로 손에 들고 보건 태블릿으로 보건, 운동을 하면서 오디오북으로 듣건 상관없다. 우리처럼 조의 조언을 새겨듣다보면 고객들이 당신을 달리 보는 순간을 맞이하게 될 것이다. 무언가를 팔려는 사람이 아니라 진정한 전문가이자 정보통으로 생각하게 된다.

이것이 마케터와 기업이 원하는 바가 아닐까?

오늘날은 당신의 회사가 얼마나 큰지, 당신이 예산을 얼마나 갖고 있는지에 상관없이 이것을 이룰 수 있다. 준비됐는가?

SAP 마케팅 및 콘텐츠 전략 부서장 마이클 브레너

감사의 말

수많은 사람들의 도움 덕분에 이 책이 출간될 수 있었다.

무엇보다도 내 친구이자 멘토인 짐 맥더못에게 감사한다. 각 장을 쓸 때마다 검토해줬으며, 영감의 원천이 되어줬다.

그다음으로 내 친구이자 콘텐츠 마케팅 인스티튜트의 전략 수석이며 『매니징 콘텐츠 마케팅』의 공저자인 로버트 로즈에게 감사를 전한다. 이 책의 내용 중 상당 부분은 그에게서 왔거나 그와의 협업을 통해 나왔다.

우리 회사의 크리에이티브 디렉터인 조 칼리노스키도 빼놓을 수 없다. 이 책에 나오는 모든 도표와 그림을 담당했다.

콘텐츠 마케팅 인스티튜트 팀 전체에도 매우 감사드린다. 이들이 아니었으면 이 책의 원고를 작성하지 못했을 것이다. 책을 읽다보면 알겠지만, 직원들로부터 영감을 얻은 부분이 아주 많다. 마이클 린, 팜 코젤카, 조디 해리스, 피터 뢰블, 로라 코작, 클레어 맥더못, 안젤라 바누치, 리사 머튼 비츠, 켈리 셀, 캐시 맥필립스, 아만다 서블러, 셸리 퀘닉, 마크 셔빈에게 감사를 표한다.

그리고 이 책의 모든 장에서 볼 수 있는 글을 작성해준 여러 기고자들에게도 감사드린다. 이 책은 진정한 협업의 결과물이다.

마지막으로 나의 가족에게 감사의 말을 전한다. 부모님 테리 풀리지와 토니 풀리지, 형제 리아와 토니에게 감사드린다. 특히 최고의 친구이자 소울메이트인 팸에게 감사와 사랑을 전한다.

들어가며

$39,400. 이 숫자는 내가 경영하는 회사 '콘텐츠 마케팅 인스티튜트'가 2007년 4월 설립한 이래 지출한 총 광고비 액수다. $39,400밖에 되지 않는다.

설립 후 지금까지 콘텐츠 마케팅 인스티튜트는 오하이오 북부에서 가장 빠르게 성장하는 스타트업으로 알려져왔고, 2012년 잡지 『Inc.』가 선정한 고속 성장하는 비상장 매체사 9위에 오르기도 했다(당시 페이스북이 7위였다). 우리는 이러한 성과를 대공황 이후 최악의 경제 상황 아래 경쟁자들에 비해 자본과 인력이 턱없이 부족한 상태에서 일궈냈다.

자랑을 하려고 이 얘기를 꺼낸 것이 아니라, 더 나은 경영과 마케팅 방식이 있다는 것을 소개하기 위해 꺼냈다. 고객을 끌어들이고 유지하기 위해 기업 경영자와 마케터들이 알아야 할, 기존의 마케팅 모델보다 훨씬 더 월등한 모델이 분명 존재한다.

광고는 죽지 않았지만, 앞서가는 회사들은 고객의 마음을 송두리째 사로잡기 위해 이제는 콘텐츠 마케팅을 활용한다.

마케팅의 비밀

—

나는 콘텐츠 마케팅이라는 용어를 2001년도부터 사용하기 시작했다. (이 책에는 콘텐츠 마케팅이라는 단어가 정말 많이 나온다.) 나는 2000년부터 (지금은 '콘텐츠 마케팅 업계'라고 부르는) 이 업계에서 일해왔는데, 내가 다니던 회사는 펜톤 미디어라는 B2B 매체사로, 오하이오주 클리블랜드에 본사를 둔 대기업이다.

13년(펜톤 미디어에서 7년, 콘텐츠 마케팅 인스티튜트에서 6년) 동안 일하면서 나는 금융, 유통, 운송을 막론한 모든 분야에서 마케팅 예산이 민망할 정도로 많은 글로벌 기업들과 일할 기회가 있었고, 냉난방 업체, 세무사 사무실, 조경 업체 같은 수없이 많은 작고 돈 없는 회사들과도 일해봤다.

모든 대기업 마케팅 임원과 중소기업 경영자는 서로 처해 있는 문제와 어려움이 다르다고 생각한다. 하지만 사실 그들이 갖고 있는 문제는 비슷하다. 우리 회사도 마찬가지다. 이 사실에 숨겨져 있는 비밀을 알고 싶은가? 바로 이것이다.

고객은 당신, 당신의 제품, 당신의 서비스에는 관심이 없다. 고객은 자신의 문제에만 관심이 있다.

이 책을 한 줄이라도 더 읽기 전에, 우선 이 사실부터 받아들여야 한다. 우리는 대부분 우리가 사람들에게 훌륭하고 혁신적인 무언가를 제공한다고 여긴다. 하지만 실상은 그렇지 않다. 누군가는 비슷한 제품이나 서비스를 제공하고 있다. 그렇다면, 고객이 우리에게 관심을 갖고, 우리를 신뢰하고, 궁극적으로 우리로부터 무언가를 구매하고, 계속 구매를 유지하게 하는 방법은 무엇일까?

왜 에픽인가?

—

에픽epic이라는 단어에는 여러 가지 뜻이 있다. Dictionary.com의 정의를 보면, epic의 여섯 가지 정의 중 여섯번째가 '영웅적이고 인상적인 것; (용례)에픽한 항해'다. 내가 이 책에서 말하고

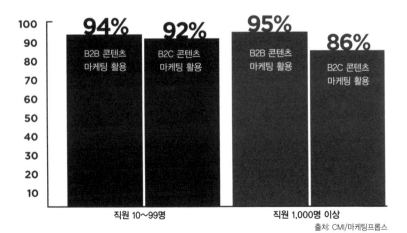

출처: CMI/마케팅프롭스

그림 I.1 콘텐츠 마케팅의 활용
크기나 형태에 관계없이 북미 지역의 기업 대다수는 고객을 끌어들이고 유지하기 위해 콘텐츠 마케팅을 활용한다

자 하는 에픽의 뜻도 이것이다.

북미 지역에서는 기업의 열에 아홉은 규모와 업종에 관계없이 콘텐츠 마케팅을 활용한다(그림 I.1). 콘텐츠 마케팅은 새로 나타난 것이 아니라, 이미 레드오션이 된, 오염된 분야다.

구글에서 'content marketing'을 검색해보면 5억 건이 넘는 결과가 나온다. 이 틈바구니를 어떻게 돌파할 것인가?

그래서 우리는 콘텐츠 마케팅을 에픽하게 해야 한다. 더 잘해야 한다. 고객에게는 더 집중하고, 제품에는 덜 신경써야 한다. 잘못 본 것이 아니다. 더 많이 팔려면 제품과 서비스에 대한 마케팅은 덜 해야 한다.

스스로의 운명을 개척하자

―

나는 고故 히스 레저가 출연한 영화 〈기사 윌리엄〉을 정말 좋아한다. 영화에서 히스 레저는 어린 시절 아버지의 조언대로 '스스로 운명을 개척해서' 농부에서 귀족이 된다.

진부하게 들리겠지만, 이 책을 통한 나의 목표도 독자들의 운명을 바꾸는 것이다. 우리는 마케팅에 대해서 다르게 생각함과 동시에 시장에 진출하는 방식에서도 다르게 행동해야 한다.

이 책에는 내가 수백 개의 회사와 일하며 알게 된 것, 콘텐츠 마케팅을 통해 내 회사를 성장시키며 알게 된 모든 것이 담겨 있다. 독자들이 이 책을 구입해준 것에 대한 보답으로 이 경험을 전하며, 이 책이 시간 낭비가 되지 않도록 노력했다.

이 책을 읽는 방법

—

사람들은 나에게 블로그 포스트나 뉴스레터의 적정 분량에 대해 많이 묻는다. 그때마다 나는 항상 "필요한 만큼입니다"라고 대답한다. 이 대답은 이 책의 분량에도 적용된다. 어떤 장은 아주 짧고, 또 어떤 장은 꽤 길다. 분량은 제각각이지만 모든 장은 회사 경영에 대해 다르게 생각하게 해줄 인사이트를 제공하며, 직접 콘텐츠 마케팅 프로세스를 만들 수 있도록 현실적이고 구체적인 조언을 제시한다.

여러 차례의 강연과 발표에서, 나는 영화 〈굿바이 뉴욕, 굿모닝 내 사랑City Slickers〉의 등장인물 컬리 이야기를 자주 했다. 영화 속에 나오는 '인생의 단 한 가지 비밀'을 기억하는가? 이 책에서건 강연에서건 나의 목표 역시 독자들이, 청자들이 일과 사업에 변화를 가져다줄 '단 한 가지'를 얻어가는 것이다.

이 책에 나오는 아이디어와 콘셉트 중 일부는 새롭게 느껴질 것이다. 일부는 익숙할 텐데, 익숙한 것은 넘어가도 좋다. 여기저기 건너뛰면서 살펴봐도 좋다. 회사를 성장시키고 더 많은 고객, 더 좋은 고객을 만들 '단 한 가지'를 찾자.

성장하라

—

당신이 포천 500대 기업의 마케팅 임원이건 작디 작은 중소기업을 운영하건, 성장을 원한다면 이 책을 권한다. 규모는 관계

없다. 당신의 직급이나 역할이 무엇이건, 당신의 일이 매출을 내기 위한 (판매를 일으키거나 유지하는) 마케팅 프로세스와 관련이 있다면, 이 책이 도움이 될 것이다.

각 장에는 이해를 돕기 위한 다음 항목들이 포함되어 있다.

EPIC THOUGHTS
이것은 유념해야 할 항목이다. 마케팅에 대해 다르게 접근하기 위해 필요하다. 이 개념들은 당신이 스스로의 운명을 개척하도록 도와줄 것이다.

EPIC RESOURCES
이 책은 수천 가지 책, 기사, 블로그 포스트, 영화, 동료들과 인플루언서들의 조언들로 이루어져 있다. 내용 구성에 도움을 준 자료들을 각 장의 마지막에 정리해서 표기했다.

독자 여러분의 건승을 빌며, 나와 함께 이 에픽한 여정에 함께하기로 결심해준 것에 감사드린다.

인내와 끈기, 피나는 노력이 모이면 반드시 성공한다

_나폴레온 힐

1부

콘텐츠 마케팅 - 또다른 시작

01

콘텐츠
마케팅이란?

머리통을 쥐어박으면서 사람들을 이끄는 건
공격이지 리더십이 아니다

아이젠하워DWIGHT D. EISENHOWER

나는 2007년 3월, 억대 연봉의 북미 최대 독립 비즈니스 매체사 임원 자리를 박차고 창업을 했다. 당시 친구들과 멘토들은 그야말로 '도시락을 싸들고 다니며' 나를 말렸었다. 하지만 나는 확신이 있었기 때문에 창업을 강행했다.

창업을 하기 전 나는 글로벌 브랜드들과 함께 일하며, 브랜드가 자신의 스토리를 통해 새로운 고객을 유치하고, 또 그 고객을 유지하도록 도움을 주는 일을 했다. 나는 2001년부터 효과적인 마케팅이 언론사의 활동과 점점 비슷해진다는 사실을 감지하고 있었다. 그런데 실제로 대형 브랜드들을 보니 남의 콘텐츠를 갖고 광고를 하는 대신 독자적인 콘텐츠를 만들어서 놀라운 결과를 이끌어내고 있었다. 나는 그해부터 마케팅 쪽 임원들과 이야기할 때 '콘텐츠 마케팅'이라는 단어를 흘리기 시작했다.

대형 브랜드가 아닌 중소기업도 이런 활동을 하면 어떨까? 즉 마케팅을 할 때 자사 제품의 특징을 강조하는 것이 아니라 타깃 고객이 필요로 하는 정보에 우선적으로 집중해보면 어떨까?

그리고 '이것을 사업 모델로 창업을 해서 사업을 키워보면 어떨까?' 하는 생각에까지 이르렀다.

이것이 내가 2007년 아주 적은 돈으로 나의 회사 '콘텐츠 마케팅 인스티튜트(Content Marketing Institute, 이하 CMI)'를 만들게 된 계기다. 올해(2013년-역자주) 회사 매출은 400만 달러를 상회할 예정이며, 내년 매출은 600만 달러가 될 것으로 예상하고 있다. 전통적인 광고를 하지 않고 성장하기 위해서 우리는 콘텐츠 제작과 배포를 중심으로 한 새로운 사업 모델을 고안해내야만 했다.

이제는 콘텐츠 마케팅이라는 개념이 업계 용어로 자리잡긴 했지만(그림 1.1), 대부분의 기업가들이 콘텐츠 마케팅을 하고 싶어도 참고할 만한 지침서조차 없는 것이 현실이다.

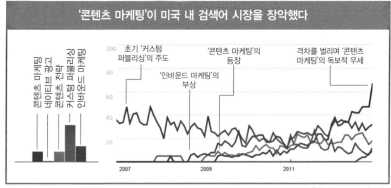

출처: google.com/trends

그림 1.1 콘텐츠 마케팅의 부흥
2013년 '콘텐츠 마케팅'이라는 단어가 마케팅 용어 중 구글 검색어 1위를 차지했다

콘텐츠 마케팅의 여러 정의들

—

콘텐츠 마케팅은 여러 가지 이름으로 불린다. 커스텀 퍼블리싱custom publishing, 커스텀 미디어, 고객 퍼블리싱, 회원 미디어 member media, 개인 미디어, 콘텐츠 전략, 브랜디드 콘텐츠, 기업 미디어, 브랜드 저널리즘, 네이티브 광고, 인바운드 마케팅, 계약 퍼블리싱contract publishing, 브랜드 스토리텔링, 기업 퍼블리싱, 기업 저널리즘, 브랜드 미디어 등이 그것이다.

하지만 '콘텐츠 마케팅'이 가장 적절한 표현이라고 생각한다. 그렇다면 콘텐츠 마케팅은 정확히 무엇일까?

콘텐츠 마케팅의 공식 정의

콘텐츠 마케팅은 고객이 회사에 수익이 되는 행동을 하도록 유도한다는 목표하에, 타깃 고객을 명확히 정의하여, 그들을 유치하고 관여시킬 수 있도록 가치 있고 설득력 있는 콘텐츠를 만들고 배포하는 마케팅 및 영업 프로세스다.

콘텐츠 마케팅 전략은 모든 이야기 채널(인쇄, 온라인, 대면, 모바일, 소셜 등등)을 활용할 수 있다. 고객의 관심을 끄는 전략부터 고객 유지 및 충성도 전략까지, 구매과정의 모든 단계에서 사용할 수 있다. 마지막으로 다양한 구매 집단에 사용할 수 있다.

『매니징 콘텐츠 마케팅』에서의 정의

콘텐츠 마케팅은 가치 있는 경험 창출에 초점을 둔 전략이다. 콘텐츠 마케팅을 하는 사람은 서로 도우며, 공동체를 풍요롭게 하는 가치 있는 콘텐츠를 공유하고 해당 사업을 그 분야 최고로 만든다. 콘텐츠 마케팅에서의 콘텐츠는 흥미롭고 공유할 명분이 뚜렷하며, 무엇보다 고객들이 당신의 제품이나 서비스를 통해 문제를 해결할 수 있다는 사실을 (스스로) 발견하게 해준다.

덜 딱딱한 정의

콘텐츠 마케팅은 매체를 빌리는 것이 아닌 소유하는 것이다. 콘텐츠 마케팅은 고객의 행동을 바꾸거나 더 낫게 하기 위해 꾸준히 콘텐츠를 만들고 선별하여 고객을 끌어들이고 유지하는 마케팅 프로세스다.

엘리베이터 피치Elevator Pitch

전통적인 마케팅과 광고가 내가 스타라고 세상에 애기하는 것이라면, 콘텐츠 마케팅은 나의 스타일을 세상에 보여주는 것이다.■

실무자를 위한 정의

콘텐츠 마케팅은 오디언스가 원하는 콘텐츠를 찾으러 가는 모든 곳에 바로 그들이 원하는 콘텐츠를 전달하는 일이다. 콘텐츠 마케팅은 제작, 큐레이션, 신디케이션의 효과적인 조합이다.■■

콘텐츠 마케팅은 타깃 오디언스에게 적절하고 가치 있고 흥미로운 콘

■ 로버트 로즈, CMI 전략 수석
■■ 마이클 브레너, SAP 마케팅 및 콘텐츠 전략 부서장

텐츠를 개발하고 공유하는 과정이며, 이것의 목표는 새로운 고객을 유치하거나 기존 고객을 통해 사업을 더 키우는 것이다.▪

반대론자를 위한 정의

고객은 당신, 당신의 제품, 당신의 서비스에는 관심이 없다. 고객은 자기 자신, 자신이 원하는 것, 자신이 필요한 것에만 관심이 있다. 콘텐츠 마케팅은 고객이 열광할 만한 흥미로운 정보를 만들어서 그들이 실제로 당신에게 관심이 생기게 만드는 것이다.

나는 마지막 정의를 가장 좋아하지만(이 정의를 널리 알린 데이비드 미어만 스콧에게 감사를!) 마케터와 기업가들은 이 내용을 가장 어려워한다. 마케터들은 자사 제품이나 서비스가 정말 특별하고 정말 대단하다고 생각하기 때문에 더 많은 사람들에게 알리기만 하면 매출 문제는 말끔히 해결될 것이라는 믿음이 강하다.

덜 파는 마케팅

—

기본적으로 콘텐츠 마케팅은 고객 그리고 예상 고객에게 소구하는 것이 아닌 그들과 소통하는 기술이다. 한마디로 비개입 마케팅이다. 제품이나 서비스에 대한 정보를 쏟아내는 대신, 고객에게 유용한 정보를 주거나 그들을 즐겁게 함으로써 감정적으로 다가간다. 이 전략의 핵심은 우리 회사가 끊임없이 계속해서 고객들에게 가치 있

▪ 아만다 막시미우, 래티스 엔진스 콘텐츠 마케팅 매니저

==는 정보를 제공하면, 결국 고객들도 구매와 충성도로 보답한다는 믿음이다.==

물론 매출을 위한 홍보물, 제품의 특징과 장점을 강조한 전통적 마케팅, 고객 후기 등이 필요한 경우도 많다. 또 대부분의 회사는 이런 콘텐츠를 갖고 있다. 하지만 이런 콘텐츠의 문제점은 예상 고객이 살 마음이 있을 때에만 결정적인 역할을 한다는 것이다. 하지만 콘텐츠 마케팅은 고객이 살 마음이 없는 99%의 경우에도 빛을 발한다.

"전도서에 이런 말이 있어... 천국에서 모든 일에 다 때를 정해놓았다고. 웃을 때... 그리고 울 때. 애도할 때... 그리고 춤출 때. 이 법칙이 통하던 때도 있었지만, 이제는 아니야."

_케빈 베이컨(렌 役), 영화 〈자유의 댄스FOOTLOOSE(1984)〉 中

유료 광고가 제품과 서비스를 파는 가장 좋고 효과적인 방법이던 때도 있었지만, 이제는 아니다.

_조 풀리지JOE PULIZZI

정보를 제공하거나 즐겁게 해주자
—

교육과 엔터테인먼트를 구분하려는 사람은 그 두 분야 중 어느 하나도 전혀 이해하지 못한 것이다.

_마샬 맥루한MARSHALL MCLUHAN

10년 전 나는 글로벌 콘텐츠 에이전시인 스토리 월드와이드의 CEO 커크 치피츠와 점심식사를 함께할 기회가 있었는데, 그때 그가 한 말을 지금까지도 가슴에 새기고 있다.

"정보를 제공하거나 즐겁게 해주세요.
브랜드가 고객과 소통하는 방법이 이것 말고 뭐가 있을까요? 브랜드가 고객에게 할 수 있는 최고의 응대는 그들에게 흥미로운 이야기를 들려주는 것입니다."

마케팅 커뮤니케이션 방식은 아래 네 가지로 압축할 수 있다. 당신은 어떤 것을 선택하겠는가?

1 고객에게 정보를 제공해 그들이 더 나은 생활을 하거나, 더 좋은 직장을 갖거나, 현재 직장에서 더 성공할 수 있게 돕는다.
2 고객을 즐겁게 해주고 공감을 형성한다.

이 두 가지 방법은 구독자를 모으는 데 도움이 된다(매체사가 주로 쓰는 방식인데 자세한 사항은 뒤에서 다루겠다).

3 아무 변화도 이끌어내지 못하는 고만고만한 콘텐츠를 만든다. 회사 내부용 자료나 홍보 판촉용 콘텐츠가 여기에 해당할 것이다. 또는 유용하거나 재미있는 콘텐츠가 되는 것을 의도했지만 품질, 일관성, 기획상의 문제 때문에 고객들로부터 외면 당한 것도 있다.

4 유료 광고, DMdirect mail, PR과 같은 전통적인 마케팅에 돈을 쓰는 것이다. 다시 말하지만, 이런 활동이 잘못된 것은 아니다. 하지만 이 책은 당신의 광고비를 쓰는 더 나은 방법을 보여줄 것이다.

콘텐츠 마케팅 VS 소셜 미디어 마케팅, 무엇이 다른가?

카포스트 CEO 토비 머독
Toby Murdock, CEO, KaPost

브랜드 담당자나 광고 마케팅 에이전시들을 만나보면, 아직도 '콘텐츠 마케팅'이라는 용어를 낯설어 하는 사람들이 있다. 그래서 설명을 하기 시작하면 반응은 "아, 브랜드에서 콘텐츠를 낸다고요? 소셜 미디어 마케팅 말씀하시는 거죠?"가 대부분이다.

그렇다. 콘텐츠 마케팅은 소셜 미디어 채널을 많이 활용한다. 또 소셜 미디어에서 마케터들은 그들의 메시지를 전달하기 위해 콘텐츠를 제작 및 기획한다. 이렇게 콘텐츠 마케팅과 소셜 미디어 마케팅 사이에 겹치는 부분이 많기는 하지만, 이 둘은 초점, 목표, 프로세스가 완전히 다른 별개의 것이다. 혼동을 없애기 위해 주요한 차이점을 살펴보자.

무게중심

소셜 미디어 마케팅의 무게중심—마케팅 활동의 핵심—은 소셜 네트워크 플랫폼 내부에 위치한다. 마케터가 소셜 미디어 캠페인을 실행하면 그것은 페이스북, 트위터, 구글+ 등등 플랫폼 안에서만 움직인다. 콘텐츠를 생산할 때도 해당 플랫폼 내부에서 한다.

반면 콘텐츠 마케팅의 무게중심은 브랜드 웹사이트(웹사이트는 궁극의 플랫폼이다. 더 자세한 내용은 19장 참조)다. 웹사이트라 AmericanExpress.com처럼 브랜드명으로 된 주소나 아멕스Amex의 오픈포럼OPEN Forum처럼 브랜드의 특정 제품을 위해 만든 마이크로사이트 등을 말한다. 소셜 네트워크는 콘텐츠 마케팅 활동의 성공에 필수적이지만, 콘텐츠 마케팅에서는 페이스북, 트위터, 구글+ 등을 브랜드 웹사이트의 콘텐츠로 가는 링크를 배포하는 용도로 사용할 뿐 거기에 콘텐츠 자체를 담지는 않는다.

콘텐츠 유형

소셜 미디어 마케팅에서는 콘텐츠를 사용하는 플랫폼이 제공하는 형식에 맞춰야 한다. 트위터에서는 140자 이내로 글을 써야 하고, 페이스북에서는 테스트, 퀴즈, 게임 같은 것을 진행하는 것처럼 말이다. 소셜 미디어 마케팅에서 브랜드는 소셜 네트워크 이용자의 행동 양식을 따라야만 한다.

반면 콘텐츠 마케팅에서는 콘텐츠 분량과 형식이 훨씬 자유롭다. 브랜드는 블로그, 동영상, 인포그래픽, 전자책 등 여러 가지 형식의 콘텐츠를 발행할 수 있다. 콘텐츠 마케팅에서 브랜드는 해당 매체의 행동 양식을 따른다.

목표

소셜 미디어 마케팅과 콘텐츠 마케팅 둘 다 다양한 목적이 있지만, 소셜 미디어 마케팅은 일반적으로 두 가지 주요 목적에 집중하고 있다. 첫번째는 브랜드 인지도로, 브랜드와 관련된 이야기와 활동을 이끌어내는 것이다. 두번째는 고객 유지와 고객 만족인데, 브랜드는 고객과 직접 대화하는 열린 공간으로 소셜 미디어를 이용하면서 고객의 불만이나 질문에 대응하고 있다.

반면, 콘텐츠 마케팅은 웹사이트를 기반으로 수요(또는 고객) 창출에 더 집중할 수 있다. 양질의 콘텐츠가 예상 고객을 브랜드 웹사이트로 데려오면, 브랜드는 예상 고객과의 관계를 발전시켜 전환과 구매로 이끈다.

온라인 마케팅의 진화

소셜 미디어 마케팅과 콘텐츠 마케팅은 완전히 다르다기보다는 지금도 진행 중인 마케팅의 진화과정에서 서로 밀접한 연관성을 갖고 있는 마케팅 방법이라고 생각해야 한다. 인터넷은 모든 브랜드가—미디어 산업이라는 매개자 없이—고객과 직접 소통할 수 있는 혁명적인 능력을 갖게 했다.

소셜 미디어 마케팅은 자연스럽게 이 과정의 첫 단계가 된다. 이용자에게 직접 접근할 수 있고(이용자는 소셜 네트워크에 많은 시간을 쏟는다), 짧은 콘텐츠 형식이 많기 때문에, 배포 작업이 상대적으로 간단하다.

하지만 브랜드가 소셜 미디어 마케팅에서 퍼블리셔라는 새로운 역할에 점점 익숙해지다보면 콘텐츠 마케팅 쪽으로 자연스럽게 진화하게 되어 있다. 물론 요구 조건은 더 까다롭다. 콘텐츠 마케팅에서 브랜드는 내용이 더 긴, 양질의 콘텐츠를 생산해야 하며 자체 사이트에서 오디언스를 더 모아야 한다. 이것은 곧 진정한 매체사가 돼야 한다는 것을 의미한다. 그러면 보상과 결과는 틀림없이 더 강력해진다. 브랜드는 고객과 더 깊은 관계를 맺을 수 있게 되고, 소비자를 브랜드 웹사이트로 끌어들임으로써 잠재 고객을 얻고, 그들을 구매 고객으로까지 전환할 수 있는 더 큰 기회를 얻게 된다.

콘텐츠 마케팅이라는 신세계

—

콘텐츠 마케팅의 첫번째 정의를 다시 한번 보자. 단, 이번에는 '가치 있고 설득력 있는'이라는 수식어를 빼보겠다.

콘텐츠 마케팅은 고객이 회사에 수익이 되는 행동을 하도록 유도한다는 목표하에, 타깃 고객을 명확히 정의하여, 그들을 유치하고 관여시킬 수 있는 콘텐츠를 만들고 배포하는 마케팅 및 영업 프로세스다.

이렇게 하면 콘텐츠 마케팅이 아니라 기업이 '물건'을 팔기 위해 당신에게 던지는 여타 쓰레기 정보의 정의와 같다. 기업은 항상 정보를 쏟아내지만, 그것은 대개 설득력이 부족하거나 쓸모없는 쓰레기 같을 뿐이다(스팸을 떠올려보자). 한 사람이 하루에 수천 건의 마케팅 메시지에 노출되는 오늘날의 환경에서 콘텐츠 마케팅은 아주 흥미로울 수밖에 없다. 좋은 콘텐츠 마케팅은 사람을 멈추고, 읽고, 생각하게 하고 행동을 바꾸게 만든다.

콘텐츠와 콘텐츠 마케팅의 차이

전 세계 마케터 중 누군가는 지금 이 순간에도 이것에 대해 고민하고 있다. 여기 그 답이 있다.

몇몇 전문가는 콘텐츠가 다른 사람과 관계를 맺을 수 있는 모든 종류의 말, 이미지 또는 픽셀이라고 한다. 이 책에서 콘텐츠라 함은 정보를 주고, 관심을 불러일으키고, 즐거움을 주는 설득력 있는 콘텐츠다.

콘텐츠 마케팅과 단순 콘텐츠의 차이는 콘텐츠 마케팅이 사업에 도움이 된다는 점에 있다. 즉 콘텐츠 마케팅은 사업을 위해 존재한다. 콘텐츠 마케팅은 고객이 회사에 이익이 되는 행동을 하도록 만든다는 목표하에, 고객에게 정보를 주고, 관심을 불러일으키고, 즐거움을 주어야 한다.

당신의 콘텐츠가 관심을 불러일으키거나 정보를 주긴 하지만 사업 목표(예를 들면, 고객 유지나 고객 창출)에 부합하지 않는다면, 그것은 콘텐츠 마케팅이 아니다. 당신이 생산하는 콘텐츠가 고객을 끌거나 유지하는 데 어떤 식으로든 직접적인 역할을 해야만 콘텐츠 마케팅이라 할 수 있다.

앞으로의 콘텐츠 마케팅

로퍼 퍼블릭 어페어스에 따르면, 구매자의 80%는 어떤 회사에 대한 정보를 얻을 때 광고보다는 기사를 선호한다고 한다. 구매자의 70%는 콘텐츠 마케팅을 하는 회사에 더 친밀함을 느낀다고 했고, 60%는 기업 콘텐츠가 더 나은 의사결정을 하는 데 도움이 된다고 답했다. 그럼 생각해보자. 당신의 고객이 당신 회사의 소식을 기다리고 있다면? 그것이 인쇄물이건 메일이건, 웹사이트, 소셜 미디어, 모바일 콘텐츠를 통해 받았건, 거기에 15분, 30분 또는 45분 시간을 들여 살펴본다면? 당신이 제품이나 서비스에 대한 마케팅을 덜 했는데도 매출이 더 많이 난다면?

그렇다. 당신은 고객이 기대하고, 진정 그들과 관계를 맺을 수 있는 마케팅을 할 수 있다! 고객이 필요로 하고, 요청하기까지 하는 '영업' 메시지를 개발하고 실행할 수 있다. 콘텐츠 마케팅은 매일 매 순간 우리에게 쏟아지는 개입 마케팅interruption marketing과는 전혀 다르다. 콘텐츠 마케팅은 현재 그리고 미래를 위한 마케팅이다.

EPIC THOUGHTS

- 콘텐츠가 고객과 예상 고객의 행동 변화를 이끌어내지 못하면 그저 한낱 콘텐츠일 뿐이다. 행동 변화가 일어날 때만 '콘텐츠 마케팅'이라고 부른다.
- 누군가가 당신의 마케팅을 기대하고, 사랑하고, 원해야 한다. 우리는 이런 세상에 살고 있다.
- 소셜 미디어 전략에 앞서 콘텐츠 마케팅 전략이 필요하다—어제도, 오늘도, 앞으로도 항상.

EPIC RESOURCES

- Google Trends, "content marketing" search, http://www.google.com/
trends/explore#q=%22content%20marketing%22.

- Footloose(1984), starring John Lithgow and Kevin Bacon. (〈자유의 댄
스〉, 1984)

- Robert Rose and Joe Pulizzi, *Managing Content Marketing*,
Cleveland: CMI Books, 2011.

- Roper Public Affairs & Corporate Communications, "Consumers'
Attitude Toward Custom Content," March 2011, http://www.
ascendintegratedmedia.com/sites/default/files/research/63402297−
Consumers−Attitude−Towards−Custom−Content−2011.pdf.

02

콘텐츠 마케팅의 역사

—

역사는 나에게 호의적일 것이다
내가 역사를 쓸 것이기 때문이다

———

윈스턴 처칠WINSTON CHURCHILL

존의 이야기

—

옛날에 존이라는 궁핍한 대장장이가 있었다. 버몬트에 살고 있던 존은 젊지만 파산 상태였고 가족의 생계까지 책임져야 하는 절박한 상황이었다. 1863년 그는 가족을 떠나겠다는 어려운 결정을 내린다. 돈을 벌겠다는, 아니면 최소한 일자리라도 얻겠다는 희망을 갖고 전 재산 73달러와 함께 서부로 향했다.

2주 뒤, 존은 일리노이주 그랜드 디투어에 거처를 마련했다. 그리고 대장간 간판을 달고 영업을 시작했다.

하루하루가 지나면서, 존은 북동부에서 온 농부들로부터 일리노이는 토양이 끈적끈적해 쟁기질하기가 힘들다는 이야기를 듣게 된다. 그들은 뉴잉글랜드의 땅에는 잘 들어가던 철제 쟁기가 중서부 토양에는 잘 안

들어가 힘들다고 했다. 쟁기질을 2~3야드 할 때마다 쟁기에 묻은 진흙을 닦아내야만 해서 죽을 맛이란다.

존은 쟁기 표면에 강철을 입힐 수만 있다면, 진흙이나 흙이 붙지 않을 것이라고 생각했다. 그래서 1837년 그는 못 쓰는 톱날을 이용해 최초의 코팅 쟁기를 만들었다.

몇 달이 지나는 동안 존은 농부들과 일하면서 그들이 말하는 문제점을 귀담아들었다. 그리고 여러 해에 걸쳐 쟁기를 개량해나갔고, 결국 당대 최고의 발명가 겸 사업가가 됐다.

이 남자는 바로 존 디어John Deere다.

19세기의 콘텐츠 마케팅

—

존 디어는 1886년에 세상을 떠났지만, 그의 삶의 가치인 경청하기와 가르치기는 그가 세운 회사에 지금까지도 살아 숨쉬고 있다. 세계에서 가장 유명한 농업 회사인 디어앤컴퍼니는 1895년에 『더 퍼로우The Furrow(고랑—역자주)』라는 잡지를 발간, 배포했다(그림 2.1). 디어는 『더 퍼로우』를 존 디어 장비의 (카탈로그를 대신하는) 판매 수단으로 이용한 것이 아니라, 이것을 통해 농부들에게 신기술 및 농부로서 또 사업가로서 더 성공할 수 있는 방법을 알려줬다(따라서 콘텐츠 마케팅이라 할 수 있다).

『더 퍼로우』는 창간호부터 그 이후로도 쭉, 홍보성 메시지나 존 디어를 자랑하는 콘텐츠는 싣지 않았다. 사려 깊은 언론인, 스토리텔러, 디

그림 2.1 존 디어의 잡지 「더 퍼로우」
디어 앤 컴퍼니의 「더 퍼로우」는 현재 세계 최대 농업인 대상 잡지다

자이너들이 모여 만들었고, 농부들이 깊게 관심을 갖고 있는 주제를 다뤘다. 이들의 콘텐츠 목표는 농부들을 더 번창하게 하고, 당연히 돈을 더 많이 벌 수 있도록 돕는 것이었다.

120년이 지난 지금, 『더 퍼로우』는 여전히 탄탄하다. 매월 12개 언어로 40개국에 150만 부를 발행하는, 전 세계에서 최대 발행 부수를 자랑하는 농업 전문 잡지다.

이 때문에 존 디어는 콘텐츠 마케팅을 장기적인 사업과정의 일환으로 활용한 최초의 인물로 자주 거론된다.

콘텐츠 마케팅의 찬란한 역사

—

존 디어는 시작일 뿐이다.

- **1900년: 미슐랭Michelin은 『미슐랭 가이드The Michelin Guide』를 개발한다.** 상징과 같은 빨간 표지의 이 400쪽짜리 가이드는 지금도 운전자들이 자동차를 정비하고 괜찮은 숙소를 찾을 수 있도록 도와주고 있다. 그들은 초판 3만 5천 부를 무료로 배포했다.

- **1904년: 젤로Jell-O 레시피북 효과.** 젤로는 무료로 레시피북을 나눠준 결과로 1906년 매출 100만 달러를 돌파한다.

- **1913년: 번즈앤맥도넬엔지니어링Burns & McDonnell Engineering이 『벤치마크BenchMark』 잡지를 발간한다.** 캔자스시티에 있는 이 엔지니어링 및 컨설팅 회사는 지금도 상을 받은 『벤치마크(그림 2.2)』를 만들고 있다.

- **1922년: 시어스Sears는 〈세상에서 제일 큰 가게World's Largest Store〉라는 라디오 프로그램을 제작한다.** 이 방송은 시어스의 로벅 농업재단으로부터 콘텐츠를 제공받아 경제 침체기 동안 농부들에게 시장 정보를 제공했다.

- **1930년: 프록터앤갬블(Procter & Gamble, 이하 P&G)이 라디오 연속극에 뛰어든다.** 더즈Duz, 옥시돌Oxydol 같은 세제 브랜드들을 등장시킨 시도는 엄청난 성공을 거뒀으며, 이것이 '연속극soap opera'의 시작이었다.

콘텐츠 마케팅의 역사 이해하기

—

1장에서 언급했듯이 콘텐츠 마케팅은 이제 막 하나의 산업으로 떠오르고 있지만, 브랜드들이 어떤 과정을 거쳐왔는지 아는 것은 중요하다. 브랜드들은 수 세기 동안 스토리를 전파해오고 있다. 이러한 노력은 지금보다 채널이 훨씬 적었을 때부터 시작됐으며, 수백 개의 마케팅 채널이 존재하는 지금에도 그 노력은 변함없이 계속되고 있다.

훌륭한 이야기를 적절한 때, 적절한 대상에게 말하면 그 이야기는 자연히 돋보이게 되어 있다. 새로운 채널은 내일도 나오고 그 다음날이 되면 또 생길 것이다. 언제나 새로운 것에는 혹하게 마련이다. 똑똑한 콘텐츠 마케터라면, 채널은 새로 생기고 사라지기 마련이지만 좋은 이야기(그리고 스토리텔링)은 영원하다는 것을 명심해야 한다.

출처: 번즈앤맥도널

그림 2.2 100년간 발간되고 있는 잡지 『벤치마크』
엔지니어링 회사 번즈앤맥도널은 고객을 대상으로 한 잡지를 100년 넘게 발간하고 있다

EPIC THOUGHTS

- 콘텐츠 마케팅은 갑자기 태어나지 않았다. 브랜드는 수백 년 동안 장대한 이야기를 해왔다. 그때와 지금의 차이는 무엇인가? 무엇보다 제대로 하는 것이 더 중요해졌다.
- 『더 퍼로우』는 전 세계에서 가장 많은 부수를 발간하는 농업 전문 잡지다. 당신은 고객에게 최고의 정보 제공자가 될 수 있는가?

EPIC RESOURCES

- Deere & Company, "The History of John Deere," accessed April 6, 2013, http://www.deere.com/wps/dcom/en_US/corporate/our_company/about_us/history/history.page.
- *The Furrow*, accessed April 6, 2013, http://www.deere.com/wps/dcom/en_US/industry/agriculture/our_offerings/furrow/furrow.page.
- Rex Hammock, "The History of Media: Brands Have Been Publishers Since the 19th Century," *RexBlog.com*, May 19, 2011, http://www.rexblog.com/2011/05/19/23189.
- Joe Pulizzi, "The History of Content Marketing" (Infographic), ContentMarketingInstitute.com, February 22, 2012, http://contentmarketinginstitute.com/2012/02/history-content-marketing-infographic/.

03

왜 콘텐츠
마케팅인가?

> 큰 조직의 임원급 관리자들은 고객이나 생산 현장에서 멀기 때문에
> 사업 프로세스가 얼마나 망가졌는지를 모르는 경우가 허다하다
>
> 마이클 해머&제임스 챔피, 『리엔지니어링 기업혁명』中
> MICHAEL MANNER&JAMES CHAMPY, 『REENGINEERING THE CORPORATION』

당신은 질문이나 문제가 생겼을 때 어디 가서 답을 찾는가? 대개 구글 같은 검색엔진일 것이다.

가장 즐겨 하는 SNS를 보면서 어떤 것들을 공유하는가? 재미있는 이야기나 재치 있는 사진을 보는가?

운동을 할 때는 무엇을 하는가? 흥미로운 팟캐스트나 최신 경영서 오디오북을 듣는가?

호텔을 예약하거나 업무용 소프트웨어를 사려고 검색을 할 때 무엇을 살펴보는가? 객실 후기나 평점을 보고, 소프트웨어를 비교한 보고서를 읽는가?

앞에 언급한 모든 경우에서 문제를 해결해주고, 우리를 웃게 하고, 다음 단계를 위한 아이디어를 주는 것이 바로 콘텐츠다. 『콘텐츠는 화폐다Content Is Currency』를 쓴 존 우에벤Jon Wuebben에 따르면 "콘텐츠를 통해,

우리는 이어진다. 콘텐츠는 연결의 동력이 되는 화폐다. 콘텐츠는 우리에게 말을 걸고, 공유하고 싶게 만들고, 사람들의 구매를 유발한다."

한마디로 지금의 놀라운 소셜 미디어 채널들은 에픽 콘텐츠가 없이는 무용지물이다.

또다른 시작

———

2008년 나는 뉴트 배럿Newt Barrett과 함께 『콘텐트 마케팅 파워』를 썼다. 이 책 서두의 첫 두 문단은 5년이 지난 지금도 유효하다.

이제는 마케팅 조직들도 언론사들이 만드는 것만큼 또는 그보다 더 나은 콘텐츠를 만들 수 있다는 사실을 자각하고 있다. 그뿐만 아니라 예상 고객이 가장 어려워하는 문제들을 해결할 수 있도록 도와주는 적절한 콘텐츠를 제공함으로써 예상 고객과 고객 모두에게 실질적인 이득을 줄 수 있다는 사실도 깨닫고 있다.

타깃 시장에 꼭 필요하고 유의미한 콘텐츠를 제공한다면, 당신은 고객의 삶에 있어서 중요한 역할을 맡게 될 것이다. 이것은 온라인, 인쇄물, 그리고 대면 커뮤니케이션 모두에 해당한다. 과거에 신문, 잡지, TV, 라디오, 콘퍼런스, 워크숍, 웹사이트가 해왔던 역할이 이것이다. 이제 당신의 조직이 이 역할을 맡아야 한다.

치고 나가기

—

5년 전이나 지금이나 기회는 동일하지만 기준선은 높아졌다. 마케팅 조사 업체 얀켈로비치에 의하면 1970년대 소비자들은 하루 500건의 마케팅 메시지에 노출됐었지만 지금은 그 숫자가 5,000건 이상이다.

그러나 소비자들은 메시지를 듣지 않고 있다―매우 까다로워졌다는 의미다. 구글의 ZMOTZero Moments of Truth에 따르면 2010년 소비자가 구매 결정을 내리기 전에 접했던 콘텐츠의 수는 평균 5건이었다. 그런데 2011년에는 그 수가 두 배로 늘어 10건이 됐다.

구글은 소비자들이 더 많은 미디어를 이용하게 되면서 이 숫자는 계속 증가할 것이라고 예측한다. 물론이다. 컴스코어의 자료를 보면, 2012년 11월 미국과 대부분의 유럽 국가에서 스마트폰 사용률이 50%를 훌쩍 넘었다. 이것은 대부분의 사람들이 항상 콘텐츠 수집 도구를 지니고 있다는 말이다.

솔직히 우리의 스마트폰 사용 실태는 문제가 많다. 2012년 타임지가 전 세계 휴대전화 및 스마트폰 사용자 5,000명을 조사한 결과는 다음과 같다.

- 응답자의 84%는 휴대전화 없이는 단 하루도 살 수 없다.
- 미국인의 50%는 전화기를 머리맡에 두고 자는데, 18~24세 연령대에서는 80%다.
- 응답자의 20%는 10분마다 전화기를 확인한다.

2012년 퓨인터넷서베이에서는 휴대전화 사용자의 50% 이상이 비디오나 TV를 보면서 동시에 휴대전화를 본다고 발표했다. 이것은 곧 당신의 고객들은 365일 24시간 콘텐츠에 노출되어 있지만, 그중에서 원하고 필요한 것만 선별할 능력이 있고, 실제 그렇게 하고 있다는 의미다.

콘텐츠 마케팅의 시대가 온다는 근거

—

나는 하루도 빼놓지 않고 왜 콘텐츠 마케팅이 뜨고 있는지에 대한 질문을 듣는다. 질문 내용은 이런 것들이다.

- 콘텐츠 마케팅은 얼마나 오래갈 것인가?
- 콘텐츠 마케팅은 일시적 유행어인가?
- 언제쯤 거품이 꺼질 것인가?

조정 기간

주식을 해본 적이 있다면 조정이 무엇인지도 알 것이다. 주식시장에서의 조정을 기술적으로 설명해보면, 주가가 크게 오른 후('상승장'이라 한다) 비교적 단기간에 시장 전체가 적어도 10% 이상 빠지는 것이다.

지난 50년간 유료 광고 매체는 (대체로) 상승장이었다. 대부분의 마케팅 프로그램은 모든 유료 광고 매체를 중심에 뒀다. 지금도 소비재 분야의 마케팅 캠페인은 30초짜리 광고(TV CF—역자주) 위주로 돌아간다. 2013년 슈퍼볼 중계사 CBS가 한 광고당 받은 광고비는 무려 약 400

만 달러에 달한다.□ 받을 수만 있다면 하루 일당으로 나쁘지 않은 수준이다.

2000년대 초반 펜톤 미디어에서 일할 때 나는 B2B_{Business-to-Business} 마케팅 임원들과 마케팅 예산에 대해 논의할 일이 많았다. 우리는 무역 박람회 전시, 인쇄 광고, 그리고 후원에 많은 투자를 했다. 그리고 남는 예산은 PR에 썼다. 바닥에 떨어진 동전 같은 돈만이 자체 매체(콘텐츠 마케팅) 차지였다.

당시에는 대부분의 브랜드들이 유료 매체에 과도하게 집중했고, 자체 매체에는 기본적인 수준 정도도 신경쓰지 않았다. 심지어 지금도 그렇다. 콘텐츠 마케팅의 꿈틀거림(혁명을 만들!)은 시장에서 필수적인 조정이다.

심지어 콘텐츠 마케팅이 부상하는 와중에도(그림 3.1) 마케팅 예산 대부분은 여전히 콘텐츠 제작과 배포에 쓰여지지 않고 있다.

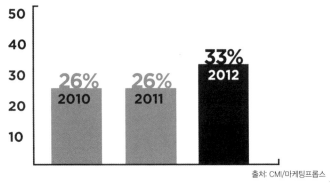

출처: CMI/마케팅프롭스

그림 3.1 콘텐츠 마케팅 예산
콘텐츠 마케팅 예산은 계속해서 증가한다. 현재 마케팅 예산의 3분의 1은 콘텐츠 제작과 배포에 쓰인다.

□ 2017년 기준으로 500~550만 달러, 한화 약 60억 원

변화의 이유

이런 조정이 필요한 이유는 수도 없이 많다. 그중 몇 가지 생각해볼 만한 것들을 뽑아봤다.

기술 장벽이 없다 과거에는 퍼블리싱과정이 복잡하고 비쌌다. 전통적으로 언론사들은 복잡한 콘텐츠 관리와 생산 시스템에 수십억 원을 썼다. 지금은 누구나 온라인을 통해 공짜로, 5분(5초일 수도 있다) 또는 그보다 더 짧은 시간 안에 콘텐츠를 세상에 공개할 수 있다.

인력 수급 언론인들은 이제 더이상 매체사가 아닌 곳에서 일하는 데 거리낌이 없다. CMI는 2012년에 테크 기업 열세 곳에서 워크숍을 열었다. 이 회사들은 모두 사내 기자, 편집장 또는 콘텐츠 마케팅 담당자를 채용 중이었다. 지금 이 자리들은 전통 매체사 출신 사람들로 채워져 있다. 이런 흐름은 이제 시작이다.

콘텐츠 수용도 월스트리트저널Wall Street Journal 정도는 돼야 사람들이 흥미를 갖고, 공유하는 콘텐츠를 만드는 시대는 이제 끝났다. 소비자들은 신뢰도를 즉각적으로 판단한다. 2012년 에델만 스터디에 따르면, 현재 19세에서 34세인 밀레니얼 세대Millennials는 브랜드가 그들을 위한 콘텐츠를 개발해주길 바라며, 이중 80%는 콘텐츠 마케팅을 통해 직접적으로 즐길 거리를 제공받길 바란다.

게다가, 『세상을 설득하는 매혹의 법칙』의 저자 샐리 호그셰드Sally Hogshead는 고객의 이목을 끌기 위해 주어진 시간은 9초밖에 되지 않는다고 한다. 이 법칙은 언론사와 비언론사 모두에게 해당된다. 유용하고 매력적인 콘텐츠는 돋보이기 마련이다. 그 외 나머지는 무시되고 걸러지며 묵살된다.

소셜 미디어 브랜드가 가치 있고, 꾸준하며, 매력적인 정보를 만들고 배포하지 않으면 소셜 미디어의 효과를 보지 못한다. 브랜드가 소셜 미디어에서 성공하려면 우선 흥미로운 이야기를 해야 한다. 2013년 CMI와 마케팅프롭스MarketingProfs가 공동으로 수행한 콘텐츠 마케팅 벤치마크 조사Content Marketing Benchmarks Study에 의하면 기업의 거의 90% 정도가 고객과 소통하기 위해 소셜 미디어를 활용한다. 이 수치는 더 많은 회사들이 소셜 미디어 채널에 어떤 콘텐츠를 넣어야 할지 고민하고 있다는 증거다.

구글 구글이 가장 최근에 업데이트한 주요 알고리즘(구글이 검색어 순위를 내는 방식) 펭귄Penguin과 판다Panda는 이들이 콘텐츠 공유를 점점 더 중요하게 취급한다는 것을 보여준다. 구글의 의중을 해석해보면, 검색을 했을 때 노출되려면 신뢰할 만한 소스에서 공유한 콘텐츠인지가 핵심이라는 것이다. 예전에는 검색어 노출이 잘되게 하기 위해 꼼수(블랙햇 검색 엔진 최적화black hat search engine optimization이라고도 불린다)를 쓰는 것도 통했지만, 이제는 탄탄한 콘텐츠 마케팅 전략이 없이는 불가능하다.

나는 전통적 마케팅 기법을 싫어하지 않는다. 나는 유료 매체, 모집 매체[ㅁ], 자체 매체가 통합적으로 조화를 이룬 프로그램이 가장 효과적이라고 믿는다. 하지만 간단히 말하면, 대부분은 아직까지도 유료 매체에만 과도하게 투자하고 있다. 자원의 상당 부분이 더 자체 매체 쪽으로 넘어갈 때까지 조정은 계속 이어질 것이다.

콘텐츠의 사명감

언론사들은 그들이 콘텐츠를 공정한 입장에서 만들기 때문에 다르다고 주장한다. 이런 주장에 대해 나는 MSNBC(진보 성향)와 폭스뉴스Fox News(보수 성향) 같은 언론사를 언급한다. 모든 회사는 무엇을 팔든, 그 조직이 인지하고 있든 아니든, 내재된 편향을 지닌다.

그렇다면 앞으로는 비언론사가 다루는 업계 뉴스를 볼 수 있을 것이란 말인가? 그렇다. 사실 이런 일은 이미 일어나고 있다. 세계 최대의 소프트웨어 회사이자 데이터 분석 회사인 어도비Adobe는 CMO.com(그림 3.2)이라는 콘텐츠 사이트를 운영한다. CMO.com은 마케팅 전문가들을 위한 뉴스 사이트로, 소셜 미디어부터 마케팅 리더십까지 다양한 분야를 다룬다. '편향성'이 아예 없는 것은 아니지만 업계 소식, 저명한 마케팅 전문가(Chief Marketing Officer, 이하 CMO)와의 인터뷰, 최신 보고서 등을 제공한다.

CMO.com의 편집장 팀 모란Tim Moran은 CMO.com이 어도비와 마케팅 업계 모두가 갖고 있는 중요한 니즈를 채워준다고 믿는다. "네, CMO.com은 어도비의 마케팅 일환이지만 그게 전부는 아닙니다. 어도비가

▫ 고객 혜택, 비용 지출 등을 통해 오디언스를 모은 매체

그림 3.2 어도비의 CMO.com

CMO.com은 어도비의 콘텐츠 플랫폼으로 마케팅 임원들에게 디지털 마케팅에 관한 이야기를 매일 제공한다

업계에서 더 목소리를 내야 한다고 믿고 있고, 우리의 고객 및 예상 고객에게 유용하고 유의미한 콘텐츠를 제공하는 것이 시장에 대한 어도비의 책무라고 생각합니다. 더 많은 독자들이 알고 이해할수록, 독자들에게도 어도비에게도 더 좋은 것입니다."

팀은 유나이티드 비즈니스 미디어나 CMP 같은 주요 언론사에서 에디터로 20년 이상 일했기 때문에 유용한 콘텐츠의 가치에 대해 잘 알고 있다. 팀은 어도비가 콘텐츠를 투명하게 관리하는 한, 고객, 예상 고객 그리고 독자들이 어도비가 제공하는 것들의 가치를 알아줄 것이라고 믿는다.

어도비와 존 디어 같은 회사들에게 콘텐츠 마케팅은 있으면 좋은 것이 아니라 조직 문화와 소통 전략에 반드시 필요한 요소다. 콘텐츠 마케팅은 시장 진출 전략의 일부인 것이다.

전통적인 매체는 예산이 부족한가?

—

2013년 초 IABInteractive Advertising Bureau는 콘텐츠 마케팅 관련 미디어 산업의 현황에 대한 행사를 열었다. 행사 도중 한 언론사 관계자가 일어나더니 "한마디로 우리는 광고주들이 가진 자원을 갖고 있지 않습니다. 우리가 받는 금액(광고비)으로는 우수한 기자들을 채용하고, 꼭 필요한 자료 조사를 하는 것도 충분히 할 수가 없습니다. 하지만 예산 문제로 해고된 기자 친구들은 전부 브랜드에 자리를 잡았습니다."

애드버타이징 에이지에 따르면 2011년 광고비를 가장 많이 쓴 기업은 P&G로, 2011년 한 해에만 50억 달러를 썼다. 감을 잡기 위해 비교해보면, 뉴욕타임스The New York Times와 보스턴 글로브The Boston Globe가 속해 있는 뉴욕타임스 그룹의 2012년 매출이 20억 달러다. 즉 P&G라는 한 회사가 광고에(만!) 뉴욕타임스 전 계열사의 연매출 2.5배를 쓴 것이다. 또다른 비교를 들자면, 2013년 2월 애플Apple이 은행에 보유한 현금은

1,370억 달러다. 이것은 애플이 뉴욕타임스를 살 수 있을 정도의 돈이고, 산다고 해도 아니 그들이 원하는 것은 무엇이든 다 하고도 남을 만한 충분한 돈이다.

지디넷의 테크놀로지 전문기자 톰 포렘스키Tom Foremski는 콘텐츠 마케팅(기업 매체)이 진짜 저널리즘의 예산 부족에 대한 해답이라고 본다. 포렘스키의 주장은, 자금력과 영향력이 막강한 특정 이익 집단들이 옛날부터 언론에 관여하며 문지기 역할을 해왔기 때문에 '진정한' 저널리즘이 거의 사라진 상태라는 것이다.

포렘스키는 특히 최근 호주 매체인 페어팩스 미디어Fairfax Media의 인수 시도에 주목한다. "호주의 경우만 봐도, 수조 원 규모의 광산 재벌지나 라인하트가 채굴 반대 세력에 대응하려고 1등 신문을 발행하는 페어팩스 미디어 인수를 계속해서 시도하고 있습니다. 신문이나 여타 전통적인 언론의 힘이 계속 약해지면서 이런 일들은 더 많이 생길 겁니다."

닛산Nissan의 글로벌 마케팅 책임자 시몬 스프룰은 여러 해에 걸쳐 콘텐츠 마케팅 팀을 꾸리고 있는 중이다. 이 팀의 목표는 닛산을 고객과 예상 고객들로부터 신뢰받는 정보 제공자로 만드는 것이다. 동시에 그는 유료 매체 투자에는 신중을 기하고 있다. "새로운 사업 모델의 시대가 오면 전통적인 언론사들이 살아남을 수 있을지 잘 모르겠습니다. 왜 몰락하는 기업에 거액을 향후 몇 년간 투자해야 하죠?"

요점을 말하자면, 소비자들이 대부분의 정보를 얻던 기존 언론사들은 장기적으로 기업이 운영하는 블로그 같은 기업 콘텐츠 플랫폼과 싸워 이길 자원이 없다. 기업 콘텐츠 플랫폼은 SAP나 오라클Oracle 같은 거대 기업의 플랫폼뿐만 아니라 틈새시장을 확보한 중소기업이 운영하는 인기 블로그도 포함한다. 닛산 같은 브랜드도 이런 기회에 편승하려 하고 있다.

오디언스 헌팅하기

—

앞의 내용을 잘 이해했다면 퍼블리싱은 죽지 않았다는 사실을 간파했을 것이다. 오히려 퍼블리싱이 지금처럼 막강한 때는 없었다. 죽어가는 것은 광고로만 굴러가는 콘텐츠들 뿐이다. 이런 현상이 기회를 만들었다. 당신은 고객과 예상 고객에게 가치 있고 유용한 이야기를 들려줄 수 있는 프로세스를 시작하기만 하면 된다.

사실 브랜드 퍼블리셔(인텔, 듀폰부터 지역의 작은 냉난방기 회사 같은 비언론사를 뜻한다)나 언론사나 목표는 같다. 바로 '오디언스 구축'인데, 이들은 당신의 콘텐츠를 정말 좋아해서 구독까지 하는 사람들이다. 이렇게 되면 구독자들을 통해 수익을 창출하는 방안을 찾을 수 있다.

브랜드 퍼블리셔는 검색엔진에서 검색이 돼야 하고, 잠재 고객을 늘려야 하고, 소셜 미디어를 이해해야 한다는 숙제를 갖고 있다. 그 해결의 중심이 스토리텔링이다. 모든 것은 브랜드가 유용하고, 가치 있고, 흥미로운 이야기를 만들어서 그들의 시장에서 신뢰받는 전문가로 자리매김하느냐에 달려 있다. 가치 있는 콘텐츠는 무심히 읽고 지나가는 독자들도 충성 독자로 만들고, 충성 독자는 충성 고객이 될 수도 있다.

언론사들도 이 같은 시도를 하고 있다. 정말 똑같이 말이다. 딱 하나

차이점은 '콘텐츠로 돈을 버는 방법'이다(이것에 대해서는 다음 장에서 더 자세히 설명하겠다).

나와 『매니징 콘텐츠 마케팅』을 함께 쓴 로버트 로즈Robert Rose는 이렇게 말한다. "요즘은 성공하려면 독자들이 계속해서 콘텐츠에 관여하게끔 해야 한다. 그것은 고객과 첫 대면하는 순간부터 그들의 생애 주기 전체에 걸쳐 이어져야 한다. 즉 이제 마케팅은 고객을 창출하는 것이 아니고 (피터 드러커 식으로 말하면) 브랜드의 열성 구독자를 만드는 일이다."

이 책 전체에 깔려 있는 주제는 오디언스를 끌어들이고 유지하는 것이다. 일단 오디언스를 구축하면 마법이 일어난다. 이때 마케터들은 장기적인 수익을 예측한다. 충성 오디언스 없는 콘텐츠 마케팅은 콘텐츠 마케팅이 아니고, 관여도 높은 오디언스가 없는 콘텐츠는 아무것도 이룰 수 없다. 그리고 이 장에서 당신의 브랜드와 언론사들이 동일한 오디언스를 두고 어떻게 경쟁하고 있는지에 대한 내용을 다루긴 했지만, 언론사는 당신이 오디언스를 키우고 유지하는 것을 도와줄 강력한 파트너가 될 수도 있다.

EPIC THOUGHTS
- 당신의 고객은 하루에 5,000건 이상의 마케팅 메시지에 노출된다. 당신의 메시지는 시선을 사로잡고, 소비자의 행동을 유도하는가?
- 과거에는 콘텐츠 제작 및 배포하는 사업의 진입장벽이 아주 높았다. 요즘은 모든 장애물이 사라졌고, (마음만 먹으면) 길은 열려 있다.
- 매체의 미래는 언론사가 아니다. 당신과 같은 브랜드다. 좋든 싫든, 경쟁사들은 이 사실에 눈을 뜨기 시작하고 있다.

EPIC RESOURCES

- Jon Wuebben, *Content Is Currency*, Nicholas Brealey Publishing, 2012.
- Joe Pulizzi and Newt Barrett, *Get Content Get Customers*, McGraw-Hill, 2009. (조 풀리지·뉴트 배럿, 『콘텐트 마케팅 파워』, 정현석 옮김, 라이온북스, 2012)
- Google, *Zero Moment of Truth*, http://www.zeromomentoftruth.com/.
- Jason Gilbert, "Smartphone Addiction: Staggering Percentage of Humans Couldn't Go a Day without Their Phone," Huffington Post, August 16, 2012, http://www.huffingtonpost.com/2012/08/16/smartphone-addiction-time-survey_n_1791790.html.
- Content Marketing Institute and Marketing Profs, "B2B Content Marketing Benchmarks, Budgets and Trends," October 24, 2012, http://contentmarketinginstitute.com/2012/10/2013-b2b-content-marketing-research/.
- Sally Hogshead, *Fascinate*, HarperBusiness, 2010. (샐리 호그세드, 『세상을 설득하는 매혹의 법칙』, 이한이 옮김, 오늘의책, 2010)
- Aaron Smith and Jan Lauren Boyles, "The Rise of the Connected Viewer," Pew Internet, July 17, 2012, http://www.pewinternet.org/Reports/2012/Connected-viewers.aspx.
- Adobe, CMO.com, accessed on March 1, 2013.
- "The Evolving Role of Brands for the Millennial Generation," Edelman Insights, December 4, 2012, http://www.slideshare.net/EdelmanInsights/the-evolving-role-of-brands-for-the-millennial-generation.
- Tom Foremski, "Is the Future of Serious Journalism in the Hands of Corporate Media?" ZDNet, November 5, 2012, http://www.zdnet.com/is-the-future-of-serious-journalism-in-the-hands-of-corporate-media-7000006929/.

- "100 Leading National Advertisers 2012 Edition Index," AdAge.com, June 25, 2012, http://adage.com/article/datacenter-advertising-spending/100-leading-national-advertisers/234882/.
- Douglas A. McIntyre, Ashley C. Allen, Michael A. Sauter, Samuel Weigley, and Lisa Uible, "Buy It Now! America's Biggest Advertisers," NBCNews.com, July 16, 2012, http://www.nbcnews.com/business/buy-it-now-americas-biggest-advertisers-887754.
- Daniel Gross, "Apple Has $137 Billion in Cash, Shareholders Aren't Pleased," The Daily Beast, February 8, 2013, http://www.thedailybeast.com/articles/2013/02/08/apple-has-137-billion-in-cash-shareholders-aren-t-pleased.html.

04

콘텐츠 마케팅의
사업 모델

사람들은 바뀌지 않는 일에 더 익숙합니다
무슨 말인지 알고 싶으면 아침에 평소와는 다르게,
반대편 손으로 이를 닦아보세요

——

디어앤컴퍼니 개리 게스메GARY GESME, DEERE&COMPANY

예전부터 콘텐츠 마케팅 사례는 아주 많았다. 앞서 말한, 존 디어는 농부들에게 트랙터를 파는 회사이자 퍼블리셔다. 그들은 농업 분야의 다른 매체사와 똑같이 콘텐츠를 만들고 배포한다. 하지만 존 디어의 사업 모델은 매체사들과 판이하다.

쇼 미 더 머니

——

매체사가 만든 콘텐츠와 인텔Intel, 존 디어, 월마트Walmart 같은 브랜드가 만든 콘텐츠를 구분 짓는 것은 단 하나다. '돈을 버는 방법'이다.

매체사는 돈을 벌기 위해 콘텐츠를 만든다. 콘텐츠 판매 매출(정기 구독 같은 콘텐츠 직접 판매) 또는 광고 매출(신문 광고, 잡지 광고, 슈퍼볼 광고에서 보는 것과 같이 누군가의 후원을 통해 만들어진 콘텐츠)을 통해 콘텐츠로 직접 돈을 번다.

비매체사는 콘텐츠로 직접 돈을 벌지 않고, 고객을 끌어들이거나 유지하기 위해(더 팔거나 더 팔 기회를 만들기 위해) 콘텐츠를 만든다. 콘텐츠가 사업 실적을 지원하기는 하지만(그림 4.1) 사업 모델 자체는 아니다(즉 비매체사는 콘텐츠로 직접 매출을 낼 필요가 없다는 뜻이다).

이외 다른 모든 면에서 매체사와 비매체사의 콘텐츠 제작 활동은 똑같다. 이 점을 이해하는 것이 중요하다. 브랜드는 당신이 업계에서 경쟁

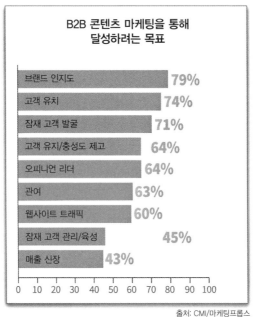

출처: CMI/마케팅프롭스

그림 4.1 콘텐츠 마케팅의 목표
콘텐츠 마케팅을 활용하면 조직의 여러 가지 마케팅 목표와 사업 목표를 달성할 수 있다

사와 경쟁하듯 관심을 얻고 유지하기 위해 전통적인 언론사와 경쟁하고 있다.

언론사의 기본 사업 모델

CMI는 콘텐츠 생산이 직접 수익으로 연결되는 회사다. CMI는 교육 훈련 기관이지만, 언론사 사업 모델을 활용하고 있다.

- **일간 웹 콘텐츠** 우리는 콘텐츠 마케팅 방법과 교육용 글을 매일 온라인에 올리고 있다(주말에도 쉬지 않는다). 이 콘텐츠에는 세일즈포스Salesforce.com나 PR 뉴스와이어PR Newswire 같은 회사들의 광고나 스폰서십이 붙는다. 이것은 매셔블Mashable.com, 허핑턴 포스트Huffington Post, 패스트 컴퍼니Fast Company 같은 언론사 사이트와 유사하며, 어느 업계든 잘나가는 전문 간행물은 이런 성격을 띤다.
- **월간 웨비나Webinar** CMI는 매월 마케팅 자동화에서 콘텐츠 큐레이션에 이르기까지 다양한 주제에 대해 한 시간짜리 웨비나를 제작하고 있다. 우리가 제작하는 모든 웨비나는 다른 회사의 지원을 받고 있다.
- **오프라인 행사** CMI는 하루 동안 진행되는 유료 워크숍이나 매년 콘텐츠 마케팅 월드Content Marketing World라는 규모가 큰 국제 행사를 오하이오주 클리블랜드에서 개최한다. 이 행사를 위해 우리는 참가자들이 돈을 지불하고 참가하는 면대면 콘텐츠(유료 콘텐츠)(강

연 또는 세미나 등을 말한다—역자주)를 만들고, 기업들은 행사장에서 예상 고객(참가자)들과 소통하기 위해 후원을 한다.

- **지면 광고** CMI는 『치프 콘텐츠 오피서』(Chief Content Officer, 콘텐츠 본부장, 이하 CCO)라는 공식 간행물을 발행하고 있고, 북미를 비롯한 전 세계 마케팅 임원 2만 명 이상이 이 잡지를 받아 보고 있다. 지면 광고를 통해 구독자들에게 다가가고 우리 브랜드와 협력하길 원하는 몇몇 광고주들 덕분에 계간으로 발행하고 있다.

CMI는 여러 콘텐츠 마케팅 전술을 사용하지만(자세한 내용은 뒤에서 다룰 예정이다), 사업 모델 면에서는 매체사와 같다.

레고가 콘텐츠로 사업을 더 잘하는 방법

⸺

1980년대와 1990년대에 레고LEGO는 조립식 완구와의 경쟁으로 큰 위협을 받았다. 레고 블록은 아주 단순해서 이미 시장에 자리잡은 완구 회사뿐만 아니라 영세한 후발 업체도 똑같이 만들기 쉬웠기 때문이다. 레고는 특허권이 만료된 1983년 이후, 타이코완구Tyco Toys, Inc.의 수퍼블록Super Blocks 판매를 막으려는 시도를 했지만 실패로 끝났다. 레고는 떠오르는 유사 블록 완구와 경쟁하기 위해서는 막강한 브랜드를 구축하고 통합된 마케팅 전략을 개발해야 한다는 것을 깨달았다.

_편집장 클레어 맥더못CLARE MCDERMOTT, 『CCO』 2011년 4월호 中

이 사실은 아는 사람은 드물겠지만, 레고는 콘텐츠 산업의 거물이며 완구 회사라기보다는 매체사와 훨씬 더 비슷하다. 레고의 통합 콘텐츠 마케팅 프로그램을 살펴보자.

마이크로사이트

레고의 모든 제품 시리즈는 전용 마이크로사이트가 있다. 각 사이트에서는 줄거리와 인물 설명을 제공하고, 온라인 게임, 영화, 설문조사, 퀴즈 등을 즐길 수 있다. 또 당연히 구매할 수 있는 사이트로 연결된다. '레고 스타워즈'와 '레고 닌자고'가 좋은 예다.

레고 애니메이션

레고는 제품 시리즈가 출시될 때마다 시리즈 형식의 애니메이션을 케이블 방송을 통해 먼저 공개하고, 시간이 지나면 레고 웹사이트에도 올린다. 최근에는 레고 키마LEGO Chima 시리즈를 출시하면서 카툰 네트워크Cartoon Network와 손잡고 〈레고 키마의 전설〉이라는 애니메이션을 방영했다.

레고 클릭

레고 클릭Lego Click은 커뮤니티 플랫폼으로, 팬과 마니아들이 직접 만든 레고 사진과 동영상을 공유하고, 앱을 내려받고, 온라인 게임과 제품 시리즈를 통해 레고 테마를 둘러볼 수 있도록 만들었다.

마이 레고 네트워크

아이들을 위해 특별히 개발한 레고 SNS다(유해 정보로부터 안전하며, 부모가 통제할 수 있다). 이 사이트에 가입하면 나만의 페이지를 만들 수 있고, 여러 혜택을 받을 수 있다. 또 배틀 게임 메뉴에서 다른 레고 팬을 만날 수 있고, 레고 TV도 볼 수 있다.

레고 잡지

잡지 『레고 클럽LEGO Club』은 지역과 연령대에 따른 맞춤 콘텐츠를 제공한다. 레고는 이 잡지의 전신인 『브릭 킥스Brick Kicks』를 1987년부터 발행했다(그림 4.2).

레고 ID

레고는 팬들에게 무료 온라인 회원가입을 권장한다. 온라인 회원이

그림 4.2 잡지 『레고』의 시작
레고는 1982년 레고 팬들을 위해 『브릭 킥스』를 창간한 이후 다양한 콘텐츠 활동을 지속적으로 전개하고 있다

되면 멀티플레이어 게임을 할 수 있고, 레고 갤러리에 사진을 올릴 수 있으며, 마이 레고 네트워크에 나만의 페이지를 만들 수 있다.

레고랜드

레고는 멀린 엔터테인먼트 그룹과 손잡고 전 세계 각지에 레고랜드 테마파크를 짓고 있다(2013년 기준으로 여섯 개의 정식 테마파크와 여러 체험 센터가 있다).

레고 클럽 모임

레고는 전 세계에서 레고 '클럽' 회원 모임을 개최한다. 아이들이 함께 모여 상상의 나래를 펼치는(그리고 모임이 끝날 무렵에는 부모를 설득해 무언가를 사는) 자리다.

믿길지 모르겠지만 지금까지 언급한 것은 레고의 콘텐츠 마케팅 기법 중 일부일 뿐이다. 당연히 레고의 제품은 훌륭하고, 이것을 부정할 수는 없다. 하지만 레고가 멀티미디어 스토리텔링을 통해 말 그대로 시장을 장악한 것도 사실이다. 완구 회사 중에서 지금까지 레고가 이룬 것을 따라잡은 곳은 없다.

레고는 콘텐츠 자체(레고랜드, 레고 만화, 책, 그리고 '레고 반지의 제왕: 더 비디오 게임' 등의 라이선스 비용)를 팔아서 수익을 일으키기도 하지만, 대부분 사업 실적을 지원하기 위해(더 많은 레고를 팔기 위해) 콘텐츠를 만든다.

레고의 사례는 좋든 싫든 이제는 우리 모두가 매체사임을 보여준다.—우리에게는 오디언스와 직접 소통할 기회가 있다는 의미다. 이 특권을 어떻게 사용하는지가 모든 것을 결정한다.

그들은 당신만큼 빠르거나 강하지 않다

—

요원이 콘크리트 벽을 깨고 나오는 것을 나도 봤다. 탄창이 빌 때까지 총을 쏴도 모두 헛방이었지. 하지만 그들의 힘과 스피드는 그저 매트릭스 안에서나 존재할 뿐이야. 그래서 그들은 절대 너만큼 빠르거나 강해질 수 없어.

_모피우스, 영화 〈매트릭스(1999년)〉 中

내 인생의 영화는 〈매트릭스〉다. '영웅'인 주인공 니오는 자신이 '적', 즉 매트릭스 내의 요원들을 물리칠 능력을 지녔음을 알게 된다. 니오는 요원들처럼 매트릭스의 규칙에 지배받지 않기 때문이다. 그는 더 강해질 수 있고, 적이 못하는 것을 할 수 있기에 결국 이긴다.

이 영화의 결정적인 순간은 니오가 새로운 힘을 발견했을 때가 아니라, 스스로를 믿기 시작하는 때다.

당신도 그렇게 해야 된다. 그래야 당신의 이야기가 시작된다. 에픽 콘텐츠 마케팅이 효과가 있으려면 우선 진실을 이해해야 한다.—당신 앞에 놓였다고 '생각하는' 장애물이 무엇이든 당신과 당신의 브랜드는 고객과 예상 고객이 제일 먼저 찾는 정보 창고가 될 수 있다.

한정된 자원

당신은 마케팅 예산이 빡빡하다고 느끼겠지만 대부분의 매체사는 당신이 가진 만큼의 돈도, 자원도, 유연함도 없다. 지난 10년간 주요 언론사는 리서치 부서를 전부 없애버렸다. 연쇄 창업가serial entrepreneur 제이슨 칼라카니스는 최근 이메일을 통해 "안타깝게도, 인터넷 뉴스 사이트들은 자금난을 겪고 있고, 트래픽에 목을 맨 직원들만 일하고 있습니다. 이 절망적 상황은 낚시성 제목을 단 형편없는 기사들을 쏟아내게 함으로써 상식적인 사람들을 모욕하고 있습니다."라고 밝혔다.

기자들과 스토리텔러들은 브랜드로 옮겨가고 있다. 예를 들면 GEGeneral Electric는 포브스 편집자를 채용해 GE 엑스퍼츠GE Experts라는 프로그램을 맡겼다. 매체사가 힘을 얻을 수 있게 한 퍼블리싱의 법칙은 이제 소멸하고 있다.

평평한 경기장

과거 퍼블리싱은 아주 독점적이고, 고도의 집중도를 요했으며, 돈도 많이 들었다. 하지만 지금은 아니다.

2013년 2월, 뉴욕타임스 기자와 전기차 스타트업인 테슬라 모터스Tesla Motors 사이에 다툼이 있었다. 기자는 테슬라에 대한 부정적인 기사를 올렸고, CEO 일론 머스크Elon Musk가 이에 반발하면서 사건이 시작됐다. 이 기사로 인해 머스크는 "추운 겨울 워싱턴 DC에서 보스턴까지 테슬라로 이동하던 중 배터리가 알려진 것보다 빨리 방전됐다는 후기 때문에 테슬라는 1억 달러나 되는 매출 타격을 입었고, 주문 취소도 잇따르고 있다."고 발표했다.

테슬라는 예전과는 다른 방식의 대응이 필요함을 절감했고, 테슬라 웹사이트에 블로그 포스트를 만들어 글을 올리기 시작했다. 시티 노트와 SPlatF의 설립자 댄 프로머는 다음과 같이 말한다.

불과 몇 년 전만 해도, 이런 일이 생기면 경쟁 신문사—아마도 월 스트리트저널 같은—와 손잡고 반격했을 것이다. 아니면 5대 주요 신문사에 비싼 전면 광고를 실었을 텐데, 이것은 오히려 방어적이고 설득력이 떨어져 보일 수 있다. 그러나 이제 똑똑한 회사들은 모두 정기적으로 업데이트되는 블로그를 운영한다. 브랜드는 아주 강력하게 자기 목소리를 낼 수 있게 됐다.

타임지의 후속 기사에 따르면 "테슬라는 스스로의 퍼블리셔가 되어, 나쁜 평판도 자기 생각대로 바뀌게 만들었다. 이것은 악의적인 비방을 받는 대상이 스스로를 방어할 때나, 회사가 문제를 벗어나기 위해 오해의 소지가 있을 정도로 정보를 쏟아붓기만 할 때 본보기가 될 수 있다. 어느 쪽이든 회사들이 참고할 것으로 예상한다."

둘도 없는, 오직 하나 뿐인 오디언스

세상에는 두 종류의 고객이 존재하고, 우리는 이들을 만족시켜야 한다. 바로 오디언스와 광고주다. 둘 중 하나가 없으면 우리가 탄 배는 항구를 떠나기도 전에 침몰해버린다.

_미스터매거진 사미르 후스니

퍼블리셔에게는 두 가지 유형의 오디언스가 있다. 광고주와 독자다. 모든 퍼블리셔는 독자를 만족시키는 것이 궁극적으로 광고주를 만족시키는 것이라고 말한다. 하지만 실상은 대부분의 돈이 광고주로부터 오고, 퍼블리셔는 주로 돈을 벌기에 최적화된 방향으로 움직인다.

애틀랜틱Atlantic의 사례를 보자. 대부분의 매체사와 마찬가지로, 이들도 광고주가 만든 콘텐츠를 유료로 지면에 실어주는 상품을 판매한다('애드버토리얼advertorials'이라고 한다). 2013년 1월호의 애드버토리얼(그림 4.3)로 애틀랜틱은 사이언톨로지교의 후원을 받아 '데이비드 미스캐

출처: theatlantic.com

그림 4.3 애틀랜틱의 광고성 콘텐츠
애틀랜틱은 사이언톨로지교에 대한 광고성 기사를 실었다

비지, 올해 사이언톨로지의 이정표를 찍다David Miscavige Leads Scientology to Milestone Year'라는 기사를 냈다. 보통 이런 광고성 콘텐츠를 실을 때 퍼블리셔는 두 가지를 확실히 한다. 우선 광고주와 협업하여 콘텐츠의 신뢰도를 충분히 갖춘다. 그리고 '이 글은 광고'임을 명시한다. 오디언스들이 광고성 기사와 애틀랜틱에서 일하는 훌륭한 기자들의 목소리를 혼동하지 않도록 하기 위해서다.

불행히도 애틀랜틱은 이 애드버토리얼에서 두 가지 모두를 어설프게 해버렸다. 그 결과 애틀랜틱에는 비난의 화염이 쏟아졌다. 불난 데 기름 붓는 격으로, 애틀랜틱 직원들은 디애틀래틱닷컴TheAtlantic.com에 올려진 기사에 댓글을 (나쁜 댓글을 삭제하는 식으로) 관리하기 시작했다. 이것은 실수를 은폐하려고 하는 의도로 인식됐다. 결국 애틀랜틱은 사이트에서 기사를 내렸고, 광고성 콘텐츠 정책을 재검토 중이라고 발표했다.

독자들로부터 직접 수익을 얻는 곳도 많긴 하지만(유료 정기 구독을 통해), 대부분의 매체사는 광고와 협찬에 의존한다. 그들은 주인이 둘—독자와 광고주—이고, 한번씩(그리고 갈수록 빈번하게) 콘텐츠로 홍역을 치른다.

반면, 브랜드는 서로 다른 오디언스를 동시에 상대할 필요가 없다. 독자층과 돈의 출처가 하나로 일치한다. 독자들에게 훌륭한 에픽 콘텐츠를 오랫동안 꾸준히 공급하면 그들은 첫 구매 또는 재구매로 보상하곤 한다. 그리고 콘텐츠 크리에이터들에게 이것만큼이나 중요한 또다른 교훈이 있다. 당신의 상황에도 히포크라테스의 선서를 적용할 수 있음을 명심하라—아무도 해치지 말라!

미디어에서 대박 나는 7가지 방법

이 일곱 가지 팁을 따르면 아주 강력한 결과물이 나올 것이며, 언론사나 당신의 최대 경쟁사를 포함한 어떤 회사도 당신과 경쟁하기 힘들 것이다.(더 자세한 사항은 뒤에서 다루겠다.)

1 모바일 최우선 전략을 세워라 이베이eBay가 온라인 경매시장의 왕이었던 시절을 기억하는가? 지금 온라인 경매는 이베이 전체 매출의 10% 정도밖에 되지 않는다. 결제로 인한 매출과 모바일 사업이 절반을 차지한다. 온라인 업계는 모바일에 전부를 걸었고, 이 판단은 옳았다. 현재 월스트리트저널 웹사이트 트래픽 32%는 모바일 기기에서 일어난다(스마트폰이 60%, 태블릿 기기가 40%다).

대부분의 매체사는 전통적인 인쇄 매체나 온라인 매체 중 하나는 갖고 있다. 그렇다, 데스크톱 퍼블리싱desktop publishing의 측면에서 보면 단순 온라인 매체는 구식이 되어가고 있다. 반응형 디자인reponsive design이 심폐 소생을 해오고 있기는 하지만(반응형 디자인은 PC 버전 콘텐츠를 모바일 기기에서 볼 수 있도록 최적화해준다) 내 생각에 그것은 임시방편일 뿐이다. 지금 당장 이 '정해진 미래'에 맞춰 계획을 세워야 한다. 2년에서 5년 안에 당신이 수행한 콘텐츠 마케팅 트래픽의 대다수는 모바일 기기에서 올 것이다. 즉, 채널 전략에서 모바일을 최우선으로 생각해야 한다는 의미다.

매체사의 현재 운영 방식, 콘텐츠 제작과정과 인력을 고려할 때, 당신은 매체사보다 더 발 빠르게 모바일 우선 전략을 펼칠 수 있다.

2 전문기자와 작가를 채용하라 GE, 아바야, 모네테이트Monetate 같은 회사들은 모든 마케팅 핵심 업무 담당자를 언론사 출신 기자와 편집자로 채웠다. 이런 양상은 이제 이례적인 것이 아니라 법칙이 됐다. 당신도 이렇게 해야 한다.

3 모든 콘텐츠를 재가공하라 글로벌 인재 파견 회사인 켈리 서비스Kelly Service의 리더십 사고 담당 부장 토드 윗랜드Todd Wheatland 는 콘텐츠를 매일 만들지 않는다. 하지만 회사가 할 이야기가 있을 때, 그 상황을 최대한 활용한다. 그의 목표는 스토리 아이디어 하나로 콘텐츠 20편(슬라이드셰어slideshare, 동영상, 블로그 포스팅, 백서 등)을 제작하는 것이다. 다음번 콘텐츠 마케팅 프로그램에서 스토리 콘셉트를 잡을 때 켈리 서비스의 방식을 참고해보자. (22장의 10 대 1 콘텐츠 방식 참조.)

4 분납형 임대 콘텐츠 전략을 개발하라 콘텐츠 마케터의 목표는 퍼블리셔처럼 독자적인 미디어 채널을 갖는 것이다. 이에 대한 필승 전략은 바로 '분납형 임대rent-to-own' 방식이다. 이것은 웨비나나 광고성 콘텐츠를 통해 매체사와 제휴를 맺어서 그들의 오디언스에게 당신의 콘텐츠를 노출하는 것을 말한다. 목표는 이 잠재 독자

들을 당신의 독자로 '전환'하는 것이다. 퍼블리싱 모델이 무너지고 있는 지금, 대부분의 매체사는 기꺼이, 얼마든지 당신과 손을 잡으려 할 것이다. 단, 사이언톨로지교가 애틀랜틱과 했던 것처럼은 하면 안 된다. 자기 과시용 콘텐츠 대신 유용한 콘텐츠를 만들자.

5 편집 업무를 전문화하라 요즘 많은 브랜드들이 내부 인력과 외부 인플루언서를 콘텐츠 마케팅 프로그램에 함께 활용하고 있다. 분명 좋은 현상이지만, 편집 영역에는 큰 구멍이 보인다. 간단히 말하면 브랜드는 콘텐츠 마케팅 프로세스에서 편집과 교정에 충분히 투자하지 않는다. 당신이 제작하는 콘텐츠 하나하나는 적어도 두 명 이상이 각자 검토해야 한다. 그리고 내부 인력은 이야기 소재를 갖고 있을 수는 있지만, 스토리텔러는 아닐 수도 있다. 그들과 함께 콘텐츠 마케팅 프로그램에 맞게 스토리를 풀어낼 전문 편집자를 투입하라. 자세한 콘텐츠 마케팅 프로세스에 대해서는 15장을 참조하길 바란다.

6 매체사를 인수하라 당신이 속한 업계의 매체사를 분석하라. 어느 곳이 현재 콘텐츠 마케팅 프로그램에 가장 잘 맞는지 내부적으로 논의하는 시간을 갖자. 그리고 그 매체사를 인수하는 것을 고려해보라. (중소기업이라도 이 방식을 적극 고려해보자.)

7 독자를 최우선으로 여겨라 CMI는 매체사로서 독자 경험을 위

해 최선을 다한다. 그런데 돈은 대부분 광고주로부터 온다. 고난도 곡예를 하는 것 같다. 하지만 브랜드는 이런 문제가 없다. 이 상황을 활용하자. 하나의 에픽 콘셉트—독자(즉, 고객)들에게 좋은 것—에 맞춰 이야기를 만들어라. 이것이 당신의 핵심 우위이자 모든 신경을 집중할 수 있고, 집중해야 하는 영역이다.

의지만 있으면, 당신은 업계 최고의 '매체사'가 될 수 있다. 여기에 유일한 걸림돌은 당신 자신 뿐이다. 결정을 내릴 시간이다.

EPIC THOUGHTS

- 콘텐츠 제작에 있어서 매체사와 비매체사의 사업 모델은 거의 똑같다. 돈이 들어오는 방식만 다르다. 즉, 비매체사가 더 유리하다.
- 레고는 사실 매체사인데 컬러 블록을 팔게 된 것이라고 생각할 수 있을까?
- 언론사는 절대 당신이 가진 만큼의 자원도, 유연함도 갖고 있지 않다.

EPIC RESOURCES

- "Idea Garage," *Chief Content Officer*, accessed July 9, 2013, http://www.nxtbook.com/nxtbooks/junta42/201104na_cco/index.php#/26.
- GE Stories, accessed July 9, 2013, http://www.ge.com/stories.
- Ryan Grenoble, "New York Times, Tesla's Elon Musk Reach End of Road in Spat over 'Model S,' Supercharging Stations," *Huffington Post*, February 20, 2013, http://www.huffingtonpost.com/2013/02/20/nyt-vs-tesla-feud-reaches-end-of-road_n_2720770.html.

• Matthew Ingham, "Tesla, The New York Times and the Levelling of the PlayingField," *paidContent*, February 15, 2013, http://paidcontent. org/2013/02/15/tesla−the−new−york−times−and−the−levelling−of− the−media−playing−field/.

• Jim Edwards, "Here's the Scientology−Sponsored Content Story That The Atlantic Doesn't Want You to See," Business Insider, January 15, 2013, http://www.businessinsider.com/heres−the−scientology− sponsored−content−story−that−the−atlantic−doesnt−want−you−to− see−2013−1.

• "David Miscavige Leads Scientology to Milestone Year," *The Atlantic*, January 14, 2013, in *Business Insider*, http://www.businessinsider. com/document/50f5611269beddba58000019/120420141−the− atlantic−14−january−2013−david−miscavige−leads−scientology−to− milestone−year.pdf.

• JP Mangalindan, "eBay Is Back!," CNNMoney, February 7, 2013, http://tech.fortune.cnn.com/2013/02/07/ebay−donahoe−comeback/.

• Sarah Marshall, "32% of WSJ Traffic coming from Mobile," Journalism. co.uk, February 19, 2013, http://www.journalism.co.uk/news/− dms13−32−of−wsj−traffic−coming−from−mobile/s2/a552137/.

• James Poniewozik, "Charged Debate. A Tesla Review Sparks a Battle between Data and News," *Time*, March 4, 2013.

05

콘텐츠 마케팅의
사업 타당성

사실이 이론에 안 맞으면, 사실을 바꿔라

알버트 아인슈타인ALBERT EINSTEIN

콘텐츠 마케팅은 아무리 생각해도 새로운 것은 아니지만, 꽤 젊은 분야다. 아직도 콘텐츠 마케팅을 한번도 시도해보지 않은 마케터나 경영자들이 많다는 의미다. 따라서 그들을 설득할 일도 많다.

『매니징 콘텐츠 마케팅』의 제1저자 로버트 로즈는 콘텐츠 마케팅도 정식 사업 계획서와 동일하게 설명할 수 있다고 주장한다.

1 필요성이 무엇인가? 콘텐츠 마케팅을 통해 무엇을 달성하고 싶은가?

2 사업의 규모는 어느 정도인가? 달성하고픈 목표에 맞춰 모든 계획을 세울 만큼 목표가 큰가?

3 사업 모델이 무엇인가? 어떻게 그것을 실현시킬 것인가? 무엇을 해야만 하는가?

4 당신만의 차별화된 가치는 무엇인가? 왜 이 계획이 당신이 에너지를 쏟고 있는 다른 것들보다 더 중요한가?

5 위험 요소는 무엇인가? 성공의 장애물은 무엇인가? 또는 만약 실패하면 어떻게 되는가?

이 목록에 빠진 것이 하나 있다. 비용과 투자수익률(Return on investment, 이하 ROI), 이것을 내 식대로 표현하면 '목표 대비 수익률(Return on Objective, 이하 ROO)'이다. 이 주제는 24장에서 빠짐없이 다룰 것이다. 지금은 배가 물에 떠 있는지, 맞는 방향으로 나아가고 있는지 확인할 때다.

콘텐츠 마케팅의 근거 대기

지난 3년간 CMI는 연간 보고서 작업의 일환으로 콘텐츠 마케팅을 하도록 임원진을 설득한 사례를 살펴봤다. 매년, 스스로를 '효과 없다'고 자체 진단한 마케터들은 십중팔구 임원진 설득에 어려움을 겪었다.

그렇다면 마케터가 임원단에게 콘텐츠 마케팅의 가치를 전달하고 그 타당성을 보여주기 위해서는 어떻게 해야 할까? 다음은 CMI 필진들이 말하는 콘텐츠 마케팅의 가치 그리고 전통적 마케팅에 익숙한 사람들에게 콘텐츠 마케팅을 설명하는 방법이다.

콘텐츠 마케팅은 타깃이 되는 오디언스의 니즈를 우선으로 생각하는 것이다. 꼰대 같은 임원들도 이것이 좋다는 것은 본능적으로 안다. 하지만 말은 타봐야 알고 사람은 사귀어봐야 안다. 콘텐츠 마케팅 캠페인의 결과와 제품 중심의 전형적인 캠페인의 결과를 비교해서 보여주고, 일단 뒤로 빠지자.

_덕 케슬러(@DOUGKESSLER)

무엇보다도 마케터들은 고객과 소통하길 원한다. 기존 광고의 단점 중 하나는 일방통행식의 대화라는 점이었다. 고객과 실제로 소통했는지는 매출을 통해서만 알 수 있었다. 콘텐츠 마케팅은 고객과 양방향 대화가 가능하고, 관여도를 측정할 다양한 도구도 사용할 수 있다. 고객이 당신의 브랜드와 상호작용하는 모습을 지켜보면 소셜 미디어와 콘텐츠 마케팅이 재미있고 즐거워진다. 그리고 만약 당신이 원하는 결과를 얻지 못하고 있다고 판단되면, 인쇄, 광고, 제작에 큰 투자를 안 하고도 방향을 빨리 틀 수 있다.

_아하바 라입탁(@AHAVAL)

콘텐츠 마케팅의 가치는 고객과 회사 사이의 관계에 있다. 기존 광고는 예상 고객의 귀에 대고 고함을 쳤다면, 콘텐츠 마케팅은 예상 고객과 대화를 한다. 콘텐츠 마케팅의 본질은 의미 있는 대화와 관계의 발전 안에서 창조와 참여를 이끄는 것이다. 콘텐츠 마케팅은 웹사이트 방문자 수를 늘려줄뿐만 아니라 잠재 고객을 늘려주고, 당신의 회사, 브랜드가 시장을 선도하는 리더가 되도록 해준다는 장점이 있다.

_아만다 막시미우(@AMANDAMAKSYMIW)

관리직에 있는 사람들에게 콘텐츠 마케팅 전략에 대해 설명할 때는 입소문의 장점에 집중해야 한다. 관리자, 특히 경영진급 의사결정자들은 대개 이론이나 철학에는 관심이 없다. 고객 후기와 성공 사례는 누구나 좋아하며, 그것의 파급력도 정확히 알고 있다. 콘텐츠 마케팅이 입소문을 가장 극대화시키는 수단이라고 설득해보라.

_사라 미첼(@GLOBALCOPYWRITE)

기존 광고가 '안 타본 말'이라면, 콘텐츠 마케팅은 '타본 말'이다.

쉽게 말하면, 우리는 전통적인 광고를 통해 사람들에게 브랜드를 인지시키고, 여러 방법으로 브랜드의 정수를 보여주려고 한다. 하지만 고객들에게 브랜드에 대한 생생한 체험을 전달하는 것은 콘텐츠 마케팅이다. 그 형태는 동영상 시연, 인터뷰, 웨비나, 케이스 스터디, 백서, 블로그 포스팅 등 수없이 많다.

이런 체험이 고객을 계속해서 웹사이트에 방문하게 하고, 브랜드에 대한 충성도를 높게 만든다.

_리사 페트릴리(@LISAPETRILLI)

전통적인 광고는 타깃 오디언스 앞에 메시지를 던지기 위해 밀어붙이기—또는 밖으로 내보내기—식의 사고방식에 의존한다. 하지만 요즘 구매자들은 이런 무차별적인 광고 메시지의 공격에 신물이 났다. 다행히도 인터넷으로 가치 있고 유의미한 정보를 검색하고 소구할 수 있고, 쉴새없이 쏟아지는 무의미한 정보도 돌아서면 무시할 수 있게 됐다. 콘텐츠 마케팅의 원리를 적용하면 회사들은 예상 고객이 원하는 바로 그 정보—구매 사이클 안에서 그들의 관심사, 직업, 업종, 사는 지역에 맞춘—를 제공할 수 있고, 구매자를 회사의 사이트로 끌어들일 수 있다.

_스테파니 틸튼(@STEPHANIETILTON)

고객에게 닿기 위해 의존했던 전통적인 광고 기법 중 예전만큼 효과적이지 않은 것들이 얼마나 많은지 알고 있는가? 나는 모두 효과가 떨어졌다는 것을 알기 때문에 콘텐츠 마케팅이 꼭 필요하다고 본다. 하지만 콘텐츠 마케팅이 전통적인 마케팅 기법의 적은 아니다.

콘텐츠 마케팅은 기존의 전통적 마케팅 도구와 잘 맞는 구석이 있다. 아니, 훨씬 더 좋게 만든다는 말이 적절하겠다. 콘텐츠 마케팅은 전통적인 방식에 고객과의 관련도Relevance와 의미를 더해주는데, 이는 잠재 고객과 관계를 맺을 수 있는 차원을 하나 더 얻는 것이다. 콘텐츠 마케팅은 전반적인 마케팅 활동의 효과를 더 높여준다.

더 구체적으로, 당신은 콘텐츠 마케팅을 통해 잠재 고객에게 브랜드의 사명에 대한 이야기를 들려줄 수 있다. 이를 통해 고객을 선별하는 것이다. 당신의 브랜드가 고객을 어떻게 돕는지에 대한 스토리를 고객의 눈높이에 맞춘 방식으로 공유한다고 상상해 보자. 판매가 일어나기 전에, 고객이 브랜드의 필요성을 깨닫기 전에, 그들과 신뢰를 쌓고 의미 있는 관계를 구축하는 장면을 그려 보자.

이 정도면 콘텐츠 마케팅을 시도해볼 만하지 않은가?

_CB 와이트모어(@CBWHITTEMORE)

요점만 간단하게 정리하면 무슨 얘기일까? 전통적인 마케팅과 콘텐츠 마케팅의 차이를 설명하는 방법은 수없이 많다. 그러니 경영진이 가장 중요하게 여기는 점을 생각해보자. 콘텐츠 마케팅을 전통적인 마케팅과 비교했을 때 다른 점은 아래와 같다.

콘텐츠 마케팅은

• 당신(브랜드)이 아니라 고객 중심이다.
• 무차별적으로 쏟아내는 것이 아니라 고객과 관련 있는 콘텐츠로 고객을 끌어들인다.
• 독백이 아닌 대화다.(고객의 귀에 대고 고함을 치는 것이 아니라 그들과 이야기를 나눈다.)
• 더 역동적이고, 유동적인 상황에 대응하기 쉽다.
• 위험이 적다.
• 유통기한이 훨씬 길다.
• 마케팅 효과를 증명할 수 있고, 결과를 측정하기 쉽다.
• 당신(브랜드)의 가장 중요한 자산인 '입소문 효과'를 극대화한다.

• 판매할 때가 아니라 판매 전과 판매 후에 일어난다.

콘텐츠 마케팅의 4가지 숨은 장점

킨비 콘텐츠 마케팅 부장 조 체르노프(2012년 올해의 콘텐츠 마케터)

Joe Chernov, Vice President, Content Marketing, Kinvey
(and 2012 Content Marketer of the Year)

콘텐츠 마케팅을 하면 채용에 유리하다

경쟁이 치열한 업종에서는 최고의 인재를 채용하는 것이 가장 중요하다. 벤처 투자자(이자 콘텐츠 마케팅의 귀재) 프레드 윌슨Fred Wilson에 따르면, 최고의 인재 채용이 모든 CEO이 꼽는 우선순위 3위 안에 항상 들어간다고 한다. 하지만 이렇게 중요한 채용에 활발한 콘텐츠 마케팅이 영향을 미칠 수 있다는 사실을 간과하는 경우가 많다.

이렇게 한번 해보자. 인사부와 협력하라. 회사에서 직원을 채용했을 때, 채용 담당자를 통해 신규 입사자들에게 이 회사에 들어온 이유를 물어보자. 그리고 그 이유를 팀 내부(콘텐츠 마케팅 팀—역자주)에 공유하자. 당신의 콘텐츠 활동이 채용에 영향을 준다는 것을 증명할 수 있으면 당신—그리고 당신이 만든 콘텐츠 마케팅—은 조직에 없어서는 안 되는 존재가 된다.

콘텐츠 마케팅은 회사의 사기 진작에 도움을 준다

PR 회사에서 일했을 때, 나는 한 클라이언트와 논쟁을 벌인 적이 있다. CEO가 회사 고객과는 별 상관없는 잡지에 기사를 실어달라고 요구했기 때문이다. 내가 우선순위를 언급하며 내 주장을 밀어붙이자, 그 CEO는 "기사는 고객을 위한 것이 아니라 우리 직원들 때문입니다. 이 잡지에 기사가 실리면 회사 분위기가 밝아지거든요... 우리 직원들이 이 잡지를 많이 보기 때문입니다." 당시의 이 교훈을 잊을 수 없다. 그런데 콘텐츠 마케팅을 하면 바로 이 목표가 이루어진다.

당신이 만든 콘텐츠가 인기를 끌었을 때, SNS상에서 좋은 반응을 많이 얻으면 회사 전체가 뿌듯해할 것이다. 당신의 골 세리머니는 곧 모두의 세리머니다. 그러니 당신의 콘텐츠가 인기를 끌면 반드시 동료들에게 '마케팅'하라.—개인적인 자랑을 하는 것이 아니라, 우리 회사가 북적이는 SNS의 틈바구니를 비집고 나와 돋보였다는 사실을 일깨워라.

콘텐츠 마케팅은 교류의 물꼬를 터준다

기억에 남는 콘텐츠를 보면 단순히 고객이나 예상 고객에게만 회자되지 않는다. 내부 클라이언트들에게도 소문이 난다. 훌륭한 콘텐츠는 동료들끼리 서로 공유하고, 토론하고, 도전할 거리를 던져준다. 문을 열고, 전화벨을 울리고, 칸막이 위로 고개를 들게 만든다. 또 뜻을 함께하는 사람들을 모을 기회도 준다.

동료들이 당신의 콘텐츠에 관여하게 되면, 향후 프로그램에도 그들과 함께할 기회가 생긴다. 콘텐츠 마케팅은 여러 부서에 걸쳐 있는 업무이기 때문에, 놀랍도록 정치적이다. 사람들의 관심이 모였을 때 반드시 응원군을 모으자.

콘텐츠 마케팅은 신뢰를 키운다

최근 『패스트 컴퍼니』 기사에서 마케팅 리더 돈 페퍼스Don Peppers 는 자신의 핵심 경쟁 우위가 '신뢰를 위해 먼저 적극적으로 움직이는 것'이라고 단언했다. 사람들이 돈을 주고 사고 싶을 만큼 가치 있는 콘텐츠를 만들고, 그것을 무료로 제공하는 일은 대중의 신뢰를 얻는 검증된 방법이다. 이것이 바로 콘텐츠 마케팅에서의 신뢰는 기존 마케팅 모델과는 정반대로, 회사로부터 고객에게 전달돼야 하는 이유다. 즉 신뢰가 목표라면 회사는 팔지 않고 팔리려고 노력해야 한다.

콘텐츠 마케터는 평가받기를 바라면 안 된다는 뜻으로 오해하지 말자. 당연히 콘텐츠 마케터도 평가받아야 한다. 하지만 콘텐츠 마케터도 그들이 제공하는 가치를 강조할 방법을 찾아야 한다.―특히 업무상 핵심성과지표(Key Performance Indicator, 이하 KPI)가 없는 경우는 더 그렇다.

확실히 설득하는 두 가지 방법

—

오랫동안 콘텐츠 마케팅 업계에 몸담아오면서, 나는

새로운 콘텐츠 마케팅 프로젝트나 추가 예산을 위해 의사결정권자를 설득할 때 가장 잘 통하는 두 가지 방법을 터득했다.

파일럿PILOT 제작하기

다들 알고 있듯이 TV프로그램을 본격적으로 방영하기 전, 파일럿을 제작한다. 파일럿은 앞으로 방송될 프로그램의 맛보기 같은 것으로 방송국 임원들은 여기서 얻은 시청자 반응을 보고 정규 프로그램으로 제작할지 여부를 결정한다.

콘텐츠 마케팅 계획을 파일럿 형식으로 제시하면, 주요 의사결정권자들은 즉각 방어 태세를 푼다. 콘텐츠 마케팅 종합 전략을 짜듯이 전력투구할 필요는 없다. 하지만 콘텐츠 마케팅 파일럿을 밀려면, 아래 내용을 반드시 포함시켜야 한다.

- 파일럿 기간. 최소 6개월은 돼야 한다.
- 파일럿의 전체적인 목표 또는 파일럿 시행 전후의 차이점.
- 서로 합의한 지표. 이 수치를 달성하면, 당신은 '후속편(정식 콘텐츠 마케팅 계획—역자주)'을 만들어 계속 일을 추진할 수 있게 된다. 이를 통해 잠재 고객을 늘리거나, 구독을 늘리거나, 구매 결정에 걸리는 시간을 단축시킬 수도 있다. 그 외 구매 가능성이 높은 우량 잠재 고객도 늘리는 등 여러 가지 성과를 낼 수 있을 것이다.

겁주기

모든 시도가 실패할 경우, 공포감을 조성하는 것도 방법이다. 오히려

이성적인 주장보다 더 잘 먹힐 수 있다. 경쟁자들이 콘텐츠 마케팅 덕을 얼마나 보고 있는지, 그리고 그 덕에 우리는 얼마나 손해를 보고 있는지 보여준다면, 분명 누군가의 관심을 끌게 될 것이다.

'겁주기' 계획이 먹히려면, 그에 앞서 경쟁사 조사를 해야 한다. 당신 업계에서 최고의 콘텐츠 마케터를 뽑아 다음 사항을 파악하자.

- 경쟁사와 우리의 구독자 수(이메일 뉴스레터, 페이스북, 트위터 등)
- 경쟁사와 우리의 주요 검색어 순위
- 소셜 미디어상에서 공유된 콘텐츠 수
- 온라인 입소문이 좋은가(트위터를 확인해보라)?
- 온라인 채용 활동이 활발한가? 최고의 인재들이 모이는가?

이외에도 항목은 무궁무진하다. 이 전략의 핵심은 주요 의사결정권자가 가장 중요하게 생각하는 것이 무엇인지 파악하고, 그에 맞춰서 논리를 짜는 것이다. 경쟁자가 어떤 콘텐츠 전략을 이용해 우리(와 우리의 콘텐츠)를 크게 추월했는지 선명히 보여주자.

합리적인 주장이 묵살될 때는 이 방법이 완벽히 통하는 경우가 허다했다. 그러니 파일럿 전략이 안 통하면 '겁주기' 전략을 시도해보자.

EPIC THOUGHTS
- 전통적 마케팅은 항상 제품과 서비스를 알맞은 오디언스 앞에 내놓는 데에만 신경썼다. 콘텐츠 마케팅은 고객이 필요한 정보를 내놓아서 그들의 관심을 얻는 것이다.

- 처음부터 콘텐츠 마케팅에 '올인'하지 말자. 구체적인 지표와 함께 파일럿 프로그램을 먼저 시작하자. 일단 해보면 알 것이다.

EPIC RESOURCES

- Don Peppers, "The Only Lasting Competitive Advantage Is Extreme Trust," *Fast Company*, January 19, 2012, http://www.fastcompany.com/1809038/the-only-lasting-competitive-advantage-trust.

06

미래의
매체사들

공구함에 망치만 들어 있다면 못만 보인다

버나드 바루크BERNARD BARUCH

영화 〈제리 맥과이어〉를 봤다면 주인공의 블루 미션 스테이트먼트를 기억할 것이다. 영화에서 제리 맥과이어(톰 크루즈)는 식은땀을 흘리며 깨어나 자신이 만든 스포츠 에이전시의 미래상에 대해 적는다. '고객은 적게, 고객 서비스는 충실하게, 선수 하나하나에게 더 집중하기.'

코카콜라의 글로벌 광고 전략 부장 조나단 밀든홀Jonathan Mildenhall의 비전도 비슷했다. 차이가 있다면 영화 속 제리 맥과이어는 해고 상태였지만, 그는 콘텐츠 마케팅 혁명을 일으키며 코카콜라를 이끌고 있다. 밀든홀의 '블루 미션 스테이트먼트'는 '코카콜라 콘텐츠 2020'이다(그림 6.1).

'코카콜라 콘텐츠 2020'은 두 개의 비디오(합쳐서 17분 정도)와 향후 10년간의 코카콜라 콘텐츠 전략 개요로 구성되어 있다.(아직 영상을 못 봤다면 http://bitly.com/epic-cm2020에서 확인해볼 것을 권한다.)

그림 6.1 코카콜라 콘텐츠 2020

코카콜라 콘텐츠 2020 프로젝트는 원래 코카콜라 마케팅 부서의 내부 전략 자료였다. 오늘날 전 세계 조직이 콘텐츠 마케팅 전략 사례로 이 자료를 이용한다.

이 영상에서 밀든홀은 이렇게 말한다.

브랜드와 소비자는 365일, 24시간 연결되어 있기 때문에, 모든 광고주들은 더 많은 콘텐츠가 필요하다. 그래야 소비자와의 관계를 신선하고 긴밀하게 유지할 수 있다. 전 세계에서 성공하려면, 그 근저에는 풍성하고 비옥한 아이디어가 있어야 한다.

콘텐츠 2020은 왜 그리 중요한가?

—

콘텐츠 2020은 원래 코카콜라 마케팅 팀, 임원단, 외부 협력사를 위한 내부 마케팅 영상 자료로 제작됐으며, 미래를 위한 회사의 전략적 비전을 담고 있다. 전반적으로, 코카콜라 마케팅의 미래는 콘텐츠 마케팅의 이상—코카콜라식 표현에 따르면 '흐르는 스토리텔링'—에 달려 있다는 내용이다. 콘텐츠 2020의 핵심 내용은 다음과 같다.

- 코카콜라는 크리에이티브 역량에서 콘텐츠 역량으로 가야 한다.
- 코카콜라는 콘텐츠를 통해 회사의 사업 목표를 달성함과 동시에 더 나은 세상을 만드는 데, 사람들의 삶에 가치와 의미를 더하는 데 헌신해야 한다.
- 코카콜라는 이야기를 통해, 화젯거리를 만들고 대중문화의 많은 지분을 차지해야 한다.

영상 초입에는 코카콜라가 세상에서 가장 강력한 콘텐츠를 만들어야 한다는 주장이 나온다. 끝으로 가면서 코카콜라는 더이상 30초 TV 광고 중심에만 의존할 수 없다는 언급이 나온다. 코카콜라가 매년 광고비로 수십억 달러를 쓴다는 사실을 고려했을 때, 전통적인 광고 매체의 세계에서 이것은 매우 심오한 발언이다. 코카콜라는 광고만으로는 더이상 충분치 않으며, 광고를 통한 개입이 아니라 스토리가 고객의 머리와 마음을 사로잡는다는 것을 깨달았다.

콘텐츠 2020 인터뷰 ▪

콘텐츠 2020 프로젝트를 처음 접했을 때, 나는 영상 초입에 나오는 사업 목표를 듣는 순간 큰 충격을 받았다. "우리는 회사를 두 배로 키우려고 합니다." 밀든홀은 분명 이렇게 말했다. 동시에 그는 다음과 같이 꼭 집어 말했다. "브랜드가 만드는 브랜드 이야기보다 소비자가 만드는 브랜드 이야기가 더 많습니다."

상사에게 회사를 두 배로 키우고 싶다고 말해본 적이 있는가? 그리고 브랜드 스토리텔링(콘텐츠 마케팅)을 주요 수단primary driver 으로 그 목표를 이루겠다고 말해본 적이 있는가? 당신이 느낀 것을 나도 느꼈다. 그래서 나는 콘텐츠 2020의 팬이 된 것이다.

로버트 로즈(이하 로즈): 콘텐츠 2020의 아이디어는 어떻게 탄생했나요?

조나단 밀든홀(이하 밀든홀): 우선, 회사로서 코카콜라라는 브랜드는 끊임없이 마케팅의 새로운 기준을 세워왔다는 말씀을 드리고 싶습니다. 샘플링을 처음 시도한 브랜드가 코카콜라입니다. 쿠폰도 코카콜라가 최초고요. 광고에 회사에서 일하는 여성들을 등장시킨 것도 우리가 처음입니다. 코카콜라의 역사는 온갖 최초들의 역

▪ CMI의 전략 수석 로버트 로즈와 조나단 밀든홀의 인터뷰 내용을 당사자 허락하에 수록했다

사입니다. 그리고 우리는 기술 보급과 창의성 확산 모두에서 엄청난 변화를 마주하고 있음을 알았습니다.

코카콜라는 운이 좋은 회사죠. 수백만 명의 소비자가 우리와 관련된 콘텐츠를 만들길 원하고, 우리의 대화를 이끄는 주체가 되고 싶어하니까요. 덕분에 잠시 멈춰서, 주요 글로벌 및 로컬 브랜드를 위한 한층 진화된 크리에이티브 어젠다를 선명하게 표현하는 방법에 대해 진지하게 고민하는 기회를 가질 수 있었습니다.

로즈: 그렇다면, 실제 콘텐츠 2020이 만들어진 구체적인 과정은 어떻게 되나요?

밀든홀: 회사에서 40명을 끌어모았습니다. 모두 크리에이티브 역량 부서에서 일한 적이 있었던 사람들로요. 5일을 잡고, 5일 동안 다함께 콘텐츠 성명서를 작성하기로 했습니다. 주제별로 나눠서 소그룹 당 한 주제씩 할당했습니다. 그후 임원진들이 생각을 발표하기로 했고, 여유가 있는 나머지 사람들이 그 관점들을 쪼개서 다시 합치는 방식으로 작업했습니다. 월요일부터 목요일까지 제 역할은 여기저기 끼어들면서 질문을 던지는 것이었습니다.

그리고 나서, 그 주 목요일 밤 저는 우리가 생각해낸 모든 내용을 취합해 밤새 성명서 형태로 만들어냈습니다. 그것이 바로 영상에서 보는 내용입니다.

다음날 아침, 출근해서 작성한 내용을 발표했고, 우리가 일을 끝냈을 때 모두가 성명서에 서명했습니다.

우리는 모두 무언가 중요한 것을 만들어냈다는 것을 직감했습니다.

로즈: 어떻게 '공짜로 뿌릴' 결정을 했나요? 그러니까, 핵심 마케팅 전략을 그렇게 막 뿌려도 되나요?

밀든홀: 답은 간단합니다. 코카콜라는 전 세계 마케팅 서비스 시장의 최대 구매자입니다. 이것을 조용히 얘기할 방법은 없습니다. 저는 마케팅 본부장에게 얘기했습니다. 이것을 자리잡게 하려면 두 가지 방법이 있다고요. 첫번째는 2년 동안 우리와 일하는 모든 대행사들에게 실행 방법을 브리핑하는 것, 두번째는 그냥 깔끔하게 공개하고 바로 일에 착수하는 것이었습니다.

우리는 후자를 택했고, 엄청나게 성공했습니다. 전 세계 수많은 블로그에 포스팅됐고, 셀 수 없이 많은 매체가 이것에 대해 다뤘습니다. 무엇보다 중요한 것은 광고업계의 반응입니다. 코카콜라는 올해 콘텐츠 수와 크리에이티브 수상 부문에서 사상 최대의 성공을 거두고 있습니다.

로즈: 콘텐츠 2020이 기존 마케팅, 광고와 어떤 방식으로 통합될 것이라고 내다보십니까? 녹아들어갈지, 추가되는 형식일지, 아니면 당신이 기존 광고와 프로모션 관점에서 하던 것들을 사실상 대체하는 것일지 궁금합니다.

밀든홀: 당연히 추가되는 형태입니다. 프로모션, 가격 할인 메시지, 묶음 상품, 기존 광고 등은 계속 가져가야 한다는 점을 잘 알고 있습니다. 이런 것들을 없애지는 않습니다. 하지만 콘텐츠는 소비자들이 코카콜라 산하 브랜드들의 역할과 관련성을 이해하는 통

로입니다. 이런 '인스턴트 스토리'가 브랜드 스토리라는 큰 틀 안에서 잘 어우러지도록 노력해야죠.

재무 차원에서는 이렇게 봅니다. 브랜드의 감성적인 측면을 충분히 개발했다면, 그다음은 이것을 차차 줄여나가야 합니다. 물론 우리는 아직도 감성에 목마른 신규 고객들과 소통하고 있습니다. 전 세계에서 매일 신규 고객들이 중산층으로 진입하고 있습니다. 그러니 글로벌 관점에서 우리는 첫 구매 고객을 위한 해법을 내놓아야 합니다. 물론 우리 브랜드를 알고 좋아하는 사람들은 더 많이 찾아오고 싶게끔 만들어야죠.

로즈: 콘텐츠 2020에서 각기 다른 모델은 그에 맞는 프로세스를 갖되 원칙은 동일해야 한다고 언급한 부분이 특히 좋았습니다. 큰 조직들이 하고 싶어하지만 어려워하는 부분이기도 하죠. 큰 기업들은 다수의 부서 칸막이(브랜드 마케팅, 제품 마케팅, PR 등등)에 한 가지 프로세스를 적용하려고 애쓰고, 콘텐츠에서도 공급원 하나로 해결하려고(예를 들면, 외주를 주느냐, 내부 인력으로 소화하느냐?) 합니다. 제품 마케팅, 브랜드 마케팅, PR팀, 기타 다른 팀들 간의 정치적인 문제를 해결하고, 모두 한목소리를 내게 한 비결은 무엇인가요?

밀든홀: 코카콜라에는 일을 진행할 때 지켜야 하는 규칙도 많고, 그들 각자의 권한도 있습니다. 이 말은 크리에이티브 개발, 아이디어 개발, 콘텐츠 제작, 각 분야에서 모두 공평하게 전략을 낸다는 뜻입니다. 그래서 모든 사람들의 권한은 수평적이 되거나, 하나

로 통합된 것으로 생각됩니다. 다른 큰 조직들처럼 우리도 부서 칸막이 문제가 심각합니다. 하지만 개개인은 (모든 일을 다 할 수는 없고) 소셜 미디어든, PR이든, 제작이든 하나의 업무만 담당하게 되어 있습니다. 중요한 것은 그렇다 하더라도 마케팅이라는 세계 안에서는 개인 그리고 각 팀이 낸 전략이 모든 유관 부서와 수평적으로 맞물려 돌아가야 한다는 점입니다.

로즈: 영상을 보면 70/20/10 투자 모델이 나옵니다. 예산의 70%는 '꼭 제작해야 하는' 콘텐츠, 20%는 틀을 벗어난 콘텐츠, 10%는 '위험 부담이 있는' 창의적인 콘텐츠에 분배해야 한다고 했는데요. 오히려 실험적이고, 소위 말해 완전 멋진 콘텐츠를 만드는 데 많은 돈을 쓰고 있다고 생각하지는 않나요?

밀든홀: 사실 그 반대에 가깝습니다. 실험적인 콘텐츠는 제작비가 훨씬 쌉니다. 하지만 이런 콘텐츠는 숙성을 위한 시간이 훨씬 더 오래 걸립니다. 솔직히 우리는 이 부분에서 유리합니다. 코카콜라는 많은 다른 브랜드들이 발맞춰가고 싶어하는 브랜드니까요. 소비재 기업부터 기술 기업까지, 혁신하기를 원하고, 새로운 영역을 개척하길 원하는 기업들이 그렇습니다.

우리는 이런 식의 협업을 점점 긍정적으로 보고 있습니다. 생각해보면, 코카콜라는 엄청난 도달률과 노출 빈도를 가진 거대 미디어 브랜드로 보여질 수 있습니다. 콘텐츠와 경험을 제공하고 싶은 사람들이 문을 두드리면, 우리는 열린 마음으로 듣습니다. 이때 우리는 스스로에게 묻습니다. "우리 자산을 콘텐츠처럼 사용하고,

우리 자산으로 콘텐츠를 만들 수 있을까?"라고 말이죠.

로즈: 콘텐츠 마케팅의 미래는 어디에 있을까요?

밀든홀: 지금 궁극적인 목표는 어떻게 실시간 마케팅에 진입하느냐입니다. 콘텐츠, 뉴스, 그리고 전 세계에서 일어나는 모든 것을 받아 보면서 동시에 그것을 마케팅 커뮤니케이션으로 변형시키게 되는 날이 올 것입니다. 저는 기술과 소비자 참여가 실시간 마케팅의 기회를 열 것이라고 진심으로 믿고 있습니다. 하지만 사용 권리, 지적재산권 등과 같은 것들이 현재 걸림돌이 되고 있습니다. 말 그대로 매주 매일매일 신선한 콘텐츠를 만들어낼 수 있게 될 것입니다. 하지만 실시간 마케팅을 이루기 위해서 해결해야 할 수많은 법적인 문제들이 있습니다.

또 브랜드 큐레이션이라는 큰 변화가 있을 것으로 봅니다. 브랜드 큐레이션을 통해 브랜드끼리 서로 돕고, 서로를 활용할 것입니다. 예를 들면, 코카콜라 슈퍼볼 광고에서 북극곰이 다른 회사 광고에 대해 얘기한 것처럼 말입니다. 이것이 진짜 트렌드지만, 대부분의 큰 회사는 이런 전략을 실행하면서 마주치게 될 법적 문제에 대해 지나치게 염려하는 것부터 버려야 할 것입니다.

어쨌든 이것이 우리의 진짜 목표입니다. 우리는 오디언스에게 가장 매력적인 콘텐츠를 제공하고 싶습니다. 그래서 대중문화의 지분을 크게 얻고 싶습니다. 이것이 바로 콘텐츠의 힘입니다.

콘텐츠 2020 사례

—

2006년 밀든홀은 스타라이트러너Starlight Runner라는 대행사를 섭외해 '코카콜라 행복 공장Coke's Happiness Factory'이라는 캠페인 작업을 했다. 캠페인 내부분은 상업광고였지만, 전체 캠페인의 중추가 되는 『행복 공장 바이블』(그림 6.2)이라는 책의 스토리를 만들기 위해 스타라이트러너를 고용했다.

포브스에 따르면 『행복 공장 바이블』은 '자판기 속 세상을 묘사하는 책으로, 지리구부터 각 등장인물의 이름과 모티브가 상세하게 적혀 있다'고 한다. 즉 코카콜라는 행복 공장 이야기를 온라인, 인쇄물, 소셜 미

출처: youtube.com

그림 6.2 『행복 공장 바이블』
코카콜라의 행복 공장 프로젝트를 위해 『행복 공장 바이블』이라는 하나의 세계를 창조했으며, 바이블은 캠페인에 등장한 모든 캐릭터의 배경 이야기를 담고 있다

디어, 비디오 게임, 그리고 텔레비전까지 여러 미디어를 통해 풀어내기 위해 대본, 또는 콘텐츠 마케팅 각본을 제작한 것이다.

'행복 공장' 캠페인은 처음에는 괴상한 실험처럼 보였지만, 전 세계 매출을 4% 끌어올렸고, 코카콜라는 이를 콘텐츠 마케팅의 효과라고 평가했다.

코카콜라 저니Journey

—

2012년 11월, 코카콜라는 코카콜라 저니(그림 6.3)를 공개했다. 코카콜라는 홈페이지를 전형적인 웹사이트가 아닌, 온라인 매체 사이트로 변신시켰다. 이 새로운 매체는 코카콜라 특유의 콘텐츠를 아홉 개의 카테고리로 나눠 보여주며, 코카콜라의 모든 음료 브랜드(스프라이트 등)도 포함하고 있다.

뉴욕타임스에 따르면,

콜라콜라 웹사이트에만 4명의 정규직 직원이 달라붙어 있다… 그리고 콘텐츠는 코라콜라 마케팅 및 PR 관계자뿐만 아니라 40명의 프리랜서 작가, 사진작가가 만들어내고 있다.

코카콜라는 '저니'를 고객들의 흥미를 끌 것이라고 믿는 이야기들의 허브Hub로 구축했다. 이야기는 경제 경영부터 스포츠, 지속 가능한 환

출처: coca-cola.com

그림 6.3 코카콜라 저니
코카콜라는 4명의 전업작가과 40명의 프리랜서를 고용해 저니 프로젝트를 시작했다

경에 이르기까지 다양하다. '저니'가 코카콜라 매출에 미친 영향에 대해
서는 아직 알지 못하지만, 코카콜라의 마케팅 방향이 변한 것만은 분명
하다. 경영자와 마케터들은 이 변화를 주시하고 있어야 한다.

새로운 매체사: 레드불Red Bull?

오스트리아의 에너지 드링크 브랜드 레드불은 콘텐츠 공유 시대의 코카콜라를 표방하며, 마케팅 콘텐츠처럼 안 보이는 멋진 콘텐츠 제작에 아낌없이 돈을 쓴다. 레드불은 엄밀히 말하면 어쩌다 음료수를 팔게 된 매체사다.

_디지데이 브라이언 모리세이

대화중에 사람들이 전 세계 콘텐츠 마케팅 중 제일 잘한 사례를 물어오면 나는 바로 '레드불'이라고 대답한다. 레드불의 스토리텔링 세계의 중심에는 레드불 미디어 하우스Red Bull Media House(2012년 『패스트 컴퍼니』가 선정한 '가장 혁신적인 기업')가 있다. 다양한 콘텐츠 활동을 통해 레드불은 지구상에서 가장 충성도 높은 오디언스를 확보했다. 레드불 미디어 하우스는 이런 결과를 이끈 동력이며, 아래와 같은 활동을 전개하고 있다.

- **레드불 콘텐츠 풀pool** 레드불은 매체사에 5만 장 이상의 사진과 5,000편이 넘는 영상을 라이선싱으로 제공한다. 잘못 본 게 아니다. 매체사는 레드불의 브랜디드 콘텐츠를 보여주기 위해 돈을 내고 저작권을 산다.
- **레드불 레코즈** 레드불은 그들의 캐치프레이즈인 '날개를 펼쳐줘요Give You Wings'에 맞게 LA와 런던에 사무실을 두고 가수들과 음반 계약을 한다. 그뿐만 아니라 레드불 뮤직 퍼블리싱Red Bull Music

Publishing은 촉망받는 작사가, 작곡가를 지원한다. 게다가 이 노래들을 레드불 콘텐츠 풀 및 다른 레드불 프로그램에서 판매한다.

• **더 레드 불레틴The Red Bulletin** 월간『더 레드 불레틴』은 종이 잡지이면서 디지털 잡지로, 전 세계 480만 명이 구독하고 있으며, 4가지 언어로 11개국에 발행된다.

이것은 시작일 뿐이다. 레드불 미디어 하우스는 TV, 라디오, 영화, 그리고 레드불 스트라토Red Bull Strato 같은 특별 행사 등 수십 개의 미디어 브랜드를 아우른다.(스트라토는 레드불이 후원한 펠릭스 바움가르트너Felix Baumgartner의 우주 점프 도전을 말한다. 레드불은 수없이 많은 사진, 15편의 영상으로 이 과정을 기록했고, 관련 영상은 유튜브 조회 수만 350만 건 이상이다.)

『패스트 컴퍼니』에 따르면, 레드불은 두 자릿수의 매출 성장을 달성하는 것은 물론, 경쟁이 심한 에너지 드링크 시장에서 시장점유율 44%를 차지하며 승승장구하고 있다. 현재 레드불은 제품(에너지 드링크) 판매 이익으로 콘텐츠 제작비의 대부분을 충당하지만, 향후에는 그들이 만들어낸 이야기와 콘텐츠 자체만으로 이익을 낼 것이라 전망한다.

유스카은행JYSKE BANK: 매체사 겸 은행

전 세계 은행 중에서 상까지 받는 TV프로그램과 영상물을 연중 제작하는 곳이 얼마나 될까? 아마 유스카은행밖에 없을 것이다.

유스카은행은 덴마크에서 기술적으로 가장 앞선 TV프로그램 제작 스튜디오를 갖고 있으며, 공공연히 자신들은 매체사이자 은행이라고 말한다. Jyskebank.tv에는 놀라운 금융 정보와 그들이 핵심 오디언스라고 여기는 젊은 소비자 및 중소기업과 관련된 흥미로운 콘텐츠가 공존한다.

유스카의 콘텐츠 프로그램은 두 가지 핵심 가치를 바탕으로 한다. 첫번째는 조직의 비전(비전은 기본the Foundation이다)에 충실하자이고, 두번째는 좋은 이야기를 들려주는 것이다. 이를 위해 유스카은행 직원들과 프리랜서 작가로 구성된 특파원이 전 세계에서 활약하고 있다.

유스카은행이 공유하는 모든 콘텐츠는 또다른 사이트로 옮기거나 공유할 수 있다. 이런 '공유의 철학' 덕분에 콘텐츠의 80%는 유스카은행이 운영하는 사이트나 채널이 아닌 외부 채널에서 조회된다. 이런 콘텐츠 공유 형태는 은행뿐만 아니라 모든 종류의 회사들에게도 판을 바꿀 기회를 열어준다. 대부분의 은행이나 기업 브랜드들이 전통적인 광고에 돈을 많이 쓰는 것과 달리, 유스카는 다른 회사들로부터 매체 제휴를 제안받는다. 기업들은 유스카의 현금 지불력이 아니라 공신력과 파급력 때문에 그들과 협력한다(유스카는 매체사처럼 여겨진다). 모바일 월드 콩그레스Mobile World Congress와 깐느 리옹 페스티벌the Cannes Lions Fstival 모두 유스카와 접촉해, 로고 노출과 언론사만을 위해 준비한 사전 단독 인터뷰를 제안했다. 파급력과 충성도 높은 오디언스가 있으면 좋은 기회는 제 발로 찾아온다.

또 외부 고객들만 유스카 콘텐츠를 공유하는 것은 아니다. 매주 금요일 아침, 유스카는 모든 직원들이 어디서나 볼 수 있는 생방송을 진행한다. 이런 방식의 내부 교육을 통해 유스카는 개방성과 정직함이라는 회사의 핵심 비전을 전 직원과 함께 공유한다.

유스카는 언론에 노출되기 위해 노력하거나 돈을 쓸 필요가 없다. 유스카는 은행이기도 하지만, 그 자체가 새로운 형태인 최초의 매체사다.

오픈뷰 벤처 파트너스Openview Venture Partners: 중소기업 사례

—

코카콜라, 레드불, 그리고 유스카은행의 사례들을 보고 나면, 마케팅과 콘텐츠 발행 예산이 수십, 수백억 원 있기 때문에 그렇게 할 수 있을 거라는 생각이 들 것이다.

하지만 성급하게 결론짓지 말자.

보스턴에 있는 오픈뷰 벤처 파트너스의 CEO 스콧 맥스웰Scott Maxwell은 2008년 가을 상의할 문제가 있다며 나에게 전화를 했다. 그는 『콘텐트 마케팅 파워』를 읽고 나서 회사의 미래가 콘텐츠 마케팅에 달렸다고 직감했지만, 어떻게 시작해야 할지 몰랐다.

오픈뷰 벤처 파트너스는 기업가들이 회사를 키우는 것을 돕는 벤처캐피털 회사다. 보통 200만 달러에서 2,000만 달러 사이의 가치가 있는 회사들에 투자하며, 투자 금액은 500만 달러에서 1,500만 달러 사이 정도다. 처음부터 지금까지 오픈뷰의 사명은 부가가치를 내는 벤처캐피털 회사다. 즉 금전적인 투자 외에도 그 회사의 가치를 높이기 위해 교육, 연수, 지도, 멘토링 등 여러 소소한 것들도 지원한다.

오픈뷰는 멘토, 직원, 임원단 등의 추천으로 새로운 투자 대상 기업을 찾는 것이 일반적이었다. 하지만 스콧은 회사를 키울 수 있는 더 나은 방법이 있다는 것을 바로 알아챘다.

그는 회사의 스토리와 콘텐츠 자산은 20여 명 정도 되는 그의 직원들에게 있다는 사실을 깨달았다. 예를 들어, 오픈뷰의 투자를 받은 기업의 CEO가 운영 문제로 조언을 구하기 위해 연락을 했다고 하자. 그 CEO는 오픈뷰의 멘토를 소개받고 도움이 되는 해법을 함께 찾는다. 스콧은 여기서 투자 기업의 문제가 해결된 것도 좋지만, 실은 그 과정에서 나온 정보가 알짜라는 사실을 알게 된 것이다. 오픈뷰가 이미 하고 있는 일대일 멘토링 콘텐츠를 스토리로 잘 엮어서 누구나 인터넷에서 볼 수 있게 한다면 어떨까?

코카콜라나 레드불의 대규모 프로그램과는 달리, 오픈뷰는 직원의 개인 블로그로 소박하게 시작했다. 이후 2009년 9월, 자체 블로그를 론칭했고, 그때를 기점으로 회사는 새롭게 태어났다. 스콧의 지휘 아래 직원들은 마케팅, 경영, 재무 등에 관한 핵심적인 통찰력과 기업가들이 적극적으로 알고 싶어하는 주제들을 공유하기 시작했다.

결과는 이루 말할 수 없이 놀라웠다. 불과 3년 만에 무려 1만 8천 명이 넘는 사람들이 오픈뷰의 이메일 뉴스레터를 구독했다. 이제 예전처럼 특정 사람이나 집단에게 투자 기업을 추천받는 것은 구식이 됐다. 대신 웹사이트를 통해 매달 수천 명의 기업가들과 인연을 맺는다. 일대일로 직접 만나기도 하지만 전 세계 어디서나 이용 가능한 온라인을 통해서 그들이 가장 궁금해하는 것에 대한 답을 준다. 오픈뷰의 콘텐츠는 검색으로 쉽게 찾을 수 있으며, 트위터나 링크드인 같은 소셜 미디어 채

그림 6.4 오픈뷰 랩스
오픈뷰 벤처 파트너스의 콘텐츠 플랫폼인 오픈뷰 랩스는 투자 유치를 원하는 기술 분야 기업가들의 필수 참고 사이트다

널에서 공유된다. 오픈뷰는 근본적으로 판매 주기를 절반으로 줄였는데, 투자 대상 기업을 직접 찾아나설 필요가 없어졌기 때문이다. 반대로 기업들이 그들에게로 온다. 이제 오픈뷰는 잠재 고객을 훨씬 쉽게 얻고 있으며, 원하는 기업을 투자처로 선정하기만 하면 된다.

현재 유망한 기업가들을 위한 콘텐츠 플랫폼인 오픈뷰 랩스OpenView Labs 사이트는 오픈뷰의 예상 고객을 더 성공적인 길로 이끄는 수천 건의 기사, 블로그 포스팅, 팟캐스트, 동영상을 제공하고 있다(그림 6.4). 오픈뷰는 최초의 일대일 컨설팅을 완전히 다른 차원으로 끌어올려, 세계적으로 신뢰받는 벤처 자문사가 됐다.

리버 풀스 앤 스파스River Pools and Spas

2009년 말, 버지니아 주 매릴랜드에 위치한 직원 20명 규모의 유리섬유 수영장 설치 업체 리버 풀스 앤 스파스는 큰 위기를 맞았다. '대침체' 시기 동안 고객들이 집에 있는 수영장을 사용하지도, 설치하지도 않았기 때문이다. 설상가상으로 수영장을 설치하기로 했던 고객들도 예약금 반환을 요청했는데, 경우에 따라 5만 달러 또는 그 이상이 되는 거액이었다.

여러 주 동안 리버 풀스의 당좌예금 잔고는 초과 인출된 상태였다. 급여 지급이 어렵게 된 것은 물론 영구 폐업까지 고려하는 상황이었다.

CEO 마커스 셰리단Marcus Sheridan은 경쟁사로부터 시장점유율을 빼앗아오는 것만이 살아남기 위한 유일한 방법이라고 생각했다. 그러기 위해서는 시장에 침투하는 방법에 대해 다르게 생각하고 접근해야 했다.

이 작업 초기 때만 해도 리버 풀스는 연매출 400만 달러에, 마케팅 비용으로 연간 약 25만 달러를 지출하는 회사였다. 버지니아주에는 리버 풀스보다 점유율이 높은 경쟁사가 네 곳이나 있었다.

하지만 그후 2년이 지난 2011년, 리버 풀스 앤 스파스는 북미 전체에서 유리섬유 수영장 판매량 1위 업체가 됐다(믿기지 않겠지만 사실이다). 마케팅 비용 역시 25만 달러에서 4만 달러로 절감했으며, 동시에 입찰을 따낸 건수는 15% 이상 늘어났고, 판매 주기는 절반으로 줄었다. 리버 풀스가 500만 달러 이상으로 매출을 끌어올리는 동안 일반적인 수영장 설치 업체는 같은 기간 내 50~75%의 매출 감소를 겪었다.

당연히 리버 풀스 앤 스파스는 오랫동안 살아남았다.

리버 풀스의 성공 비결은 콘텐츠 마케팅이었고, 그 효과가 너무 좋은 나머지 마커스는 이제 전 세계를 누비며 자신의 성공담과 콘텐츠 마케팅의 힘을 기업가들과 함께 나누고 있다.

마커스는 어떻게 해냈을까? 사실 답은 아주 간단했다. 마커스는 고객이 궁금해할 만한 모든 예상 질문을 적은 다음, 그에 대한 대답을 블로그에 올렸다. 이것은 정말 효과가 좋아서, 검색창에 '유리섬유 수영장 가격'이라고 치면, 당신이 있는 곳이 클리블랜드이건 포트로더데일이건 마커스 셰리단의 블로그 포스트가 검색 결과 맨 위에 뜬다(내가 직접 해봤다).

마커스가 이 위업을 어떻게 달성했는지에 대해서는 뒤에서 더 자세히 소개하겠다. 그에 앞서 마커스의 마케팅 전략과 프로세스에 관해 이야기를 나눴던 일대일 인터뷰 내용을 공유하려 한다.

마커스 셰리단과의 인터뷰

—

조 풀리지(이하 JP): '마케터들은 콘텐츠 마케팅에 대해서 생각이 너무 많다는 얘기를 했다고 들었습니다. 온갖 복잡한 계획을 짜는 것보다 우선 시작하고, 하면서 알아가야 한다고 했는데, 이런 단

도직입적인 태도는 어디서 오는 것인가요?

마커스: 제가 수영장 회사의 블루칼라 출신인 덕분입니다. 마케터가 되려고 공부한 적이 없죠. 만약 제 아이들 중 하나가 저에게 "저는 마케터가 되고 싶어요. 마케팅 공부를 할 수 있는 학교에 갈래요."라고 한다면 저는 몹시 두려울 겁니다. 오히려 그것이 아이를 망칠 수도 있으니까요.

제 블로그에서 가장 많이 다룬 주제가 지식의 저주입니다. 그것에 대해 많은 생각을 갖고 있고, 실제로 지식의 저주에 시달리는 많은 사람들을 봤기 때문입니다. 특히 온라인에서요. 마케팅에 대해 떠드는 몇몇 온라인 '리더'들을 보면 그들만의 세계에 너무 오랫동안 빠져 있었다는 것을 알 수 있습니다. 블로그 포스트를 읽으면 대체 무슨 소리인지 이해할 수가 없는데, 구체적인 설명도 전혀 없고 실제 적용 사례도 없으니 너무 모호하고 뜬구름 잡는다는 느낌밖에 들지 않습니다. 저는 그렇게 되고 싶지 않아요.

JP: 블로그에서 존중과 예의에 대해 말씀하셨는데요. 비즈니스 퍼블리싱이나 블로그에서 무례함을 범한 사례가 있을까요? 또 이 문제에 관해 블로거들에게 어떤 조언을 하십니까?

마커스: 솔직히 말하면 기업들은 온라인에서 자기 목소리나 의견을 충분히 내지 않습니다. 대부분의 회사, 특히 B2B 회사들은 '회색 지대'에 살고 있습니다. 두려워서 어떤 의견도 내지 못하고, 블로그는 형편없어집니다. 모든 사람의 비위를 그럭저럭 맞출는지는 몰라도 누구의 이목도 끌지 못하는 것이죠.

사람들이 저에게 항상 하는 질문이 "별로 매력 없는 주제(수영장이죠)를 가지고 어떻게 팔로워 수가 그렇게 많아요?"입니다. 우선, 사람 냄새가 납니다. 저는 말하듯이 쓰니까요. 두번째로 제 블로그는 말하고자 하는 바가 분명합니다. 저는 회색 지대에 살지 않습니다. 흑백이 분명하죠. 우리에게는 생각의 리더십이 부족한데, 그 이유는 아무도 나서서 얘기하지 않기 때문입니다.

그리고 예의를 지켜야 합니다. 저는 "저 사람은 멍청해" 같은 발언을 절대 입 밖으로 꺼내지 않습니다. 앞으로도 절대 하지 않을 것이고요. 대신 이렇게 말할 겁니다. "이 제품, 서비스, 생각을 살펴보고 있는데, 이해가 되지 않습니다. 왜냐하면 이러이러하기 때문입니다."

당신의 업계에서 사람들을 깜짝 놀래키고 있지 않다면, 대박이 날 거란 생각은 접으세요. 우리는 이런 시대에 살고 있습니다. 콘텐츠가 너무 많아요. 저는 이것을 CSI라고 부르는데, 콘텐츠 포화지표Content Saturation Index를 뜻합니다. 모든 업계의 CSI는 매일 급속도로 커지고 있어요. 이제는 품질의 시대입니다. 양질의 콘텐츠 바람이 소셜 미디어 쪽에서 일어나고 있습니다.

JP: 블로그에서 알렉사Alexa 랭킹이나 라이브파이어Livefyre 같은 여러 가지 기술 플랫폼의 장단점에 대해 이야기하고 계신데요. 블로거들이 더 잘되기 위해서 꼭 쓰지는 않더라도 알아야 할 앱과 플랫폼은 무엇인가요?

마커스: 제가 수없이 얘기한 한 가지가 있는데 바로 허브스팟HubSpot입니다. 허브스팟은 (블로깅, 분석, 이메일 마케팅, 예상 고객 개발, 소셜 미디어 등을 한번에 해결할 수 있다는 점에서) 진정한 의미의

종합 서비스를 제공한 최초의 회사입니다. 허브스팟은 잠재 고객의 행동을 이해한다는 측면에서 구글 애널리틱스보다 한층 더 깊이 파고듭니다.

자, 블로거로서 "제 블로그를 통해 작년에 최소 '이만큼'의 판매가 일어났습니다"라고 말할 수 없다면, 여러 요소들을 제대로 측정하지 않고 있을 가능성이 높습니다. 단순히 구글 애널리틱스를 돌려서 얻는 정보 이상의 것을 알아야 합니다. 구글 애널리틱스는 트래픽은 추적하지만, 사람들과 이름을 추적하지는 못합니다. "제프 님이 오늘 제 사이트를 방문했고, 가입 양식을 작성했습니다. 그리고 이 다섯 페이지를 봤어요."라고 말할 수 있는 것이 훨씬 더 많은 힘을 실어줍니다.(그림 6.5는 리버 풀스의 웹사이트 트래픽 샘플이다.)

이것의 반대는 구글 애널리틱스식으로 "오늘은 사이트에 1,000명이 방문했고, 그들은 이런 페이지를 봤고, 이탈률은 이렇고, 이런 곳을 클릭했습니다."라고 말하는 것입니다. 이게 대체 뭡니까?

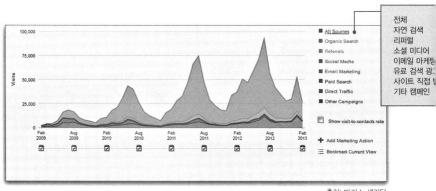

출처: 마커스 셰리단

그림 6.5 리버 풀스앤스파스의 블로그 분석 결과
블로그를 불과 2~3년 운영했지만 리버 풀스앤스파스는 한 달 만에 순 방문자 10만 명을 모을 수 있었다

물건을 파는 사람으로서 저는 제프라는 사람이 무엇을 했는지가 알고 싶어요. 나머지 999가지에는 관심이 없습니다. 정말, 진심으로 제프 님이 한 일을 알고 싶어요. 그러기 위해서 우리는 뛰어난 인바운드 마케터가 돼야 하고, 사람들이 사이트에서 가입 양식을 작성하도록 만들어야 합니다. 우리는 구글 애널리틱스의 결과를 기반으로 추측만 할 것이 아니라 사이트에서 사람들이 진짜 무슨 행동을 했는지 알 수 있어야 합니다. 구글 애널리틱스도 나쁘진 않지만, 판매 관점에서 당신이 필요로 하는 깊이는 분명 없습니다.

한참 전에 블로그에 "블로그로 200만 달러 이상 판매했다: ROI는 어떨까?"라는 글을 썼습니다. 많은 사람들의 눈을 번쩍 뜨이게 한 글이었죠. 사람들은 그 글을 보고 나서 "와, 이 모든 게 다 가능하다니. 방문자가 입력한 키워드가 무엇인지, 그들을 끌어들인 글이 무엇인지, 어떤 페이지를 방문했는지 그리고 어떤 양식을 작성하고 잠재 고객이 됐는지 알 수 있구나."라고 말했습니다. 방문자가 잠재 고객이 되면, 편의상 이 사람을 '존'이라고 하죠. 우리는 존에게 물건을 팔기 위한 작업에 착수하고, 그를 추적하기 시작합니다. 웹사이트에서 보여주는 수치에 기반해서가 아니라 우리가 존과 주고받은 모든 것이 단서가 됩니다. 마침내 존이 잠재 고객에서 '고객'이 됐을 때, 우리는 그에 대한 분석 작업을 끝내고 존이 최초로 입력한 키워드와 최초로 본 글로 되돌아갑니다. 그제서야 우리는 "블로그에 이 글을 안 썼으면, 존은 우리 사이트를 방문하지 않았을 거고, 우리 고객이 될 수도 없었겠구나."라고 알게 됩니다. 바로 이 블로그 글이 판매의 직접적인 원인인 것이죠. 그리고 '존'이라는 특정 고객이 우리 회사에 7만 5천 달러의 매출을 올려줬다고 꼭 집어 알 수 있습니다. 참 아름답죠.

조: 자기 자신이나 가족, 신념 등에 대해서 일반적인 기업가들보다 스스럼없이 공개하시는데요. 이유가 무엇인가요?

마커스: 사람들이 저와 빨리 관계를 맺었으면 하는 바람이 있기 때문입니다. 그러려면 우선 제가 어떻게 생겼는지 알아야겠죠. 이것이 중요한 이유는 그래야 사람들이 콘텐츠에 있는 제 얼굴을 알아볼 수 있기 때문입니다. 그다음으로 저도 독자들과 똑같이 실제 가족이 있고, 일상 속에서 고난, 승리, 극심한 슬픔 등등을 겪는 사람이라는 것을 느껴야겠죠. 그래야 제가 쓴 글을 보면서 "나한테 말하는 사람이 바로 저 사람이구나"라는 것을 알 수 있습니다. 비록 제가 독자들과 많이 다른 사람이더라도, 최소한 독자들은 제가 실제 존재하는 사람이라는 것은 느끼겠지요.

제 생각에, 우리가 인생을 살면서 느끼는 가장 큰 욕구는 다른 사람이 나를 이해해줬으면 하는 감정입니다. 제가 그냥 '수영장 아저씨'였을 때, 한번은 어떤 고객의 집을 방문했는데, 한 여자분이 나와서는 저를 살짝 안으며 인사해주더군요. 그 분은 저를 마치 오랫동안 서로 알고 지낸 것처럼 대해줬고, 제 아이들에 대한 얘기도 나눴습니다. 개인사를 공유하는 것은 사람 간의 벽을 완전히 허물어뜨립니다. 우리 같은 마케터들은 소셜 미디어에 대해 떠들면서도 실제로는 사람들과 섞이기를 원치 않고, 무리 밖으로, 사회 밖으로 숨고 싶어합니다. 이런 태도를 떨쳐버리세요. 저는 말

그대로 올인했습니다. 테이블 가운데에 칩을 전부 밀어넣었죠. 저는 지금도 사람을 사귀고 있습니다. 그리고 이게 바로 저의 모습이죠.

이 책의 나머지 내용

—

1부에서는 콘텐츠 마케팅이 무엇이고, 어떤 가능성이 놓여 있는지에 대해 탄탄한 기초를 다지기 위한 내용들을 담았다. 앞으로 이 책에서는 어떻게 자신의 이야기를 찾을 수 있는지, 어떻게 에픽 콘텐츠 개발과정을 더 잘 이해할 수 있는지, 그리고 어떻게 자신이 이끄는 조직을 콘텐츠 마케팅 공장으로 탈바꿈하여 더 적합한 고객을 끌어들이고 유지할 수 있는지에 대해 집중할 것이다. 준비됐는가? 그럼 출발!

EPIC THOUGHTS

- 코카콜라가 무언가를 하면 사람들은 귀를 기울인다. 코카콜라가 콘텐츠 마케팅을 매우 중요하게 여긴다는 사실은 지금 마케팅과 사업 개발 분야에서 일하고 있는 모든 이에게 중요하다.
- 레드불과 유스카은행은 에너지 드링크 회사나 은행이라기보다는 매체사에 더 가깝다. 미래에는 이런 트렌드를 더 많이 보게 될 것이다.
- 콘텐츠 마케팅은 대기업만의 것이 아니다. 오픈뷰 벤처 파트너나 리버 풀스 앤 스파스 같은 중소기업도 에픽 콘텐츠 제작으로 시장을 지배했다. 당신도 할 수 있다.

EPIC RESOURCES

• *Jerry McGuire*, directed by Cameron Crowe (1996; Tristar Pictures/ Sony Pictures Entertainment). (〈제리 맥과이어〉, 1996)

• Joe Pulizzi, "Coca-Cola Bets the Farm on Content Marketing: Content 2020," ContentMarketingInstitute.com, January 4, 2012, http://contentmarketinginstitute.com/2012/01/coca-cola-content-marketing-20-20/.

• David M. Ewalt, "Once Upon a Soda," *Forbes*, January 25, 2013, http://www.forbes.com/sites/davidewalt/2013/01/25/once-upon-a-soda/.

• Mark Sherbin, "Big Content Marketing Plays from Coke, Pepsi and Red Bull," ContentMarketingInstitute.com, November 18, 2012, http://contentmarketinginstitute.com/2012/11/content-marketing-plays-coke-pepsi-red-bull/.

• Stuart Elliott, "Coke Revamps Web Site to Tell Its Story," *New York Times*, November 11, 2012, http://www.nytimes.com/2012/11/12/business/media/coke-revamps-web-site-to-tell-its-story.html.

• James O'Brien, "How Red Bull Takes Content Marketing to the Extreme," Mashable.com, December 19, 2012, http://mashable.com/2012/12/19/red-bull-content-marketing/.

• "The World's 50 Most Innovative Companies," Red Bull Media House, in FastCompany.com, 2012, http://www.fastcompany.com/most-innovative-companies/2012/red-bull-media-house.

• Brian Morrissey, "What Red Bull Can Teach Content Marketers," Digiday, October 15, 2012, http://www.digiday.com/brands/what-red-bull-can-teach-content-marketers/.

• Coca-Cola Journey, accessed March 5, 2013, http://www.coca-colacompany.com/.

• Red Bull Media House, accessed on March 5, 2013, http://www.

redbullmediahouse.com/.

- OpenView Labs, accessed on March 18, 2013, http://labs.openviewpartners.com.

- Jyske Bank Case Study, accessed on March 22, 2013, http://www.youtube.com/watch?v=-js2tMxBWH4.

- Jyske Bank Foundations, accessed on March 23, 2013, http://dok.jyskebank.dk/Unit/jyskebank/jyskebankinfo/Ourfoundations/.

- River Pools and Spas, accessed on March 28, 2013, http://www.riverpoolsandspas.com/.

- Mark Cohen, "A Revolutionary Marketing Strategy: Answer Customers' Questions," *New York Times*, February 27, 2003, http://www.nytimes.com/2013/02/28/business/smallbusiness/increasing-sales-by-answering-customers-questions.html?_r=0.

2부

콘텐츠 영역과
전략 세우기

07

더 옳거나,
덜 옳거나

사람은 대답이 아니라 질문으로 판단하라

볼테르VOLTAIRE

우리 집안은 '면책조항'이라는 두 단어로 이루어진 규칙이 있다. 좀더 설명해보면, 어릴 적부터 지금까지 나의 어머니는 가족 구성원들에게 줄 선물을 아주 깐깐하게 골라서 사셨다. 생일이나 크리스마스 같이 내가 선물을 받게 되는 날이 되면, 어머니는 선물을 건네주려고 손을 뻗다가 잠시 멈추셨다. 어머니가 선물을 주기 전에 하시던 말씀을 나와 남매인 레아는 '면책조항'이라고 불렀다.

면책조항은 내가 그 선물을 안 좋아할 수도 있기 때문에 존재하는 것이다. 즉 그 선물이 나에게 딱 맞지 않을 수도 있기 때문이다. 어머니는 보통 교환 영수증을 동봉해주셨고, 때때로 나에게 더 잘 맞을 수도 있다고 생각하시는 다른 선물 목록을 함께 넣으시기도 했다. 솔직히 말하면 나는 어머니의 이런 점을 사랑한다. 어머니가 누군가를 위해 선물을 살 때 얼마나 많은 생각을 하고, 얼마나 많이 신경을 쓰는지 알 수 있는 대목이었다.

그래서 나도 콘텐츠 마케팅에 대한 책을 쓰면서 나만의 '면책조항'을 만드는 게 옳다고 생각했다.

면책조항

—

다른 책들처럼, 나 역시 이 책이 독자들의 인생, 경력, 사업을 어떤 식으로든 바꿔줄 정도로 가치가 있으면 좋겠다. 하지만 이 책이 만병통치약은 아니다. 그런 것은 세상에 없다.

나는 세계 최대의 브랜드부터 1인 스타트업까지 그야말로 수백 개의 콘텐츠 마케팅 전략에 참여했다. 그것들 모두는 하나하나 달랐다. 각각의 회사는 각기 다른 이유를 갖고 각기 다른 방식으로 일했다.

당신의 자기소개서Personal Statement

2012년에 개봉한 영화 〈007 스카이폴〉에서 주인공 제임스 본드는 영화 초반에 새로운 쿼터마스터(quatermaster, 이하 Q)로부터 새로운 무기를 받는다. Q는 본드에게 총을 주면서 이 총은 본드의 손금만 인식하기 때문에 본드만이 총을 쏠 수 있다면서 이렇게 말한다. "이건 무차별 살상 무기라기보다는 자기소개서에 가깝죠."

당신의 콘텐츠 마케팅 전략과 계획 역시 당신만의 사업 목표와 당신의 오디언스가 필요로 하는 정보를 조합한 '자기소개서'가 돼야 한다. 당신의 콘텐츠 계획은 어느 회사도 베낄 수 없도록 해야 하지만, 당신이 계획을 세울 때는 다른 회사로부터 배울 것들이 있다. 특히 다른 회사의 계획들 중 잘된 것들을 당신의 상황에 맞게 적용하면 좋다.

완벽한 정답은 없다

내 친구이자 동료이며, 『소셜 마케팅 불변의 법칙, 유용성』의 저자인 제이 배어Jay Baer는 콘텐츠 마케팅에는 옳고 그름이 없고, 단지 '더 옳은 것' 또는 '덜 옳은 것'이 있을 뿐이라고 한다. 수많은 마케터들과 기업가들은 모든 업무상, 사업상 문제를 한 방에 해결해주는 만병통치약 같은 방법론을 찾고 있다. 이제 그만 찾아도 된다.

가장 바람직한 것은 옳은 질문을 더 많이 하기 시작하는 것이다. 이런 행동은 당신이 '덜 옳은 것'보다는 '더 옳은 것'을 계획하도록 이끌 것이다. 세스 고딘Seth Godin부터 데이비드 미어만 스콧David Meerman Scott까지 내가 읽은 최고의 경영서들은 항상 더 나은 질문을 하게끔 내게 숙제를 던져줬다. 이 일을 해오면서 나는 대부분의 마케팅 계획이 잘 통하지 않는 이유가 질문을 충분히 하지 않았기 때문이라는 것을 알게 됐다. 이런 실수는 하지 말자.

당신은 지금 어디에 있는가?
콘텐츠 마케팅 성숙도 모델

CMI의 전략 수석이자 『매니징 콘텐츠 마케팅』의 공저자인 로버트 로즈는 콘텐츠 마케팅의 성숙도를 측정하는 모델을 만들었다. 이 모델을 만든 목적은 기업들이 현재 콘텐츠 마케팅의 어디쯤에 와 있는지, 또 어디로 가야 하는지 파악하는 것을 돕기 위해서다. 로즈는 친절하게도 이 모델에 대해 아래와 같이 설명하고 있다.

콘텐츠 마케팅은 기업이 고객에게 차별화된 가치를 제공하는 마케팅에 대한 접근 방식이자 실행 방식이다. 리서치 회사인 포레스터의 제프 언스트는 "소비자들은 더이상 제품이나 서비스를 사지 않는다. 회사가 소비자의 문제를 해결하는 접근법을 산다." 이것이 바로 자포스Zappos 같은 회사들이 시장에서 두드러지는 이유다. 그들은 서비스와 대화의 기술을 그들의 마케팅으로 변형시켰다. 레드불이 남다른 것도 마찬가지다. 레드불은 에너지 드링크를 파는 것이 아니라, 그 에너지 드링크에 따라오는 담대한 이야기를 만들어야 한다는 것을 알고 있다. 시스코 시스템즈도 그렇다. 시스코는 라우터와 케이블을 파는 것이 아니라, 실제 사람들이 그들에게 주어진 최적의 기술로 소통에 있어 혁신을 이룰 수 있다는

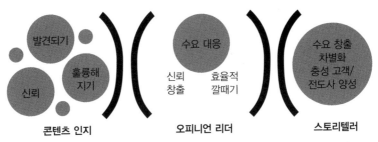

출처: CMI/로버트 로즈

그림 7.1 콘텐츠 마케팅 성숙도 모델
당신은 콘텐츠 마케팅의 어느 단계에 있는가?

것을 보여줘야 함을 잘 알고 있다.

하지만 이것은 모 아니면 도 식의 명제는 아니다. 사업의 종류에 따라 필요한 콘텐츠 개발와 완성도의 수준은 제각각일 것이다. 이 모델은 콘텐츠 마케팅의 역량이 아닌 접근 방식을 기준으로 단계를 나눈 것이다. 콘텐츠 마케팅이라는 여정(콘텐츠 인지, 콘텐츠 리더, 또는 스토리텔러)에서 지금 어느 단계에 있는지 이해해야지만 올바른 길을 선택할 수 있다(그림 7.1).

콘텐츠 인지

이 모델의 맨 밑에는 '콘텐츠 인지'가 있다. 이 단계는 소음으로 가득한 광고의 틈바구니에서, 콘텐츠 하나로 당신의 제품이나 서비스가 믿을 만하다는 인식을 갖게 하는 것이다. 이것의 고전적인 사례는 인바운드 마케팅이다('고객의 눈에 띄는 것'을 목적으로 콘텐츠를 사용하는 회사). 이것은 수요 충족 전략이라 할 수 있는데, 다음의 세 가지로 이루어진다. 고객의 눈에 띄도록 신뢰할 수 있고 유용한 콘텐츠를 많이 만들고, 인지도가 생기고, 타깃 오디언스와의 신뢰를 쌓는 것이다.

사례 테논관광 Tenon Tours 테논관광은 허브스팟을 이용해 아일랜드의 문화, 지역 행사, 여행 정보와 같은 수많은 콘텐츠를 블로그에 올린다. 특히 그들은 검색 순위를 높이는 데 최대한 맞춰 블로그 포스팅을 만드는 것에 많은 시간을 쏟는다. 그 결과

테논관광은 웹사이트 방문자를 54% 증가시켰다. 성공 비결은
검색 순위가 높거나, 소셜 미디어에 많이 공유되거나, 방문자를
많이 유입시킨 포스팅에 집중하는 것이다.

콘텐츠 리더

'콘텐츠 인지' 다음 단계는 '콘텐츠 리더' 또는 '관여도 리더'가 되
는 것이다. 이 단계에서 브랜드는 제품이나 서비스의 범위를 넘어
선 가치를 제공하는 콘텐츠를 만든다. 즉 제품이나 서비스 사용
법을 넘어선 내용을 담고 있으며, 고객의 욕구를 충족시킬뿐만 아
니라 브랜드에 대한 신뢰감을 형성한다. 회사는 바로 이런 콘텐츠
를 만들고 촉진시키면서 업계의 리더십을 얻는 것이다. 이 단계에
서 회사는 핵심 구매자들이 갖는 대표적 성향에 맞춘 콘텐츠 제
작을 넘어, 인플루언서들을 위한 콘텐츠 제작으로 옮겨간다. B2B
측면에서 보면, 더 효율적인 '구매 깔때기(간단히 말하면 구매의 다
음 과정으로 나아가도록 도움을 주는 것)'를 만드는 것인데, 그 이유는
콘텐츠가 회사에 전문성을 부여해 경쟁사와 차별화시키기 때문이
다. 여기서 회사는 자사의 제품과 함께 쓰면 좋은 다른 제품에 대
한 콘텐츠를 만들 수도 있고, 업계의 인플루언서들을 움직이게 할
(또는 인플루언서들이 만든) 리서치나 확장된 콘텐츠를 제공할 수도
있다. 이 단계의 목표는 콘텐츠를 이용해 브랜드를 고객의 신뢰를
받는 위치에 올려놓는 것이다. 그러면 고객의 문제를 해결할 수 있
는, 간단히 말하면 구매자의 구매 결정에 방해가 되는 모든 요소

를 제거할 수 있는 차별화된 접근법을 만들게 된다.

사례 오픈뷰 벤처 파트너스 오픈뷰는 콘텐츠 마케팅 전략에 전체론적인 접근 방식을 펼친다. 이 회사는 제대로 된 블로그, 온라인 행사, 오프라인 행사, 동영상, 인포그래픽 그리고 소셜 미디어 채널까지 모든 것을 갖췄다. 오픈뷰는 이것들을 통해 자사의 사명을 알리고 새로운 형태의 마케팅이 스타트업에 긍정적인 영향을 준다는 믿음을 전파한다. 오픈뷰는 이 이야기를 전하기 위해 내부 인력은 물론 업계 인플루언서들도 활용하는데, 인플루언서를 초청해 자사 콘텐츠 만들기에 참여시키는 데 그치지 않고, 인플루언서가 직접 자사 콘텐츠를 만들도록 적극적으로 지원한다. 오픈뷰는 벤처캐피털 업계에서 투자한 회사를 소중히 생각하는 회사이자, 기업가의 성장에 있어서 '콘텐츠 리더'로 자리매김했다. 따라서 오픈뷰는 다른 벤처캐피털 회사와는 다르다. 회사 규모는 크지 않지만 다른 회사와 차별화된다는 사실 때문에 그후 오픈뷰는 업계에서 급이 더 높아졌고, 더 창의적이고 혁신 역량이 뛰어난 기업가들이 찾아오게 됐다.

스토리텔러

마지막 단계는 '스토리텔러'다. 이 단계에서 브랜드는 콘텐츠를 더 큰 브랜드 스토리와 통합하고, 콘텐츠 전략을 완전히 고객 참여형 전략에 맞춰 조정한다. 회사는 예상 고객, 고객, 인플루언서를 브랜드와 정서적인 관계를 맺도록 끌어들임으로써 업계에서 '콘텐츠 리더'가 되는 것을 넘어 한 단계 더 나아간다. 이런 스토리텔러 전략은 오디언스를 교육하고, 즐겁게 하고, 관여하게 하고, 영향을 준다. 왜냐하면 이런 콘텐츠는 제품이나 서비스의 범주를 훨씬 뛰어넘어서 회사의 존재 이유를 담고 있기 때문이다. 실제로 스토리텔러는 오디언스가 아직 있는지도 모르는(혹은 지금까지 없었던) 제품과 서비스 수요를 창출한다. 고객이 아닌 사람들도 브랜드에 흥미를 갖고 관심을 보이게 하고, 기존 고객들은 전도사로 만든다. 스토리텔러의 초점은 수많은 방식으로 오디언스를 끌어들여 브랜드에 관여하게 만드는 것이다. (과거에는 이것이 뉴욕타임스나 NBC 같은 매체사의 역할이었다.) 스토리텔링 전략의 목표는 더 좋은 고객을 창출하는 것이다. 이 전략은 마케팅과 세일즈의 전반적인 효율성도 높여주는데, 브랜드가 차별화되면 제품이나 서비스에 프리미엄을 붙일 수 있거나, 할인을 더 할 필요가 없기 때문이다.

사례 코카콜라 비즈니스 세계에 많은 스토리텔링 전략이 있지만, 그중 최고는 코카콜라일 것이다. 코카콜라의 모든 이야기에는 '행복을 전파한다'는 목표가 담겨 있다(6장 참조). B2B 업계에서는 시스코가 일반 소비자의 감성을 자극하는 다큐멘터리를 제작해 스토리텔링을 했는데(심지어 시스코는 이제 일반 소비자들을 대상으로 영업하지 않음에도 이런 전략을 펼쳤다), 시스코 브랜드의 영향력이 높아지고 그만큼 관심도도 올라갔다. GE의

경우도 비슷하다. 혁신에 대해 얘기하고 소비자들이 GE 브랜드를 떠올리게 만드는 브랜드 스토리를 만들었더니 GE 제품을 살 만한 회사들도 움직이는 효과를 얻었다.

이 책의 나머지를 읽을 때도 당신의 회사가 어느 단계에 있기를 원하는지 생각하며 보는 것이 중요하다. 때때로 콘텐츠 인지만으로도 소비자의 욕구를 충족시키기 충분하며, 이것은 에픽 콘텐츠를 만들기만 하면 끝난다. 하지만 진정한 수익 창출의 기회와 매출 성장은 스토리텔러 단계에 있다. 모든 회사들은 스토리텔러가 되기 위해 노력해야 한다. 현재 상황이나 의사와 관계없이, 콘텐츠 마케팅에 능숙해져 단계가 올라가면 결국에는 스토리텔러가 돼야 할 것이다.

EPIC THOUGHTS
- 콘텐츠 마케팅에 만병통치약은 없다. 회사마다 각자의 길을 찾아야 한다.
- 콘텐츠 마케팅 성숙도 모델에서 현재 자신의 위치를 파악하는 것이 중요하다. 어느 단계로 가고 싶은지를 결정하기 전에 지금 어디에 있는지 알아야 한다.

EPIC RESOURCES
- *Skyfall*, directed by Sam Mendes (2012; Eon Productions). (《007 스카이폴》, 2012)
- Jay Baer, Youtility, Portfolio/Penguin, 2013. (제이 배어, 『소셜 마케팅 불

변의 법칙, 유용성』, 황문찬 옮김, 이청길 감수, 처음북스, 2016)

• Jeff Ernst, "It's Time to Take a Stand … in Your Marketing," *Jeff Ernst's Blog*, Forrester.com, June 7, 2011, http://blogs.forrester.com/jeff_ernst/11-06-07-its_time_to_take_a_stand_in_your_marketing.

• Tenon Tours, accessed March 18, 2013, http://www.tenontours.com/.

08

에픽 콘텐츠 마케팅은 무엇인가?

남녀를 막론하고 우리 모두의 문제는
배우지 못하는 것이 아니라 배운 것을 버리지 못하는 것이다

글로리아 스타이넘GLORIA STEINEM

콘텐츠 마케팅의 세계로 뛰어들기 전에, 왜 당신의 회사가 지금 갖고 있는 콘텐츠가 통하지 않는지, 왜 사업에 도움이 안 되는지 그 이유를 살펴보자.

회사 얘기만 한다 고객들은 당신 회사에는 관심이 없다는 사실을 명심하라. 그들은 그들 자신과 그들이 가진 문제에만 신경쓴다. 우리는 이 점을 자주 망각하고, (아무도 관심 없는) 우리 제품의 기능을 늘어놓는다. 당신 회사나 제품에 대해 더 많이 얘기할수록, 콘텐츠는 더 퍼지지 않고, 관여도도 줄어든다.

실패를 두려워한다 콘텐츠에 운을 맡기고 실험 삼아 조금 해보면 콘텐츠 마케팅의 가능성이 드러나고, 고객 입장에서 새롭고 가치 있는 이야

기가 무엇인지 알 수 있다.

목표를 너무 낮게 잡는다 당신의 콘텐츠 마케팅은 업계 최고가 돼야 한
다.—모든 경쟁자보다 나아야 하는 것은 물론 당신 영역의 모든 매체사
나 출판사보다 나아야 한다. 그렇지 않으면 어떻게 당신 분야에서 신뢰
받는 전문가가 되겠는가?

콘텐츠 수급 방식이 올바르지 않다 대부분의 브랜드는 콘텐츠 마케팅
프로세스의 일정 부분을 외주로 충당한다. 회사 내부에서 콘텐츠 챔피
언을 적극적으로 찾아내라. 그리고 외주는 스토리텔링을 위해 기자, 작
가, 콘텐츠 대행사들의 도움을 받는다는 생각으로 접근하자.

부서끼리만 소통한다 당신의 회사는 PR, 기업 커뮤니케이션, 소셜 미디
어, 이메일 마케팅, 기타 매체에서 서로 다른 이야기를 하고 있는가? 모
든 부서가 일관되고 공통된 스토리라인을 따르는가? 에픽 콘텐츠 마케
팅을 한다는 것은 당신의 회사가 일관된 이야기를 하고 있다는 것을 의
미한다.

불편한 상황을 회피한다 세스 고딘은 그의 저서 『린치핀□』에서 안전지대
밖으로 끊임없이 나오려는 시도를 하지 않는다면 정체된 상태를 면할
수 없다고 말한다. 때때로 콘텐츠를 통해 전혀 예상치 못한 것들을 해

□ Seth Godin, 『Linchpin』, Portfolio, 2009 | 세스 고딘, 『린치핀』, 윤영삼 옮김, 21세기북스,
2010

보자.

콜투액션Call to Action이 없다 모든 콘텐츠는 콜투액션을 포함해야 한다. 아니면, 최소한 콜투액션이 있어야 한다는 사실, 그리고 콘텐츠를 개발하는 진짜 목적을 인식하고 있어야 한다.

특정 채널에만 집중한다 이메일 뉴스레터나 페이스북이라는 틀에서 벗어나라. 대신 당신이 해결할 고객의 문제에 대해 생각해보라. 그런 다음 당신의 고객이 정보를 얻을 때마다 믿고 찾는 모든 곳에서, 다양한 방법으로 그 이야기를 하라.

대안을 위한 대안을 만든다 오직 시도와 반복이 있을 뿐이다. 실패를 대비한 계획은 잊자. 대안(예를 들면 PPC 광고pay-per-click 또는 스폰서 광고)은 시작하기도 전에 실패를 인정하는 것이다.

콘텐츠 주인이 없다 조직 내의 누군가(당신이 될 수도 있다)는 콘텐츠 마케팅 계획에 주인 의식을 가져야 한다.

임원진이 밀어주지 않는다 (CMI의 조사 결과에 따르면) 임원진의 지원이 없는 조직에서의 콘텐츠 마케팅 활동은 그렇지 않은 경우보다 실패할 확률이 세 배 높다.

업계가 어떻게 돌아가는지 주의를 쏟지 않는다 고객이 있는 곳이라면(온라인이든, 인쇄 매체든, 대면이든) 어디든 가야 한다.

콘텐츠를 제대로 못 잡는다. 당신의 영역에서 세계 최고의 전문가가 돼야 한다. 당신의 사업에 의미가 있으면서도 최고가 될 수 있는 콘텐츠 영역을 선정하라.

너무 느리다 이런 말은 하기 싫지만, 대부분의 경우 속도가 완벽을 이긴다. 당신의 스토리텔링에 맞는 효율적인 프로세스를 찾아내라.

콘텐츠를 일관되게 배포하지 않는다 콘텐츠 마케팅은 고객과의 약속이다. 조간신문을 생각해보자. (종이 신문을 받아 보고 있다면) 신문이 제 시간에 안 오면 정말 화가 나지 않는가? 콘텐츠 마케팅도 똑같은 자세로 해야 한다. 콘텐츠를 일관되게, 제 시간에 배포하자. 콘텐츠 마케팅 편집 일정표를 만드는 것도 좋다(14장 참조).

검색을 충분히 고려하지 않는다 십중팔구, 당신의 웹사이트 트래픽 대부분은 검색엔진을 통해 유입된다. 검색을 염두에 두고 콘텐츠를 만들면 고객들의 문제 그리고 고객들이 그 문제를 어떻게 전달하는지에 집중할 수 있다. 또한 그들이 당신을 발견하기도 쉽다.

에픽 콘텐츠 마케팅의 6가지 원칙

—

여기까지 보면 이제 영업용 콘텐츠는 더이상 필요 없다고 생각할지도 모른다. 하지만 정반대다. 문제는 판매과정에서 고객은 어떤 특정 순간에만 영업용 콘텐츠를 필요로 한다는 것이다. 지금 갖고 있는 콘텐츠를 냉정하게 본다면 기능과 장점에 관한 콘텐츠가 많을 것이다. 당신에게 필요한 것은 고객의 참여를 이끄는 이야기 그리고 그들을 움직여 행동하게 만드는 이야기다.

에픽 콘텐츠 마케팅의 원칙을 살펴보기 전에, 콘텐츠의 목표는 고객을 어떻게든 '움직이게' 하는 데 있다는 것을 기억하자. 우리 마케터들은 고객에게 긍정적인 영향을 주고, 고객을 끌어들이고, 고객의 삶과 대화에 머무르기 위해서 무엇이든 할 필요가 있다. 이제 에픽 콘텐츠 마케팅의 여섯 가지 원칙을 말하겠다. 자세히 살펴보자.

니즈를 채워라 콘텐츠는 고객의 충족되지 못한 니즈나 질문을 해결해줘야 한다. 또 제품이나 서비스를 통해 제공할 수 있는 것 이상으로 고객에게 어떤 식으로든 유용해야 한다.

일관성을 가져라 성공한 퍼블리셔의 가장 큰 특징은 바로 일관성이다. 월간지를 구독하건, 매일 오는 이메일 뉴스레터를 받아 보건, 콘텐츠는 항상 제때, 예상한 방향으로 전달돼야 한다. 수많은 회사들이 바로 이 부분에 취약하다. 콘텐츠 마케팅에서 무엇을 하건, 일관성 있게 내놔야 한다.

인간미를 가져라 하나의 독립된 언론사가 아닐 때의 장점은 진짜 내 모습을 숨길 일이 없다는 것이다. 그냥 있는 그대로의 모습이면 된다. 당신의 목소리를 찾고 공유하라. 회사의 스토리가 전부 웃긴 것 뿐이라면, 그것을 공유하면 된다. 조금 냉소적인 것이라도 괜찮다.

자기 관점을 가져라 콘텐츠 마케팅에서의 콘텐츠는 백과사전에 들어갈 것이 아니다. 역사 보고서도 아니다. 당신과 당신 회사를 전문가로 포지셔닝할 수 있는 사안에 대해서는 편파적이어도 된다.

'영업용 멘트'를 피하라 CMI가 교육적인 목적이 아니라 순전히 우리 회

출처: CMI

그림 8.1 공유되지 않는 영업용 콘텐츠
CMI에서도 콘텐츠 마케팅 어워즈를 홍보하고 싶지만, 홍보성 글은 일반 교육성 글에 비해 공유 횟수가 25%밖에 되지 않는다

사를 알리고픈 마음으로 콘텐츠를 만들면 조회 수와 소셜 미디어 공유는 일반적인 콘텐츠의 25% 수준에 머문다(그림 8.1). 당신 자신에 대해 더 많이 떠들수록, 당신의 콘텐츠 가치는 떨어진다.

당신의 분야에서 최고가 되라 처음부터 최고가 되기는 힘들겠지만, 콘텐츠 마케팅에서의 목표는 궁극적으로 당신 분야에서 최고가 되는 것이어야 한다. 이 말은 당신의 콘텐츠 영역에서 당신이 생산하는 것을 오디언스가 찾을 수 있고, 이용할 수 있는 것 중에서 최고여야 한다는 뜻이다. 고객이 당신의 콘텐츠에 시간을 쓰길 원한다면, 그 콘텐츠는 엄청난 가치를 갖고 있어야 한다.

에픽 콘텐츠 마케팅의 실제

당신이 매일 보는 콘텐츠 소스를 생각해보자. 그들은 왜 특별한가? 다른 곳에서는 주지 못하는 정보를 제공하는가? 정해진 날짜와 시간에 맞춰 꼬박꼬박 나오는가? 당신이 보기에 특별한 관점을 가졌는가? 삶이나 일을 하는 데 도움이 되는가?

나에게는 '구독'하고 있는, 몇 가지 콘텐츠 소스가 있고 그것들은 이제 내 삶의 일부가 됐다.

- 잡지 『Inc.』(매체사): 이 인쇄물이 우편으로 오면 정말 신이 난다 | 주기: 매월

- •P.J.트레이시의 소설(작가) | 주기: 1년
- •세스 고딘의 블로그(작가) | 주기: 매일
- •피셔 인베스트먼트Fisher Investments의 리포트(투자사) | 주기: 분기
- •카피블로거 미디어Copyblogger Media의 블로그(소프트웨어 회사) | 주기: 매일

고객이 늘상 소비하는 콘텐츠의 한 컷을 당신 회사가 차지하겠다는 목표를 갖자. 그렇게 된다면, 그들을 대상으로 영업하는 것은 상대적으로 쉬워진다. 한 예로, 나는 카피블로거 미디어가 출시하는 소프트웨어는 거의 다 써보는 편이다. 그 정도로 이 회사를 신뢰하기 때문이다.

완벽한 콘텐츠 제품

—

제이슨 칼라카니스는 그가 생각하는 완벽한 콘텐츠 제품에 대해 자주 언급한다. 그것은 바로 실시간인, 사실에 입각한, 시각적이고, 효율적인, 큐레이션된 콘텐츠다. 하나씩 살펴보자.

실시간 콘텐츠 당신의 콘텐츠는 현재 트렌드와 뉴스를 잘 활용하고 있는가? 오레오는 레이븐스Ravens와 포티나이너스49ers가 맞붙은 슈퍼볼 경기 도중 정전이 난 틈을 타 "어두워도 덩크슛할 수 있어요You Can Still Dunk in the Dark."라는 트윗을 때맞춰 올려 엄청난 화제를 일으켰다. 오레오의 트윗은 1만 번 이상 리트윗됐으며, 지구상에 존재하는 거의 모든

매체사가 무료로 이 이미지를 광고로 실어줬다. 오레오가 천운을 만난 것일 수도 있지만, 교훈은 분명하다. 대중문화나 업계 소식을 등에 업은 콘텐츠를 만들 수 있는 회사는 경쟁에서 유리하다는 것이다.

사실에 입각한 콘텐츠 당신의 관점과 상관없이, 당신이 개발하는 콘텐츠는 사실에 입각해야 한다. 학창 시절에 자료 출처를 밝히곤 했던 것처럼, 믿을 만한 통계자료와 정보를 활용하는 것이 아주 중요해졌다. 현존하는 거의 모든 매체사는 팩트 체크 담당자fact checker를 둔다. 이 사람은 오로지 회사의 보도가 100% 사실인지를 확인하는 일만 한다.

당신이 내보내는 콘텐츠 중 하나라도 사실과 다른 것이 있다면, 소셜 미디어에서는 당신의 브랜드를 가차없이 공격할 것이다. 당신은 이런 일이 절대로 일어나지 않도록 콘텐츠 생산 프로세스에 만전을 기해야 한다.

시각 콘텐츠 2011년 말, 콘텐츠 마케팅 플랫폼인 스카이워드Skyword는 자사 고객 전체의 콘텐츠를 분석했다. 분석 결과, 이미지를 포함한 블로그 포스트나 기사는 이미지가 없는 것들보다 91% 더 효과적이었다. 왜 이런 현상 일어날까? 3M이 지원한 또다른 연구를 보면, 사실상 뇌에 전달되는 정보의 90%는 시각적인 것이며, 뇌는 글로 표현된 것보다 시각 콘텐츠를 6만 배 빠르게 처리한다고 한다.

그래서 시각 디자인은 글 위주의 콘텐츠에서도 매우 중요하며, 모든 콘텐츠 마케팅 결과물에 포함돼야 한다.

효율적인 콘텐츠 CMI에서 매일 블로그에 글을 올리기 시작했을 때, 이 일을 하는 사람은 마이클 린과 나 이렇게 두 사람 뿐이었다. 우리는 보유한 자원을 최대한으로 활용했다. 거의 4년이 지난 지금은 상황이 많이 달라졌다. 마이클은 전략을 맡고, 조디 해리스는 일간 콘텐츠를 관리하고, 리사 힉스가 교정을 보며, 트레이시 골드는 제목을 전부 감수하고, 마이크 머레이Mike Murray는 검색엔진 최적화(Search Engine Optimization, 이하 SEO)를 위한 메타 태그를 편집한다.

우리는 여러 해 동안 이 프로세스를 다듬고, 핵심 영역에 전문가를 투입하면서 우리의 자원을 최대한 효율적으로 활용했다.

큐레이션된 콘텐츠 큐라타의 CEO 파완 데시판드는 콘텐츠 큐레이션을 '모든 콘텐츠를 혼자서 감당하는 것이라기보다 가장 좋고, 가장 적절한 콘텐츠를 찾고, 체계화하고, 공유하는 활동'이라고 정의한다. 심지어 세상에서 가장 똑똑한 매체사라 여겨지는 허핑턴 포스트, 월스트리트저널, 매셔블 같은 곳도 다른 사람들의 콘텐츠를 바탕으로 스토리를 만든다. 당신도 박물관 큐레이터와 다를 게 없다. 당신 영역에서 세계 최고의 콘텐츠를 발굴해서, 방문객 부족으로 문을 닫지 않게 해야 한다.

에픽 콘텐츠 마케팅 프로세스

—

앞에서 우리는 진짜 에픽 콘텐츠를 구성하는 것은 무엇인지 살펴봤다. 이제는 콘텐츠 마케팅을 위한 유기적인 프로세스를 개발할 차례다. 다음 몇 장에서 다루겠지만, 이 프로세스는 아래와 같은 것들을 실행함으로써 시작된다.

- 목표 또는 목적
- 오디언스 정의하기
- 오디언스의 구매 방식 이해하기
- 콘텐츠 영역 선택하기
- 콘텐츠 마케팅 미션 스테이트먼트 작성하기

마케팅 프로그램의 일부라고 하기엔 너무 많아 보이지만(사실 많지 않다), 최고의 매체사들이 잡지, 뉴스레터, TV프로그램을 론칭할 때 하는 일이 바로 이것이다. 당신도 퍼블리셔이기 때문에, 이 과정을 밟아야 한다. 대기업, 중소기업 가릴 것 없이 너무 많은 기업들이 명확한 계획을 세우지 않고 콘텐츠부터 만들기 시작한다. 당신은 그러지 않길 바란다.

EPIC THOUGHTS
- 콘텐츠 마케팅에 성공하고 싶다면, 업계에서 단연 최고의 정보를 만들고 배포하겠다는 목표를 가져야 한다. 그렇지 않다면, 고객이 왜 관심을 갖겠는가?
- 당신의 매일 보는 콘텐츠 소스는 무엇인가? 왜 그것들을 보면서 시간을 보내는가? 왜 그것들이 특별한가? 당신의 콘텐츠도 그것들처럼 당신 고객의 콘텐츠 리스트에 들어갈 수 있는가?

EPIC RESOURCES

• "Oreo's Super Bowl Tweet: 'You Can Still Dunk in the Dark,'" *Huffington Post*, February 4, 2013, http://www.huffingtonpost. com/2013/02/04/oreos−super−bowl−tweet−dunk−dark_n_2615333. html.

• Caleb Gonsalves, "Skyword Study: Add Images to Improve Content Performance," Skyword.com, October 11, 2011, http://www.skyword. com/post/skyword−study−add−images−to−improve−content− performance/.

• Mike Parkinson, "The Power of Visual Communication," BillionDollarGraphics.com, accessed July 9, 2013, http://www. billiondollargraphics.com/infographics.html.

• Pawan Deshpande, "4 Content Curation Tips You Can Take from Brand Success Stories," ContentMarketingInstitute.com, February 27, 2013, http://contentmarketinginstitute.com/2013/02/content− curation−tips−from−brand−success−stories/.

• Seth Godin, accessed April 2, 2013, http://sethgodin.typepad.com/.

• P. J. Tracy, accessed on April 2, 2013, http://www.pjtracy.net/.

• Fisher Investments, accessed March 13, 2013, http://www. fisherinvestments.com/.

• Copyblogger Media, accessed April 13, 2013. http://copyblogger.com.

09

구독이라는
목표
—

공을 보고, 쳐라

클린트 이스트우드, 영화 〈내 인생의 마지막 변화구〉 中
CLINT EASTWOOD IN <TROUBLE WITH THE CURVE>

내가 가장 좋아하는 마이클 조던/나이키 광고는 조던의 은퇴할 무렵에 나왔다. 30초짜리 광고에서 조던은 차에서 내린 다음 카메라 세례를 지나 문밖으로 나간다. 경기 장면이나 결승골은 나오지 않는다. 그냥 마이클 조던이 있을 뿐이다. 그리고 조던의 목소리가 들려온다.

선수생활 동안 9,000번 이상의 슛이 들어가지 않았다. 300경기 넘게 졌다. 무려 26번이나 내가 넣을 거라 믿어 의심치 않았던 결승골을 놓쳤다. 내 삶은 실패의 연속이었다. 그리고 이것이 내 성공 비결이다.

이 광고에서 대부분의 사람들이 얻는 교훈은 '성공하려면 시도해야 한다'일 것이다. 나는 이 교훈을 마케팅과 콘텐츠 목표에 적용하면 그

의미가 훨씬 깊어진다고 생각한다.

목표 설정에 관하여

—

(운동 선수들에게는 미안한 얘기지만) <mark>운동 선수들에게 성공은 좀더 정의내리기 쉽다.</mark> 운동 선수들에게는 노력해서 얻어야 할 우승, 금메달, 특정 시간대 기록, 단순하게는 이번 경기에서 이기는 것 같은 아주 뚜렷한 목표가 있다. 마이클 조던은 항상 자신의 목표가 역대 최고의 농구 선수가 되는 것이라고 밝혀왔다. 그는 NBA챔피언십 6회 우승을 비롯 수많은 득점왕과 MVP를 차지한 것으로 자신의 가치를 평가했다.

한낱 인간이자 경영자 그리고 마케팅 책임자로서 한 가지라도 눈에 보이는 목표를 갖는 것이 우리의 출발점이다.

마이클 조던은 목표가 무엇인지 알았기 때문에 언제 실패했는지도 알았다. 목표가 없으면 실패도 없는 법이다. 나는 이 때문에 많은 사람들이 목표를 정하지 않는다고 믿는다. 인생에서 어떤 실패도 맛보고 싶지 않은 것이다. 마케터들 중에서도 이와 똑같은 사람들이 있다.

궁극적으로 사업 전체를 이끌게 될 콘텐츠 목표를 찾는 일은 아주 고통스러운 과정일지 모른다. <mark>열정, 결단력은 물론이고, 고객에게 즉각적인 영향을 미치려면 어떤 종류의 콘텐츠를 만들어야 하는지 확정해야 할 때는 자아 성찰도 필요하다.</mark>

하지만 콘텐츠 마케팅에서도 『머니볼』처럼 우리 같은 경영자나 마케터들이 눈으로 확인할 수 있는 목표가 있을까? (*저자주: 2003년에 나온 마이클 루이스의 책 『머니볼』과 이후 브래드 피트가 주연을 맡아 영화로 제작된 〈머니볼〉에서 오클랜드 어슬레틱스 야구팀의 성공은 한 가지 숫자에 달려 있었다. 그 숫자는 출루율로, 야구 선수의 전반적인 가치를 매기는 지표였다.) 챔피언십에서 우승한 횟수 같은, 사업을 이끌 수 있는 단 하나의 절대적인 숫자, 기준, 또는 목표가 있을까?

콘텐츠 마케팅의 사업 목표

—

콘텐츠 마케팅에서도 당신이 달성할 수많은 사업 목표가 존재한다. 아래 내용은 콘텐츠 마케팅 구매 깔때기를 통과한 진짜 사업 목표들이다(그림 9.1).

브랜드 인지도 혹은 강화

콘텐츠 마케팅을 볼 때 거의 항상 처음 생각하게 되는 것은 브랜드 인지도다. 이 목표는 제품이나 서비스의 인지도를 위해 광고보다 더 효과적인 방법을 모색할 때 적합하다. 이것이 롱테일 전략이다. 콘텐츠 마케팅은 이를 위한 훌륭한 수단인데, 브랜드에 대한 소비자의 참여를 유기적이고, 진정성 있게 끌어내기 좋은 방법이기 때문이다.

◻ Michael Lewis, *Moneyball*, W. W. Norton & Company, 2003 | 마이클 루이스, 머니볼, 김찬별 노은아 옮김, 비즈니스맵, 2011

그림 9.1 콘텐츠 마케팅 깔때기
콘텐츠 마케팅 깔때기는 고객의
구매과정 이전, 중간, 이후 모두를
다룬다

잠재 고객 전환과 육성

잠재 고객을 정의하는 방식은 여러 가지겠지만, 콘텐츠 마케팅의 관점에서 잠재 고객 전환은 참여를 유도하는 콘텐츠를 통해 정보를 교환하는 시점을 의미한다. 즉 고객은 자신에 대한 충분한 개인정보를 회사에 넘겨주고, 회사는 그 고객 정보를 '마케팅' 용도로 활용할 수 있는 권한을 얻는 시점이다. 이런 정보 교환은 '체험판' 사용을 위한 회원가입, 행사 참여 등록, 이메일 뉴스레터 구독, 자료실 이용 신청 등을 포함한 여러 가지 형태로 이루어진다. 일단 예상 고객의 동의를 얻고 나면, 콘텐츠를 이용해 그들을 구매 사이클로 진입시킬 수 있다.

고객 전환

대부분의 경우는 이미 고객 전환을 위한 콘텐츠를 충분히 갖추고 있다. 우리 마케터들은 예전부터 이 영역, 바로 팔기 위한 '인증'에 집중해 왔기 때문이다. 예를 들면 예상 고객에게 보내는 문제 해결 사례집이나 홈페이지에 올리는 '이용 후기' 같은 것들 말이다. 궁극적으로 마케터로서 이런 콘텐츠를 생산하는 것은 '실제 고객'이 될 가능성이 높은 예상 고객에게 우리의 제품이나 서비스가 왜 다른 것보다 더 나은지, 또는 왜 유일하게 그들의 니즈를 충족시켜줄 것인지 보여주기 위해서다.

고객 서비스

콘텐츠 마케팅은 고객 서비스를 통해 정말로 '구독'이라는 완장을 찰 수 있다. 당신은 판매가 일어난 후, 가치를 창출하거나 고객의 구매 결정을 강화하는 데 콘텐츠를 잘 이용하고 있는가? 이런 노력이 사용 설명서나 제품 사양서, 웹사이트의 '자주 하는 질문FAQ'에 그쳐서는 안 된다. 이런 것들은 당신의 제품이나 서비스를 사용하는 모범사례일 뿐이다. 고객들이 당신의 제품이나 서비스를 최대한으로 활용하려면 어떻게 해야 하는가? 당신의 제품이나 서비스가 원래 용도를 넘어 또다른 문제까지 해결했던 성공적이고 혁신적인 방법에는 무엇이 있을까?

고객 충성도와 유지

잠재 고객 육성 전략을 세워 예상 고객을 고객으로 만든 것처럼, 단골 고객 만들기 전략도 계획해야 한다. 최종목표가 고객을 당신의 이야기를 퍼뜨리는 열성 구독자로 만드는 것이라면, 이 부분에 특히 주의를 기울여야 한다. 고객 소식지(이메일 또는 우편 형식), 잡지(인쇄물 또는 디지털 형식), 또는 고객 참여 이벤트나 웨비나 시리즈 등 해볼 수 있는 선택지는 여러 가지다.

상향 판매

'결제' 버튼이 클릭됐다고 해서 마케팅이 끝났다고 생각하면 오산이다. 구독 방식을 통해 콘텐츠를 이용해서 고객에서 서비스를 아주 잘하고 있다면, 판매하고 있는 다른 제품이나 서비스에 대한 계속적인 관여를 효과적으로 이끌어낼 기회도 갖고 있는 것이다. 고객은 다른 제품의 예상 고객이기도 한데, 일단 구매를 했다고 해서 소통을 중단할 이유가 있을까? 반대로 그들과 더 자주 (당연히 적절한 방식으로) 소통하고, 추가적인 혜택을 제공하면서 브랜드에 대한 관심을 지속시켜야 한다. 상향 판매와 단골 고객 만들기는 서로 도움을 줄 수 있다.

열성 구독자

고객이 이 단계에 들어왔다면, 당신은 정말로 무언가를 해낸 것이다. 콘텐츠—그리고 특히 만족한 고객이 만들어낸 콘텐츠—는 사업 목표가 무엇이든 그것을 이룰 수 있는 가장 강력한 수단 중 하나가 된다. 바로 이때부터 콘텐츠 마케팅의 효과가 기하급수적으로 나타난다. CMI가 매일 혹은 매주 발간하는 콘텐츠를 이메일로 받아 실제로 클릭해 보는 구독자만 4만 명이 넘는다. 그들은 CMI의 콘텐츠를 받아 보겠다고 '동의'한 사람들이며, 우리가 그들에게 마케팅을 하도록 허락한 사람들이다. CMI 매출 대부분이 바로 이 구독자층에서 일어난다. CMI의 경우 콘텐츠 마케팅 핵심 목표를 구독에 두기 시작한 이후부터 정말로 사업이 번 창하기 시작했다.

자, 위에 언급한 목표 중 당신의 콘텐츠 마케팅에 적합한 것은 무엇인 가? 각 회사마다 처한 상황은 다를 것이다. 그냥 인바운드 마케팅 계획 만 있을 수도 있고, 판매 및 마케팅 프로세스의 일환으로 잠재 고객을 더 많이 모으고 있는 중일 수도 있다. 아니면 웹사이트 자연 유입Organic Traffic 비용을 절감하고 검색엔진 순위를 높여주는 인지도 향상 프로그 램을 계획 중일 수도 있다. 또는 단골 고객 비율을 높이기 위한 활동을 펼치는 중일 수도 있겠다. 이제는 잠시 시간을 내서 영감을 발휘해보자. 나만의 콘텐츠 마케팅 목표를 써보고, 매일 볼 수 있는 곳에 붙여놓자.

구독

—

위대한 생각은 평범한 사람들의 극심한 반대에 직면한다

_알버트 아인슈타인

브라이언 클락과 그가 이끄는 소프트웨어 회사 카피블로거 미디어의 콘텐츠 정기 구독자 수는 20만 명 정도 된다.

크라프트 푸즈Kraft Foods가 발행하는 잡지 『크라프트 푸드 앤 패밀리』 는 100만 명이 넘는 사람들이 돈을 내고 신청해서 본다.

오픈뷰 벤처 파트너스의 주간 이메일 뉴스레터를 받아 보는 기업가와 CEO는 약 2만 명이다.

스모시smosh라는 이름으로 알려진 2인조 그룹은 2005년부터 유튜브 영상을 만들고 올렸는데 8년이 지난 지금, 스모시는 구독자 수 800만 명(2016년 12월 현재 2,200만 명—역자주)을 보유한 가장 인기 있는 유튜브 채널을 운영 중이다.

카피블로거 미디어는 블로거에게 소프트웨어를 판다. 크라프트는 세계 최대 식품 회사 중 하나다. 오픈뷰는 벤처캐피털 회사고, 스모시는 코미디 방송이다. 사업 형태는 서로 완전히 다르지만, 구독이 비결이라는 사실은 동일하다.

콘텐츠라는 자산

대부분의 마케팅 실무자들은 콘텐츠 마케팅을 자산으로 생각할까? 그렇지 않다. 마케팅의 어떤 분야에서도 그렇게 보지 않는다. 마케터들은 콘텐츠 마케팅에 대한 지출을 비용으로 본다. 이것은 바뀌어야 한다.

우선 질문을 해보겠다. 자산은 무엇인가?

인베스토피디아에 따르면, 자산은 '(중략) … 회사가 … (중략) … 미래 수익에 대한 기대로 소유하거나 관리하는, 경제적 가치를 지닌 자원'이다. 자산은 집이나 주식 투자처럼 시간이 갈수록 가치가 상승하는 구매품이다.

전통적으로, 마케팅에 드는 지출은 비용으로 분류했다. 광고를 예로 들어보자. 광고주는 광고를 만들고 정해진 기간 동안 배포하면 끝이다. 광고비는 어떤 식으로든 브랜드 가치나 직접적인 판매를 창출했겠지만, 마케팅 활동 자체는 끝난 상태다.

콘텐츠 마케팅은 다르다. 다르게 보고 다르게 생각해야 한다.

콘텐츠 자산을 소유한다는 것

당신의 목표가 무엇이든—직접 판매, 잠재 고객 발굴, SEO, 소셜 미디어 활성화—당신은 콘텐츠 획득과 배포에 돈을 쓴다. 이 이유 한 가지만으로, 콘텐츠 자산을 소유하는 것에 대해 다르게 생각할 필요가 있다.

당신은 콘텐츠 비용을 얻는 것이 아니다. 콘텐츠 자산을 소유하는 것이다!

퍼블리셔처럼 생각하기

우리는 모두 퍼블리셔다. 퍼블리셔는 콘텐츠와 조직에서 콘텐츠가 갖는 중요성을 다르게 생각해야 한다.

동영상, 팟캐스트, 백서 등에 투자하면, 이런 콘텐츠 하나하나는 두 가지 중요한 형태의 가치를 창출한다.

첫번째로 콘텐츠는 한번 완성하면 오랫동안 사용한다는 점이다. 콘텐츠는 유통기한이 길다. 콘텐츠는 투자에 대한 회수가 끝난 후 한참이 지나도 가치를 창출한다(자산의 정의에 부합한다. 그림 9.2). SEO를 위한 콘텐츠를 예로 들 수 있는데, 작성한 지 몇 년이 지난 블로그 포스트 하나가 검색엔진 랭킹 상위를 차지하는 데 계

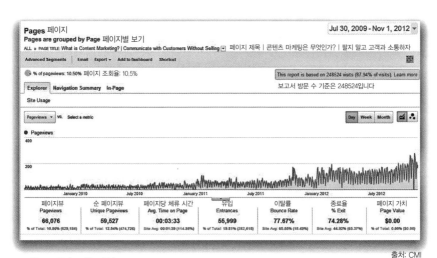

출처: CMI

그림 9.2 콘텐츠라는 자산
CMI의 블로그 포스트 '콘텐츠 마케팅이란 무엇인가?'는 몇 년간 지속적으로 트래픽이 일어난다(이 글을 보기 위해서만 하루 평균 200명이 방문한다). 이런 이유로 CMI는 작성 후 몇 년이 지나도 유의미한 '오래가는 콘텐츠'를 만들려고 노력한다.

속해서 기여한다.

두번째로 콘텐츠는 재구성, 재가공할 수 있다. 그리고 그렇게 해야 한다. 일단 동영상 한 개만 잘 만들어보자고 시작했는데, 그것을 다양한 구매 사이클에 맞게 변형하다보면 한 해가 끝날 무렵에는 그 한 개의 동영상이 동영상 10개, 블로그 포스트 5개, 팟캐스트 2회, 판매 자료 30개가 되어 있을지도 모른다.

퍼블리셔처럼 생각하기는 발행을 목적으로 개발하는 모든 것을 자산으로 여기는 것이다. 이런 마음가짐은 콘텐츠를 다른 방식으로 만들고 배포하기 위한 모든 자원에 대해 생각한다는 뜻이다. 콘텐츠는 마케팅 캠페인을 위한 것이 아니다. 에픽 콘텐츠를 통해 고객과 장기적인 관계를 맺기 위한 것이다.

콘텐츠를 자산으로 보면 좋은 점

콘텐츠를 자산으로 보면 몇 가지 면에서 도움이 된다.

콘텐츠를 자산처럼 다루면, 회사 내 다른 사람들도 콘텐츠를 있어도 그만 없어도 그만인 '부드럽고 말랑한 것' 정도로 취급하지 않을 것이다. 모든 회의와 대화에서 '자산'이라는 단어를 써라. 생생하게 말하라. 이런 노력이 서서히 물들면서, 콘텐츠는 회사에서 중요한 위치를 차지할 것이다.

그뿐만 아니라 자산을 더 적극적으로 마케팅할 수 있게 된다. 최근 백서에 3만 달러를 썼는데 다운로드는 고작 한 건밖에 안된 회사 이야기를 들었다. 이것은 콘텐츠 문제가 아니라 마케팅 문제다. 집을 팔려고 하는데 아무에게도 알리지 않으면 될까? 수많은 회사가 콘텐츠를 이런 식으로 다룬다. 콘텐츠는 생산하지만 기본적인 유료 광고나 유기적인 마케팅 활동을 하지 않기 때문에 고객이나 예상 고객은 그것이 있는 줄도 모른다(마케팅에 대해서는 4부에서 더 자세히 다룰 예정이다). 이런 실수는 절대 하지 말자.

우리는 콘텐츠 마케팅을 더 많이 알려야 한다.

결말을 생각하고 시작하자

—

2008년은 CMI를 설립한 지 1년밖에 안된 시기였고, 매주 금요일마다 나가는 주간 이메일 뉴스레터 구독자는 3,000명 정도였다. 회사의 마케팅이 고도화되면서 우리는 구독자 분석을 해보기로 했다. 일반적인 CMI 구독자에 대해 알게 된 사실은 우리를 놀라게도 했고, 기쁘게도 했다.

- 구독자는 CMI 행사에 참여하고, CMI의 제품을 살 가능성이 더 많다.
- 구독자는 자신의 SNS에 CMI의 콘텐츠를 공유할 가능성이 더 많다.
- (CMI 컨설팅 서비스) 판매과정에서 구독자가 계약을 체결하는 데 걸리는 시간은 비구독자의 3분의 1이다.

대부분 회사들이 그렇듯 CMI도 브랜드 인지도, 잠재 고객 발굴, 콘텐츠 리더십 같은 목표가 있었다. 하지만 구독자 분석을 하기 전까지는 '구독'이라는 하나의 단일화된 목표로 여러 가지 마케팅 목표를 달성할 수 있다는 사실을 몰랐다.

에픽 콘텐츠 마케팅을 지속적으로 하다보니 여러 가지 마케팅 목표도 달성하고 있었고, 우리에게 더 잘 맞는 고객도 만들고 있음을 알게 됐다.

CMI는 구독자의 가치를 이해하게 되면서 근근이 생존하던 작은 회사에서 번창하고 성장하는 브랜드가 되어 살아남은 회사로 변모했다.

구독은 이 정도로 중요하다.

디지털 발자취

—

2009년 나는 당시 네트워크 커뮤니케이션즈의 CEO 였던, 현재는 미디어 투자 은행 선두 업체인 드실바 앤 필립스에서 파트너로 일하고 있는 댄 매카시Dan McCarthy의 강연을 아주 흥미롭게 들었다. 댄은 매체사인 자신의 회사에서 일어나고 있는 사고방식의 변화와 그에 따른 구독의 정의 확장에 대해 이야기했다.

구독은 대부분의 매체사에서 발행 부수로 통한다. 잡지나 신문의 발행 부수를 갖고 영업을 할 수 있다. 예를 들면, CMI의 잡지인 『CCO』는 매 분기 기업 마케팅 부서 임원 2만 2천 명에게 배달된다. 이 '22,000' 이라는 숫자(잡지를 받아 보는 임원의 수)가 광고주에게 광고비를 청구하는 기준이 된다(보통 전면 광고 한 페이지에 7,000달러 정도 한다). 우리의 오디언스가 1만 명밖에 안됐다면, 전면 광고 가격을 훨씬 더 낮게 받아야 했을 것이다.

댄은 자신의 회사는 이런 정서에서 탈피해 고객들이 많은 시간을 보내는 곳에서 구독에 집중하고 있다고 했다. 즉 '디지털 발자취'에 집중한다는 말이다.

자체 구독 매체(인쇄물, 이메일 등)는 여전히 중요한데, 콘텐츠 크리에이터(즉 퍼블리셔)가 이 채널에 실린 데이터를 실제로 소유할 수 있기 때문이다. 2차 구독원인 트위터 팔로워나 유튜브 구독자 등도 중요하지만,

이런 경우는 데이터를 (콘텐츠 크리에이터가 아닌) 다른 회사가 소유하기 때문에 여기에 너무 많이 중점을 두면 안 된다.

당신 스스로가 당신의 매체사다. 매체사로서, 마케팅 목표 달성을 위해서는 구독 채널에 집중해야 한다. 그리고 이 구독 채널을 계속해서 키우고 활성화시키는 유일한 것은 일정한 양의 에픽 콘텐츠다.

다음은 구독을 늘리는 팁이다.

- **콘텐츠를 위한 콘텐츠 제공하기** 독자들이 콘텐츠에 관여할 때, 반드시 당신의 콘텐츠를 한 단계 끌어올릴 수 있는 확실한 제안을 하라. 이메일 구독 신청을 하면 좋은 전자책, 리서치 보고서, 백서 등의 혜택을 제공하는 것이다.

- **팝업 활용하기** 내가 소비자 입장에서 팝업이나 팝오버를 증오하는 만큼, 콘텐츠 마케터로서는 사랑한다. CMI에서는 피피티Pippity라는 팝업 서비스를 『콘텐츠 마케팅 사례 100100 Content Marketing Examples』라는 전자책을 제공할 때 사용한다. 일간 회원가입의 50% 이상이 피피티를 통해 발생한다. (피피티는 우리의 콘텐츠 관리 시스템(Content management system, 이하 CMS)인 워드프레스WordPress와도 완벽하게 통합된다.)

- **집중하기** 수많은 회사들이 독자들에게 100가지 혜택을 마구 뿌리고 싶어한다. 정신 차리자. 구독이 목적이면, 구독이 주요한(그리고 유일한) 콜투액션이어야 한다.

일단 구독이라는 목표에 집중하게 됐다면, 당신 회사의 어떤 요소가 구독자와 비구독자라는 차이를 만드는지 가장 먼저 알아내야 한다. 구독자를 정말 특별하게 만드는 요소를 찾아내기만 하면, 콘텐츠 마케팅 프로그램을 위해 모든 것이 잘 돌아가기 시작할 것이다.

EPIC THOUGHTS

- 콘텐츠 마케터로서, 단지 콘텐츠만을 위한 콘텐츠는 만들지 마라. 사업을 키우기 위해서 콘텐츠를 만드는 것이다. 목표에 집중하는 것이 바로 핵심이다.
- 마케팅을 더이상 비용으로 생각하지 말자. 사업을 오랫동안 지속적으로 키울 자산(콘텐츠―역자주)에 투자하는 것이다. 마케팅을 재생 가능한 에너지와 같다는 관점으로 본다면, 계획은 완전히 달라질 것이다.

EPIC RESOURCES

- Michael Jordan "Failure" Nike Commercial, YouTube.com, uploaded August 26, 2006, http://www.youtube.com/watch?v=45mMioJ5szc.
- Kraft Food & Family Magazine Archive, accessed June 11, 2013, http://www.kraftrecipes.com/foodfamilyarchive/magarchive/magazine_archive.aspx.
- SMOSH, accessed March 22, 2013, http://www.smosh.com/.
- Joe Pulizzi, "The 7 Business Goals of Content Marketing: Inbound Marketing Isn't Enough," ContentMarketingInstitute.com, November 11, 2011, http://contentmarketinginstitute.com/2011/11/content-marketing-inbound-marketing/.
- Pippity.com, accessed April 2, 2013.

10

오디언스
페르소나

진정한 즐거움은 아는 것이 아니라 알아가는 과정이다

아이작 아시모프ISAAC ASIMOV

이 말을 따라해보자. 나는 내 콘텐츠의 타깃이 아니다. 이 장을 읽어나가는 데 이 생각은 아주 중요하다. 경영자와 마케터들은 자기 생각대로 콘텐츠를 맞추려고 한다. 이런 덫에 걸리지 말자.

매체사나 출판사처럼 생각하고 행동한다면, 콘텐츠 마케팅으로 하는 모든 것의 시작과 끝은 '오디언스'일 것이다. 오디언스가 원하는 것과 필요한 것을 이해하지 못한다면 당신의 콘텐츠로 성공할 수 있는 방법은 없다.

마케터들은 대부분 콘텐츠 오디언스가 구매 오디언스와 같다고 생각한다. 예를 들면, 존 디어는 잡지 『더 퍼로우』를 농업인들에게 배포한다. 이들이 바로 존 디어 장비의 구매자다. 하지만 상황에 따라 직접 구매 오디언스와 콘텐츠 오디언스는 다를 수도 있다.

한 예로 대학교를 살펴보자. 대학교에는 오디언스가 많다. 일부는 구매자이고, 일부는 인플루언서이고, 일부는 이해관계자다. 우선적으로 오디언스는 학생일 수 있다. 하지만 그들을 지원하고 학비를 대주는 부모들도 있다. 동문들도 있다. 교직원도 빠뜨리지 말자. 지역 정부, 주정부, 연방 정부는 어떨까? 콘텐츠 프로그램의 목표에 따라 수십 명의 다른 오디언스를 타깃으로 삼을 수 있다.

어떤 콘텐츠 프로그램이든 그것을 시작하기 전에, 오디언스가 누구이며 그들이 궁극적으로 어떤 행동을 취하길 원하는지 명확히 알고 있어야 한다.

오디언스 페르소나가 왜 그리 중요한가?

—

오디언스 페르소나는 콘텐츠 마케팅 계획의 한 부분을 완성시키는 유용한 도구다. 당신이 말을 걸고 이야기를 하는 대상이 '누구'인지에 대한 문제다.

콘텐츠 마케팅 프로그램에 맞게 콘텐츠가 만들어질 때, 그 맥락을 제공하는 사람이 바로 페르소나다. 언제 어디서 당신에게 도움이 되는 콘텐츠를 만들 직원, 프리랜서 작가, 대행사, 블로거를 만날지 모른다. 페르소나를 통해 업무 관계자 모두는 우리가 이야기 할 대상은 누구이고, 왜 이런 소통이 중요한지를 계속해서 공유한다.

다양한 페르소나

—

모든 그룹에 한 명의 페르소나가 필요하게 될 것이다. 한 그룹을 위해 콘텐츠를 만든다는 것은 바로 그 페르소나에 맞춰 콘텐츠를 만드는 것이다. 즉, 한 사람이 다른 사람과는 달리 여러 단계의 구매 절차를 거친다면 각 단계별로 다른 페르소나가 필요하다. 성별에 따라 달라지는 구매 절차도 있다고 말하고 싶은가? 무엇을 파는지에 따라 다르다. 장신구를 판매한다면 그럴 것이고, 마케팅 자동화 소프트웨어를 판매한다면 그렇지 않을 것이다.

그렇다고 주눅들지 말자. 이제 막 콘텐츠 마케팅을 시작했다면, 한두 명의 페르소나로 시작해도 된다. 예를 들어, 냉난방 장치와 설치 서비스를 판매한다면, '가정주부(냉난방에 관한 결정권자)'라는 하나의 주요 오디언스 페르소나만 정하면 된다. 일단 이 사람이 그리고 이 사람을 위한 콘텐츠 제작이 익숙해지면, 다음 오디언스로 넘어가면 된다.

언론인으로 변신하라

—

당신의 페르소나에 대해서 무엇을 알아야 하는가? 그것을 아는 가장 쉬운 방법은 아래 질문에 대답해보는 것이다.

1 그 또는 그녀는 누구인가? 이 사람은 평소 하루를 어떻게 보내는가?
2 이 사람은 무엇을 필요로 하는가? 이 질문은 "왜 그 또는 그녀에게

우리 제품이나 서비스가 필요한가?"가 아니라, "그 또는 그녀에게 필요한 정보는 무엇이고 가려운 부분은 어디이며, 그것이 우리가 할 이야기와 어떤 관련이 있는가?다.

3 이 사람은 왜 우리에게 관심이 있는가? 앞서 설명했듯 페르소나는 제품이나 서비스에는 관심이 없을 가능성이 크다. 따라서 그 또는 그녀가 제공받은 정보 중에서 그들의 관심이나 흥미를 끈 것들 때문에 관심을 갖는다.

오디언스 페르소나는 완벽하지 않아도 되지만, 콘텐츠 크리에이터들이 어떤 사람을 대상으로 콘텐츠를 만들어야 하는지 명확히 이해할 정도로 충분히 구체적이어야 한다.

소비자 금융 서비스 회사의 페르소나 사례: 엘리트 에디(금융 회사의 부유한 페르소나)

에디는 42세이며, 결혼한 지 17년이 됐고, 10대인 딸 둘이 있다(16세인 다르와 14세인 메리). 에디는 대형 외국계 기업의 임원이며, 저축을 상당히 많이 했다.

에디는 업무상 해외 출장이 많고(작년 누적 마일리지가 20만 마일이다), 그만큼 여행도 가능한 한 많이 즐기려고 해서 휴가 때는 크로아티아 근방의 섬으로 떠난다. 에디는 어딜 가든 블랙베리를 통해 수시로 업무 진행 상황을 파악하는데, 최근 몇 달 동안 아이폰이나 삼성 갤럭시로 기기 변경을 할까 고민 중에 있다. 그는 또한 골프에 푹 빠져 있다.

지난 몇 주 간, 에디는 자산을 한 금융 회사로 통합하는 작업을 하고 있다. 최근 가족을 위해 신탁을 하는 것으로 방향을 정하고 하나씩 준비해나가고 있다. 에디는 가족이 오랫동안 혜택을 받으려면 어디를 선택하는 게 옳을지 계속 고민하고 있다.

페르소나를 정할 때 하는 흔한 실수

—

구매자 페르소나 인스티튜트Buyer Persona Institute의 설립자 아델 레벨라Adele Revella는 페르소나 선정과 적용 분야 최고 전문가다. 그녀는 전자책 『구매자 페르소나 선언Buyer Persona Manifesto』에서 페르소나를 '실제 구매자와 직접 인터뷰한 내용을 바탕으로 당신이 마케팅하는 류의 제품을 사거나, 살지도 모르는 실존 인물의 몽타주'라고 정의한다.

그녀는 페르소나를 정할 때 하는 대표적인 실수 네 가지와 각각의 실수를 바로잡아줄 방법에 대해 아래와 같이 설명한다.

실수 1 구매자 정보 지어내기

마케터는 일반적으로 영업 담당자와의 대화, 제품 전문가와의 미팅, 온라인 조사 등을 통해 구매자에 대한 사실을 모은다.

이렇게 해서 모은 정보가 마케터에게 쓸모없다 해도 전혀 놀라울 일은 아니다. 영업 담당자는 구매자들이 제품 선택 기준이나 방식에 대해 모호하게 말하거나 심지어 거짓말을 한다고 털어놓는다. 게다가 제품 전문가들은 주로 극소수의 선택된 거대한 예상 고객(기업 고객—역자주)이나 유효한 고객들을 상대하기 때문에 구매자를 잘 알지 못한다. 또 온라인 데이터를 아무리 뒤져도 페르소나에 대해 업무상 극심한 애로 사항까지 명시한 직무 기술서처럼 구체적인 정보는 알 수 없다.

콘텐츠 마케팅이 페르소나로부터 이익을 얻으려면, 그들에 대해 경쟁사나 회사 내 다른 사람은 아무도 모르는 명확한 사실을 간파해야 한다. 그 정보는 너무나 중요해서 웹사이트에는 올리고 싶지 않을 것이다. 페르소나 정보는 구매자가 당신을 선택하도록 설득하는 콘텐츠를 만들기 위해 무슨 일을 해야할지 놀라울 정도로 정확히 알려줄 것이다.

실수를 바로잡는 법 구매자의 구매 결정 방식에 대해 명확하면서도 기대 이상의 통찰력을 얻는 유일한 방법은 그들과 대화하는 것이다. 매월 몇 시간씩 최근 구매자들과 인터뷰하기를 목표로 하자. 인터뷰 대상은 우리 제품을 선택한 고객은 물론 선택하지 않은 고객까지 포함해야 한다. 그들에게 구매 결정 과정을 되짚어 보여달라고 요청하되, 문제를 해결해야겠다고 결심한 순간부터 시작하라. 심층 인터뷰는 한 번 할 때마다 20~30분 정도 걸리겠지만, 여기에 시간을 투자하면 콘텐츠 계획, 작성, 수정에 드는 시간을 어마어마하게 단축시킬 수 있을 것이다.

실수 2 하찮은 정보 때문에 옆길로 새기

마케터들은 종종 구매자에게 효과적인 콘텐츠나 캠페인을 전달하는 데 별 도움이 안 되는 정보를 수집하는 실수를 저지르곤 한다. 마케팅 팀에서 구매자 페르소나가 남자인지 여자인지 논쟁을 벌이거나, 구매자의 프로필을 알아내느라 시간을 쓰고 있다면 엉뚱한 것에 집중하고 있는 것이다. B2C 마케터가 아닌 이상 구매자의 성별, 결혼 여부, 취미 등은 페르소나를 정하는 것과는 거의 무관하다.

실수를 바로잡는 법 구매자 페르소나에 대한 다른 여러 정보를 알고 싶겠지만, 콘텐츠 마케터라면 아래 다섯 가지에 대한 인사이트만으로도 충분하다.

1 문제 인식 계기 구매자 페르소나가 시간, 예산, 정치력을 동원해서 해결하려고 하는 문제 3~5개는 무엇인가?

2 기대 효과 구매자가 성공과 연결 짓는 유무형의 수치나 보상은 무엇인가? 예를 들면 '매출 목표 달성'인가, 승진인가?

3 우려 사항 당신의 회사나 솔루션(제품이나 서비스—역자주)이 기대 효과를 달성할 수 있다는 데 의구심을 가질 만한 요인은 무엇인가? 우려 사항을 파악하게 되면 충돌하는 이해관계, 정치, 당신의 회사 또는 비슷한 회사에 대한 과거의 경험 등 눈에 보이지 않는 요소들을 발견할 수 있다.

4 구매과정 페르소나는 어떤 과정을 통해 우려 사항을 극복하고 기대 효과를 달성할 만한 솔루션을 탐색하고 선정하는가?

5 비교 기준 구매자는 여러 선택지 중 하나를 선택할 때 어떤 기준으로 각각의 제품을 평가하는가? 이것을 제대로 활용하려면 경쟁사를 선택한 구매자와 어떤 솔루션도 구매하지 않은 구매자에 대한 인사이트도 포함해야 한다.

이것이 바로 '5가지 핵심 인사이트'다. 구매자 인터뷰를 통해 직접 이 정보를 수집한다면, 망설이는 구매자들의 의사결정 방식에 맞춰 그들에게 접근하는 방법을 알게 된다. '구매자 페르소나 프로필과 구매를 이해하는 데 필요한 5가지 핵심 인사이트Buyer Persona Profile and Five Rings of Buying Insight'(EpicContentMarketing.com의 보너스 자료 페이지를 방문하면 이용할 수 있다)를 참고하면 당신이 일하면서 발견한 사실들을 정리하는 데 도움이 될 것이며, 당신이 얻은 중대한 인사이트를 팀원들과도 공유할 수 있을 것이다.

실수 3 구매자 페르소나 너무 많이 만들기

이 실수는 마케터들이 기존의 시장 세그먼트Market Segment에 구매자 페르소나를 끼워 넣으려고 할 때 발생한다. 기존의 시장 세그먼트는 흔히 업종이나 회사 규모 같은 인구통계적 자료에 기반하고 있다. 많은 사람들이 이 시장 세그먼트 각각에 속하는 해당 직무별로 구매자 페르소나를 새로 만들어야 한다고 생각한다. 하지만 그렇지 않다.

내가 함께 일했던 한 회사는 처음에 24개의 구매자 페르소나를 만든다는 계획을 세웠다. 야심찬 것은 맞지만 반드시 필요한 일은 아니다. 이 회사는 구매자들과 실제 인터뷰를 하고 목표 개수를 24개에서 11개

로 줄일 수 있었다. 마케터들이 계속해서 신규 구매자와 인터뷰를 하면
서 새로운 통찰을 얻은 결과, 그들은 페르소나 수를 더 많이 정리해나
가려고 한다.

실수를 바로잡는 법 구매자에 관한 '5가지 핵심 인사이트'을 갖췄다면
직책, 회사 규모, 업종에서의 차이가 당신이 파악한 인사이트 내용
의 차이로 이어지지는 않는다는 사실을 알게 될 것이다. 콘텐츠 마케
팅뿐만 아니라 대부분의 마케팅 의사결정에서는 구매자에 대한 정보
중 몇몇에 대해서 확연한 차이가 있을 때만 또다른 페르소나가 필요
하다. 예를 들면, 당신의 RFIDRadio-Frequency Indentification 기술을 사는
구매자는 숙박업에 종사하건 소비재 업계에 종사하건 거의 동일한 문
제 인식 계기(경쟁력 제고를 향한 의지)와 우려 사항(점진적인 접근의 필요
성)을 갖고 있을 것이다. 이런 사항들 각각을 잘 설명할 수 있다면, 메
시지 전달과 콘텐츠 마케팅에는 페르소나를 하나로 줄이는 것이 해
답일 수 있다.

실수 4 구매자와 인터뷰할 때 미리 작성한 대본 읽기

구매자에 대해 알기 위해 컴퓨터 프로그램으로 뽑은 대본을 읽거나
온라인 설문조사를 하면 당신이 모르는 것을 알아낼 수가 없다. 당연히
어떤 질문을 하건 구매자의 첫 대답은 너무 뻔하고 추상적이며 딱히 도
움이 안 되는 내용이다. 설문조사나 대본에 의해 인터뷰가 행해지는 구
조는 멋진 도표를 만들어낼 수는 있겠지만, 당신에게 필요한 새로운 인
사이트를 밝혀내지는 못한다.

실수를 바로잡는 법 조금만 연습하면, 대본 없이 의제 중심으로 능숙하게 대화를 진행할 수 있다. 이렇게 되면 최근 구매자들이 정확하게 어떤 부분에 중점을 두고 선택을 하는지 그리고 어떻게 당신의 솔루션과 경쟁사가 제시하는 솔루션을 비교하는지 믿을 수 없을 정도로 자세하게 들을 수 있을 것이다.

성공의 열쇠는 구매자의 대답을 바탕으로 캐묻는 것이다. 예를 들어, 당신의 솔루션이 사용하기 쉬워서 선택했다고 대답하면, 후속 질문으로 왜 쉬운 것이 필요했는지 물어볼 수 있다. 또는 솔루션이 '쉽다'고 느껴지기까지 어떤 교육에 참석할 생각이 있는지에 대해 물을 수도 있다. 이어서 구매자들이 당신 제품의 사용 편의성과 경쟁사의 제품을 비교하기 위해 참고하는 자료나 거치는 절차에 대해 물어볼 수도 있다.

이 네 가지 실수를 피한다면, 당신은 마케팅 전략과 전술에서 구매자의 니즈에만 집중하게 될 것이다. 당신은 구매자의 관점을 아주 잘 이해하게 될 것이며, 그래서 끊임없이 그들에게 깊은 인상을 주고, 자신 있게 그들의 질문에 답을 주는 콘텐츠를 제공하게 될 것이다. 그리고 그들을 설득해서 당신을 선택하게 만들 것이다.

고객과의 소통 창구 만들기

—

나는 2000년 2월부터 펜톤 미디어에서 일하면서 퍼블리싱 업계에 첫발을 들였다. 이곳에서 나의 멘토인 짐 맥더못Jim Mcdermott을 만났고, 그로부터 훌륭한 스토리텔링에 대한 모든 것을 배웠다. 짐은 항상 '소통 창구'의 중요성에 대해 이야기했다. 소통 창구의 핵심은 가능한 한 다양한 곳에서 많은 피드백을 받아 진실을 찾는 것이다.

소통 창구 만들기는 모든 편집자, 기자, 스토리텔러가 업계에서 무슨 일이 일어나는지를 제대로 아는 데 필수적이다. 당신에게도 소통 창구는 중요한데, 그래야 정확한 오디언스 페르소나를 만들고 그들이 매일 겪는 '고충'을 진심으로 이해하게 된다. 우리 모두는 진정으로 고객의 니즈를 발견하기 위해 소통 창구가 필요하다. 다음은 고객으로부터 피드백을 받을 수 있는 수단 목록이다. 사실상 이것들이 소통 창구의 기능을 한다.

1 일대일 대화 아델 레벨라가 강조한 것처럼, 고객이나 오디언스와 직접 대화하는 것을 대체할 수 있는 수단은 없다.

2 키워드 검색 구글 트렌드나 구글 알리미alerts 같은 툴을 사용해서 지금 고객들이 무엇을 검색하고, 인터넷에서 무엇을 하며 시간을 보내는지 파악한다.

3 웹 데이터 분석 구글 애널리틱스를 쓰건, 옴니추어Omniture 같은 다른 서비스 제공자를 쓰건, 웹사이트 데이터 분석에 뛰어드는 것이 중요하다. 고객이 어떤 콘텐츠에 관여하는지(그리고 어떤 것은 그냥 지나치

는지)를 알아내면 성공의 판도는 완전히 달라진다.

4 소셜 미디어에 귀기울이기 링크드인 그룹, 트위터 해시태그나 키워드 등의 소셜 미디어에서는 고객들이 공유하는 것, 이야기하는 것, 삶이나 일에서 씨름하고 있는 문제를 쉽게 알아낼 수 있다.

5 고객 설문조사 고객이 필요로 하는 정보에 대한 핵심적인 견해를 수집할 때 서베이몽키SurveyMonkey 같은 설문조사 툴을 이용하면 설문조사를 쉽게 실시할 수 있다.

오디언스 페르소나 샘플

—

CMI 콘텐츠 프로그램의 타깃이 되는 오디언스 페르소나는 6개다. 독자들이 유용하게 참조할 수 있도록 이 책에 요약본을 공개한다.

*저자주: 아래에서 CCO는 잡지 『치프 콘텐츠 오피서』의 약자다. CMW는 우리가 주최하는 행사인 '콘텐츠 마케팅 월드'를 뜻한다.

CMI 페르소나 요약

20대 수잔: 마케팅 팀 사원

- CMI와의 관계: CMI/CCO 독자, CMW 참석자, 향후 CMI 블로그 필진 영입 후보

30대 벤: 마케팅 매니저(과장급)

- CMI와의 관계: CMI/CCO 독자, CMW 참석자

30대 짐: 마케팅 팀 부장

- CMI와의 관계: CMI를 홍보해주는 인플루언서, CMI/CCO 필진이 자 독자, CMW 발표자

40대 리사: 마케팅 디렉터(부서장급)

- CMI와의 관계: CMI를 홍보해주는 인플루언서, CMI/CCO 필진이 자 독자, CMW 발표자

40대 로버트: 마케팅 컨설턴트

- CMI와의 관계: CMI를 홍보해주는 인플루언서, CMI/CCO 필진이 자 독자, CMW 발표자

50대 브라이언: 마케팅 본부장Chief Marketing Officer

- CMI와의 관계: CMI를 홍보해주는 인플루언서, CMI/CCO 필진이 자 독자, CMW 참석자

온라인 단독 보너스 자료: 위 구매자 페르소나의 세부 사항은 EpicContentMarketing.com의 보너스 자료 메뉴에서 다운로드받을 수 있다.

유용한 툴

MLT 크리에이티브와 아다스 알비Ardath Albee는 upcloseAnd-Persona.com이라는 유용한 페르소나 만들기 툴을 개발했다. 무료이며, 페르소나 만드는 과정을 상세히 알려준다.

EPIC THOUGHTS

- 콘텐츠 마케터로서 성장할수록, 팀 내에 많은 콘텐츠 제작 인원이 생길 것이고 그 수가 열 명이 넘어갈 수도 있다. 이때 오디언스 페르소나가 있어야 그 모든 제작자들이 동일한 목표를 가지고 협업할 수 있다.
- 당신의 제품이나 서비스를 구입하는 페르소나는 십중팔구 한 명이 아니다. 하지만 처음부터 페르소나 여럿을 다 다루려면 일이 복잡해진다. 우선은 콘텐츠 계획에서 가장 중요한 페르소나 한 명으로 시작하자.

EPIC RESOURCES

- Adele Revella, "Developing a Buyer Persona? Avoid These 4 Common Mistakes," ContentMarketingInstitute.com, August 23, 2012, http://contentmarketinginstitute.com/2012/08/4-common-persona-mistakes-to-avoid/.
- Buyer Persona Institute, accessed March 22, 2013, http://www.buyerpersona.com.
- Up Close and Persona, accessed March 22, 2013, http://www.upcloseandpersona.com.

11

관 여 과 정
규 정 하 기

시간이 해결해준다고들 하지만, 실은 당신이 해결해야 한다

앤디 워홀ANDY WARHOL

콘텐츠 관여과정engagement cycle을 만드는 일은 굉장히 어렵다. 중소기업 대부분은 이런 시도를 할 엄두조차 내지 못한다. 하지만 관여과정은 중요하다 … 아주 아주 중요하다.

당신의 판매과정에 신경쓰는 사람이 있을까?

간단히 말하면, 관여과정은 판매과정과 당신이 규정한 고객의 구매과정의 조합이다. 고객과 구독자에게 적시에, 적합한 콘텐츠를 전달하는 것(또는 전달하려는 시도)이 목표라면, 어떻게 위 두 가지가 함께 조화를 이루며 작용하는지를 이해해야 한다. 관여과정을 정의하지 않는 것은 그저 운만 믿고 콘텐츠를 만드는 격이다.

페르소나에게 어떤 말을 할지 결정하는 일은 실생활에서 누군가를 만나 대화를 할 때와 똑같다. 바로 콘텐츠(당신의 관점에서 태어난 것)와 맥락(당신이 규정한 대화 시점과 장소를 정하는 것)을 조합하는 것이다.

기존 광고에서 해오던 방식은 일단 관점을 정하고, 타깃(이길 바라는) 집단에게 당신의 제품이나 서비스에 관한 메시지를 퍼붓는 것이다. 이 방식의 근거는 페르소나인 것 같은 집단을 향해 충분히 크게, 오래 떠들면 결국 그들 중 몇몇은 움직일 거라는 생각이다. 광고는 아직도 통하는 방식이긴 하지만 낭비가 너무 많다. 적절한 시간, 적절한 장소에 적절한 콘텐츠를 내보내지 못하기 때문이다. 소비자의 구매과정은 변화를 거쳐왔다. 이제 소비자는 구매에 관여하는 방식을 직접 통제한다. 즉 소비자는 당신의 메시지를 받을지, 받으면 언제 받을지에 대한 결정권을 갖고 있다. 고객과 처음 만났을 때부터 유의미한 대화를 나눌 수 있는지는 순전히 당신 몫이다.

하지만 현실적으로 언제든지, 제품이나 서비스에 대한 이야기라면 그것이 무엇이든 거침없이 할 수 있는 회사는 없다. 조직의 자원이 아무리 많아도 고객이나 예상 고객과 얘기하는 모든 상황에 대한 시나리오를 만드는 일은 거의 불가능하다.

게다가, 소비자가 매 순간 정보를 얻을 수 있으면, 구매과정은 무질서하고 비선형적이 될 수 있다. 과거 소비자가 구매 정보를 얻을 만한 출처가 거의 없던 시절, 회사는 어느 정도의 확신을 갖고 고객이 어떻게 제품의 필요성을 느끼게 됐는지 예측할 수 있었다. 회사는 이를 통해 제품을 마케팅하는 방식을 마음껏 조종했다.

이런 역사적 배경으로 인해 마케터들은 판매과정(또는 판매 깔때기)을 만든 것이다. 그래서 우리는 혼돈스러운 상황에서 질서를 바로잡을 수 있었고, 제품 판매 기회를 기준으로 고객 유형을 나눈 카테고리를 지칭하는 회사 내 공용어도 만들게 된 것이다. 업종에 따라 다르겠지만, 당신도 고객을 '방문객' '잠재 고객' '예상 고객' 또는 '독자'로 나누고 있을 것이고, 나아가 '고객' 또는 '회원'도 있을 것이다.

당신의 조직도 여느 회사와 비슷하다면, 정식 판매과정은 없을지라도 판매가 일어나는 도중에 어떤 형태로든 고객을 더 많이 관여하게 만드는 메시지를 전달하기 위해 노력할 것이다. 예를 들어, 온라인에서 위젯을 판다면 사용자가 제품을 장바구니에 담은 후에 교차 판매나 상향 판매를 일으키려고 할 것이다. 또 고가품을 판다면, 판매원들은 (잠재 고객, 예상 고객, 우량 잠재 고객 등) 단계별로 잘 정의된 고객 리스트를 갖고 있을 것이고, 누군가 '우량' 잠재 고객이 되면 그 사례나 후기를 공유하는 방식으로 사업을 이끌 것이다.

하지만 오늘날의 회사들은 '고객'뿐만 아니라 회사의 콘텐츠에 실제로 관여하고 싶어하는 '구독자'를 만들려고 한다. 회사 내에서 각각의 판매과정과 콘텐츠를 매핑하는 것도 중요하긴 하지만, 판매과정은 고객의 구매 경험과 결부시킨 내부적이고 인위적인 과정임을 반드시 염두에 두어야 한다. 그 과정이 장바구니 전략이건, 전통적인 잠재 고객 육성 리스트건, 또는 고객을 당신 회사에 대해 말하기를 좋아하는 전도사로 만드는 것이건 모두 마찬가지다.

구매자들은 당신의 판매과정에 손톱만큼도 관심이 없다. 판매 깔때기는 구매자가 '구매과정' 도중에 감정적, 현실적 결정을 하는 순간을 포착하지 못한다. 그리고 사실, 목표나 콜투액션은 '고객'이 무엇이든 사게 하는 것이 아니라, '새로운 고객을 소개'하거나 '그들의 이야기를 공유'하게 하는 것이어야 한다.

관여과정

—

적시에 최고의 콘텐츠를 전달하려면, 더 낫고, 더 촘촘한 과정이 필요하다. 회사 내 판매과정과 고객의 '구매'과정을 결합하여 새로운 것을 만들어야 한다. 나는 이것을 '관여과정'이라 부른다.

관여과정은 오디언스가 당신의 의도대로 점차 브랜드에 관여하면서 거치게 될 정해진 과정이다. 이 과정은 완벽하지 않아도 되지만, 구매과정의 특정 단계에서 예상 고객이 구매를 하도록 돕거나, 고객이 콘텐츠를 퍼뜨리도록 독려하는 설득력 있는 콘텐츠를 개발하는 데 도움이 돼야 한다. 간단히 말해, 적시에 적절한 이야기를 전하도록 매우 많이 노력해야 한다.

관여과정을 한데 모아서 보기 전에 각각의 과정을 하나씩 뜯어서 살펴보자.

페르소나를 회사 판매과정과 매핑하기

판매과정은 판매 및 마케팅 활동에 있어서 소비자의 행동을 지켜보는 방식이다. 기업 B2B 마케팅이나 B2C 영업에서 시간이 오래 걸리는 구매 건(예를 들면, 집, 자동차)의 경우처럼 판매과정이 아주 잘 짜여져 있다면, 소비자 행동(잠재 고객, 예상 고객, 우량 잠재 고객 등등)에 의해 분류

된 각각의 단계로 이루어진 아주 명확하고 세세한 전환층이 있기 마련이다.

하지만 온라인 쇼핑몰이나 일반적인 오프라인 소매점을 운영한다면, 이 판매과정은 좀더 느슨하고 포괄적일 것이다. 하나의 판매과정이 방문자, 둘러보는 사람, 물건을 사려는 사람, 구매자로 이어지는 진행 단계 전부에 해당될 수도 있다. 흥미로운 것은 이 모든 단계가 단 몇 초만에 일어나기도 한다. 만약 당신이 퍼블리셔라면 판매과정은 방문자부터 구독자에 이를 것이다. 수많은 발행인들이 구독자 창출을 목표로 삼고 있는데, 일단 구독자가 생겨야 추후 광고나 상향 판매로 돈을 벌 수 있기 때문이다. 고객이 관여해온 시간이나 그들을 정의하는 용어에 관계없이, 판매과정은 우리 같은 콘텐츠 마케터가 다음과 같은 고객들을 식별하는 방식이다.

- 우리를 전혀 모르는 고객
- 우리를 조금 알게 된 고객
- 우리가 제안하는 것에 관심이 있는 고객
- 우리와 다른 솔루션을 비교하는 고객
- 우리가 원하는 대로 하는 고객

예를 들어, IT 기업을 대상으로 소프트웨어를 판매하는 중소기업이라면, 판매과정은 상당히 단순해진다. 바로 다음과 같다.

- **접촉 고객** 접촉한 적이 있거나, 어떤 식으로든 알고 있는 사람들이다.

- **잠재 고객** 적극적인 관심을 가진 것으로 확인된 사람들이다.
- **우량 잠재 고객** 관심도 있고 돈도 있어서 무언가를 살 것 같은 사람들이다.
- **최종 검토 고객** 우량 잠재 고객 중에서 최종적으로 구매할 곳을 한두 개로 추린 리스트에 당신을 올린 사람들이다.
- **구두계약** 결국 당신을 선택했고 협상 중인 사람들이다.

실제 당신의 판매과정은 이것보다 더 복잡할 수도(또는 더 단순할 수도) 있다. 아니면 완전히 다를지도 모른다. 복잡하건 복잡하지 않건, 어떤 식으로든 판매과정이 있어야 구매 행태를 이해하는 것도 가능하다.

콘텐츠 배치표

콘텐츠 배치표를 간단히 말하면 판매과정과 각 과정의 고객들을 다음 단계로 움직여줄 콘텐츠를 융합하는 것이다. 이 표가 왜 그리 중요할까?

다른 회사들, 특히 경쟁사들이 수많은 콘텐츠를 만들고 이것을 그들이 던질 수 있는 모든 곳에 던지는 모습은 낯설지 않다. 이런 방법이 과거에는 가능했고 효과도 있었지만, 이제는 '감나무 밑에서 입 벌리고 기다리는 식'의 광고와 별반 다르지 않다. 콘텐츠 배치표를 만드는 것은 콘텐츠가 쓸모없게 될 가능성을 최소화해줄뿐만 아니라 피드백을 모으고 개선할 수 있는 확실한 기회를 제공해준다.

이제 콘텐츠 배치표를 만들어보자. 배치표는 두 개의 축을 중심으로 한다. 한 축은 페르소나를, 나머지 한 축은 판매과정을 의미한다.

두 축을 중심으로 표를 만들었으면, 각 칸에 지금 보유하고 있거나

페르소나	판매	접촉 고객	잠재 고객		우량 잠재 고객		최종 검토 고객	구두계약
	벤 마케팅 매니저	백서1 백서2	블로그 구독		온라인 평가	웨비나	사례연구1 사례연구2	
	헤일리 CMO	백서3		잡지	온라인 평가			

그림 11.1 콘텐츠 배치표
콘텐츠 배치표의 실제

새로 제작 중인 콘텐츠 항목을 채워넣어보자(16장에 있는 유형 중에서 선택해도 된다). 앞서 언급한 소프트웨어를 판매하는 중소기업의 사례를 여기에도 적용하면, 콘텐츠 배치표는 그림 11.1과 같을 것이다.

이 배치표에서 알 수 있듯, 대부분의 콘텐츠 마케팅은 판매과정 윗부분에 집중되어 있다. 아주 흔한 일이기 때문에 너무 걱정하지 말자. 콘텐츠 마케팅 전략은 항상 인지와 교육에서 출발하고, 이 둘은 거의 항상 판매과정 윗부분에 있기 마련이다.

또 콘텐츠 배치표를 만들다보면 콘텐츠 마케팅이 특정 단계나 페르소나에 편중되어 있다는 사실을 알게 된다는 이점이 있다. 콘텐츠 배치표의 중간 부분을 흔히 '지지분한 중간'이라고 하는데, 여기의 빈칸을 채워줄 새로운 콘텐츠가 필요하다.

콘텐츠 배치표를 갖췄다면 이제 다음 단계로 나아갈 준비가 됐다. 다음 단계는 각각의 오디언스 페르소나의 구매과정에 층을 만드는 것이다.

페르소나를 고객 구매과정과 매핑하기

—

　　구매과정은 고객이 물건을 사는 방식, 혹은 고객이 구매한 후, 당신이 고객에게 바라는 다음 행동이다. 이 과정은 대체 무엇일까? 제품 또는 서비스에 있어서 그 과정은 제품—또는 페르소나—에 따라 다르겠지만, 그래도 일단 고객이 어떻게 물건을 구매하는 되는지를 그려봐야 한다. 그림 11.2는 앞의 IT 소프트웨어 회사 사례를 바탕으로 한 고객 구매과정이다.

　　궤도 형태로 나타낸 이유는 구매과정은 주로 비선형적이기 때문이다. 실제로 구매하는 동안 고객은 안쪽으로 접근하는 동시에 궤도를 이리저

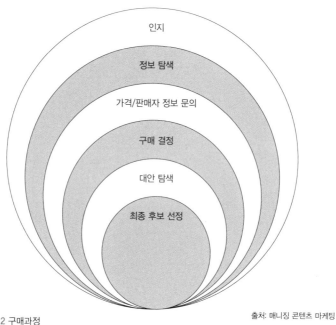

인지

정보 탐색

가격/판매자 정보 문의

구매 결정

대안 탐색

최종 후보 선정

그림 11.2 구매과정
구매과정 궤도

출처: 매니징 콘텐츠 마케팅

리 넘나든다. 하지만 소비자가 중심을 향해 움직일수록 원하는 것이 무엇인지 분명해지며, 각 단계를 거칠수록 탐색의 폭은 좁아진다. 다시 IT 소프트웨어 회사를 예로 들면 각 단계는 아래와 같다.

- **인지** 소비자는 어떤 선택지가 있는지를 알아본다.
- **정보 탐색** 이제 소비자는 정보를 탐색하며 자신의 문제에 대한 솔루션을 찾아나선다. 이때 소비자는 당신에게 처음으로 전화를 걸지도 모른다.
- **가격/판매처 정보 문의** 소비자가 드디어 당신을 찾아냈다. 한번 따져보자. "어떤 점에서 우리가 더 나은가? 이 솔루션에 가격을 얼마로 매겨야 하는가?"
- **구매 결정** 여기가 마지막 단계가 아닐 수도 있다. 소비자들은 필요에 맞는 솔루션을 조사해본 다음 구매하지 않기로 결정할 때도 많다. 하지만 구매하기로 결정한 사람들은 다시 판매자들을 놓고 마지막 비교를 한다.
- **대안 탐색** 소비자는 온라인 검색을 시작한다. 구매과정 거의 막바지에 있는 소비자의 전화를 받아본 적이 있는가? 그들이 이 단계에 속하는데, 바로 기능 비교 단계다. 소비자들은 제품에 없는 기능(이나 있는 기능)에 놀라서, 다시 인지 단계로 돌아가는 경우도 많다.
- **최종 후보 선정** 이 단계에서 소비자는 후보자들을 면밀히 검토하고, 그 이후에야 구매 계약서가 제시된다.

다시 말하지만, 앞의 경우와 마찬가지로 이것이 완벽한 것은 아니지만, 일단 그려보는 것만으로 이 작업의 가치는 엄청나다.

고객/콘텐츠 배치표 만들기

판매과정을 정리했고, 구매과정도 완성이 됐다면, 이 두 개를 콘텐츠 자산과 합쳐보자. 그러면 관여과정을 더 잘 이해할 수 있다.

그림 11.3을 보면, 판매과정 항목을 접촉 고객, 잠재 고객, 우량 잠재 고객, 최종 검토 고객(또는 최종 후보 선정) 순서로 나열한 것을 볼 수 있다. 그 아래를 보면 구매과정인 인지/교육 및 그 외 항목 등이 짝지어져 있다.

보충 설명을 하자면, 그림 11.3에서 판매과정과 구매과정이 겹치는 경우가 있다. 사실 구매과정에는 판매과정보다 훨씬 더 많은 전환층—혹은 결정 지점—이 있다. 하지만 이 정도만 해도 콘텐츠 마케팅 전략을 그릴 수 있는 보편적 용어와 방법을 습득할 수 있기 때문에 일을 시작하기에는 충분하다.

판매	접촉 고객	잠재 고객		우량 잠재 고객		최종 검토 고객	구두계약
구매과정	인지/교육	정보 탐색	가격/판매처 정보 문의	구매 결정	대안 탐색	최종 후보 선정	구매 계약
벤 마케팅 매니저	백서1 백서2	블로그 구독		온라인 평가	웨비나	사례연구1 사례연구2	
헤일리 CMO	백서3		잡지		온라인 평가		

그림 11.3 콘텐츠 배치표와 구매과정
구매과정과 결합된 콘텐츠 배치표

예를 들면, '인지/교육' 단계에 있는 잠재 고객을 위한 콘텐츠는 많지만, '정보 탐색' 단계에 있는 잠재 고객을 위한 콘텐츠는 별로 없다. 이 사실을 통해, 당신이 가진 솔루션의 장점을 알려주는 콘텐츠뿐만 아니라 그 해결책을 제공하는 곳이 당신의 회사라는 것을 알리는 콘텐츠에 시간을 들여볼 만하다는 것을 알 수 있다.

이 과정에 대해 너무 겁먹지 말자. 꼭 이 정도 수준으로 해야 하는 것은 아니다. 또 모든 제품, 모든 과정, 모든 오디언스 페르소나에 대해 콘텐츠 배치표를 만들 필요도 당연히 없다. 새로운 콘텐츠 마케팅이 목표로 하는 대상에 대해서만 만들어도 된다. 또는 고객을 당신을 사랑하고, 당신과 당신 회사의 모든 것을 적극적으로 공유하는 전도사로 탈바꿈시키고 싶을 때만 만들어도 괜찮다.

결국, 관여과정을 짜고 여기에 페르소나를 대입해 콘텐츠 배치표를 완성하면 당신의 이야기에서 어느 부분이 비어 있는지 아주 쉽게 알 수 있다.

EPIC THOUGHTS
- 당신의 판매과정(내부)은 고객의 구매방식(외부)과는 아무 상관이 없다.
- 가장 쉬운 방법은 판매과정 상위에 해당하는 콘텐츠를 많이 만들어서 콘텐츠 배치표의 해당 부분만 채우는 것이다. 누구나 할 수 있는 접근이지만, 쉬운 방법이 좋은 방법은 아니다. 기회는 '지저분한 중간'에 있다. 이 단계에 있는 소비자는 약간의 자극만 받아도 구매 결정 단계로 넘어간다.
- 이 장에서 다룬 내용이 너무 어려우면 괜히 붙들고 고생하지 말자. 준비가 안 됐다면, 콘텐츠 영역과 콘텐츠 마케팅 미션을 다루는 12장이나 13장으로 넘어가자. 솔직히 말하면, 구매과정에 따라 콘텐츠를 만드는 회사는 별로 없

다(그래서 기회가 많은 영역이기도 하다).

EPIC RESOURCES

• Robert Rose and Joe Pulizzi, *Managing Content Marketing*, Cleveland: CMI Books, 2011.

12

콘텐츠 영역
규정하기

아무것도 없는 상태에서 애플파이를 만들려면,
우선 우주를 만들어야 한다

천문학자 칼 세이건DR.CARL SAGAN

CMI가 중소기업을 위한 콘텐츠 마케팅 워크숍을 할 때마다 나는 보통
아래와 같은 질문을 던진다.

현재 내가 세계 최고의 정보 제공 전문가라고 자부할 수 있는 분
야가 있습니까?

브랜드들은 콘텐츠를 그리 진지하게 생각하지 않는다. 물론 그들은
다양한 마케팅 목표를 위해 수십 가지 채널에 뿌릴 콘텐츠를 만들고 있
다. 하지만 당신의 회사는 고객에게 최고의 정보 제공자가 되겠다는 마
음이 있는가? 아니라면 우선 사항은 무엇인가?

고객과 예상 고객들은 구매 결정을 위해 어디에서든 정보를 얻을 수
있다. 왜 당신이 그 정보를 주면 안 되는가? 적어도 이것이 목표가 돼야

하지 않을까?

당신의 영역에 불편해지기

—

그랜트 카돈Grant Cardone의 『10배의 법칙』에서 내가 제일 좋아하는 부분은 불편한 목표 설정에 관한 이야기다. "성공한 사람들은—인생의 어느 시점에선가는—스스로 불편한 상황에 들어가려고 하는 반면, 성공하지 못하는 사람들은 모든 결정에서 편하려고만 한다."

콘텐츠 마케팅 목표에 있어서도 마찬가지다. 궁극적인 목표 … 즉 '그크고 대담하며 도전적인 목표(BHAGs)[□]'는 당신을 조금이라도 움찔하게 만들 것이다.

마케팅 전문가들이나 컨설턴트들은 업계 최고의 정보 제공자가 될 필요는 없다고 주장하지만, 나는 이 말에 완전히 반대한다.

또 감히, 당신의 콘텐츠 마케팅이 고객에게 그 무엇으로도 대체 불가능한 자원이 돼야 한다고 소신껏 선언하는 일은 대담한 행동이다. 그리고 … 그래야 당신이, 당신의 정보가 (매체사처럼) 진정 업계를 주도하게 된다고 명확히 말하는 것 역시 다소 대담한 행동이다. 그러니까, 대담해지자!

하지만 업계 내 당신의 영역에서 제일 먼저 찾아봐야 할 정보원이 되지 못한다면, 당신이 무슨 목표를 설정했던지 간에 나태하게 안주하고 있는 것이다.

□ Big Hairy Audacious Goals의 약자

당신의 콘텐츠가 모두 사라진다면?

—

누군가 당신의 마케팅 자료를 모두 모아서 박스에 넣은 다음 어딘가에 버렸다고 가정해보자. 아쉬운 사람이 있는가? 시장에 문제가 생기는가?

'아니오'라는 대답이 나온다면, 무언가 잘못됐다.

고객과 예상 고객이 당신의 콘텐츠를 필요로 하도록—아니, 간절히 원하도록—해야 한다. 당신의 콘텐츠는 그들의 삶과 일의 일부가 돼야 한다.

이 말이 조금 불편한가? 응당 그럴 것이다.

당신과 당신의 콘텐츠 마케팅 팀이 이 목표에 도달하려면 무엇을 해야 할까? 진정으로 최고의 정보원이 되기 위해서는 어떤 독특하고 대담한 콘텐츠의 제작, 배포, 신디케이션Syndication▫에 관여해야 할까?

이것은 전적으로 당신의 영역이다. 당신의 경쟁자들이 당신 고객의 시간을 빼앗아 가는 것을 가만히 서서 지켜보지 마라.

신뢰받는 전문가

—

정말로 화제가 될 만한 제품이나 이야기가 있다면(없다면 콘텐츠 마케팅이 문제가 아니다), 그것을 꾸준히, 더 많이 팔기 위해서는 업계에서 신뢰받는 전문가가 되는 것이 가장 중요하다.

▫ 여러 곳의 콘텐츠를 모아서 제공하는 방식

이제는 돈을 주고 관심을 사기가 점점 더 힘들어진다. 주목을 얻어내야만 한다. 고객이 찾고 있을 수도 있는 가장 강력한 정보를 전달해서 오늘, 내일, 그리고 5년 후에도 관심을 얻어라. 불편한 목표를 설정하고 사업을 한 단계 성장시켜라.

크게 생각하고 작게 가기

—

동네에서 작은 반려동물 용품점을 운영한다고 생각해보자. 그럼 당신의 콘텐츠 영역은 반려동물 용품인가? 아니다.

잠시만 생각해보자. 반려동물 용품이라는 영역에서 최고의 전문가가 될 수 있는가? 아마 아닐 것이다. 펫코Petco나 펫 스마트Pet Smart 같은 회사들은 그것을 위해 수백, 수천만 달러를 투입하기 때문이다.

즉 목표를 크게 잡고 싶을지라도 실제 콘텐츠 영역은 작아야 한다는 말이다. 그렇다면 얼마나 작아야 할까? 가능한 한 작아야 한다.

다시 반려동물 용품점의 예로 돌아가보자. 핵심 오디언스 페르소나를 살펴보니 반려동물과 함께 여행하는 것을 좋아하는 고령의 보호자들이 질문도 많이 하고, 관련 제품의 이윤도 높았다. 바로 이거다! 반려동물 용품에 대해서는 최고의 전문가가 되지 못하지만, 반려동물과 함께 여행하는 고령의 보호자를 위한 반려동물 용품에 대해서는 최고의 전문가가 될 수 있다.

구글 트렌드를 사용하여 이것을 더 자세히 살펴보자. '반려동물과 함께하는 여행'이라는 검색어는 지난 8년간 꾸준한 하향세를 보여왔다. 이

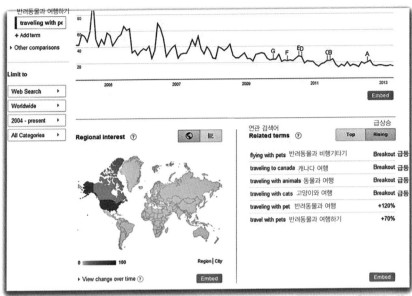

출처: 구글 트렌드

그림 12.1 구글 급등 검색어
구글 트렌드에서 '급등 검색어'를 찾아보면 고객들에게 인기 있는 주제에 관한 통찰을 얻을 수 있다

것은 정확하게 이 검색어를 써서 검색하는 사람들이 줄어들었다는 의미
다. 인기가 많은 검색어를 찾기 위해 '급상승' 탭을 클릭하면 '반려동물
과 비행기타기' '고양이와 여행하기' '강아지와 여행하기'가 모두 급등 검
색어breakout terms로 올라와 있음을 알 수 있다(그림 12.1).

검색 트렌드를 살펴보면, 과학처럼 정밀하진 않더라도 당신의 영역에
서 어떤 콘텐츠에 기회가 있는지 알아낼 수 있다.

CMI가 콘텐츠 마케팅을 콘텐츠 영역으로
선택한 과정

—

나는 현재 CMI가 된 회사를 2007년 4월에 설립했다. 지난 6년간 간헐적으로 '콘텐츠 마케팅'이라는 용어를 사용해왔지만, 설립 당시를 생각하면 정말 생소한 말이었다.

업계에서 주로 쓰는 용어는 '커스텀 퍼블리싱'이었다. (CMI의 타깃 오디언스 중 하나인) 마케팅 임원들과 대화를 하면서부터 나는 커스텀 퍼블리싱이라는 용어가 2% 부족하다는 것을 알 수 있었다. 하지만 그렇다고 콘텐츠 마케팅이 그 용어를 대신할 수 있을지에 대한 확신도 없었다.

나는 구글 트렌드에 들어가 이것저것 클릭해보면서 여러 가지 단어를 조합해봤다. 이렇게 해서 알게 된 사실은 아래와 같다.

'커스텀 퍼블리싱' 키워드를 주식처럼 사고팔 수 있다면, CMI는 절대로 보유하지 않았을 용어다. 매해 검색량이 줄어들고 있는데다가, 관련 글은 콘텐츠 제작이 아니라 맞춤형 종이책 인쇄에 관한 것들이었기 때문이다. 이것이 주는 혼동이 문제였다.

'커스텀 콘텐츠' 급상승 검색어이기는 했지만, 역시 혼동을 주는 요소가 발견됐다. '커스텀 콘텐츠'라는 용어는 인기 게임 심시티simcity에서 사용되고 있었다. 혼자 돋보이면서도 무관한 검색 결과와는 엮이지 않으려 했던 우리에게는 비상경보였다.

'콘텐츠 마케팅' 이 용어는 구글 트렌드에 등록되어 있지도 않았다. 알맞은 콘텐츠만 충분히 만든다면, 이 용어를 중심으로 한 움직임이 생길

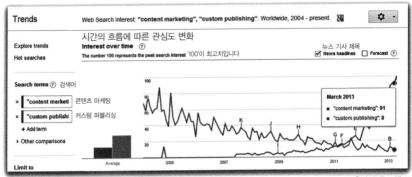

그림 12.2 콘텐츠 마케팅 성장 추이
콘텐츠 마케팅과 커스텀 퍼블리싱 중 어떤 주식을 보유하고 싶은가?

수도 있겠다고 생각했다. 다른 용어들은 혼동의 여지가 있기도 했고, 업계의 주요 오피니언 리더들을 모아줄 새로운 용어가 필요해 보였다. 게다가 '콘텐츠 마케팅' 분야에는 딱히 리더라고 할 만한 개인이나 집단이 없었기 때문에, CMI가 제대로만 한다면 빠르게 성장하고, 검색시장 점유율도 많이 가져갈 수 있을 것 같았다. 그림 12.2에서 보듯, 이 전략은 성공했다.

구글 트렌드 같은 무료 서비스 활용과 오디언스와의 대화를 종합한 것으로 CMI에서 일하는 나와 동료들은 우리의 콘텐츠 영역을 규정할 수 있었다.

프랙털 마케팅

—

단 한 사람의 오디언스를 위한 콘텐츠 영역을 규정하

는 것도 가능하다. 『브랜드스케이핑Brandscaping』의 저자 앤드류 데이비스Andrew Davis는 '프랙털 마케팅'이라 불리는 개념을 고객을 더 구체적인 영역으로 계속해서 나누어 넣는 것이라고 정의한다. 이렇게 하면 각각의 규정된 콘텐츠 영역은 적은 수의 가치 있는 고객을 만들어낸다. 앤드류는 오랜 기간 동안 이 기술을 사용하면서 완벽에 가깝게 다듬었다. 두 가지 예를 살펴보자.

사회 초년생 시절, 앤드류는 짐 헨슨 컴퍼니에서 일하고 싶었다. 하지만 두 가지 문제가 있었다. 첫번째는 경험이 부족했고, 두번째는 연줄이 없었다. 그는 어떤 방법을 찾았을까? 3년 동안 매달 자기소개서를 보낸 끝에 결국 회사가 항복했고, 그를 정규직으로 채용했다.

비교적 최근에 그는 신문 업계의 변화를 촉구하는 연합의 일원으로 활동했다. 그는 이 일을 도와줄 수 있는 사람은 지구상에 단 한 명 뿐이라고 믿었으며, 그 유일무이한 인물은 바로 억만장자 자선가인 워런 버핏Warren Buffett이었다.

그는 '워런 버핏에게 보내는 편지Letters 2 Warren'라는 텀블러 페이지를 개설하고 다음과 같이 적었다. '목표: 워런 버핏과 테리 크뢰거를 만나 신문 업계를 부흥시키는 것' '방법: 매주 손편지 한 통씩 보내기'

2012년 12월 17일에 올린 최초 글은 다음과 같다.

버핏 님께

즐거운 연말 보내고 계신지요? 저는 신문 업계를 혁신하기 위해 나섰습니다. 일을 하다보니 오늘날 신문은 오디언스를 만들고, 콘텐츠에 대한 수요를 창출하는 기자들 하나하나의 힘을 간과하고 있다는 생각이 절실하게 듭니다. 신문사가 오디언스를 만드는 방법을 함께 바꾸어나갈 수 있으면 좋겠습니다.

_앤드류 데이비스 드림

2013년 3월 12일, 앤드류는 독자들에게 다음과 같은 사실을 알렸다.

기쁘게도 워런 버핏이 제 편지를 수신하여 읽고 있다는 확인을 받았습니다.

어젯밤, 『춤추며 일터로Tap Dancing To Work』의 저자 캐럴 루미스(지난주 편지에서 언급했던 분입니다)가 저에게 전화를 해서, 포천, 타임워너 및 여러 출판사와의 계약 상황에 대해 설명해줬습니다.

캐럴은 워런이 자신에게 제 편지의 사본을 우편으로 보냈고, 그녀는 자신의 책이 어떻게 포천에 이익을 가져다줬는지 제가 알면 좋을 것 같아서 연락을 취했다고 설명했습니다(그 책은 포천에 실었던 기사들을 엮은 것이라 그 라이선스가 포천과 관련이 있습니다).

저는 버핏 씨가 매주 시간을 내 신문 비즈니스의 매출 향상을 위한 새로운 방법을 고민하고 있다는 사실에 매우 감격했습니다.

다음 단계: 워런 버핏 만나기.

앤드류 데이비스는 콘텐츠 영역을 작게 가져갈수록, 결국 더 큰 보상이 따라온다는 것을 보여준다. 타깃으로 하는 오디언스가 단 하나이긴 어렵겠지만, 오디언스 페르소나를 더 좁히고, 이들만을 위한 콘텐츠 영역을 만든다면, 더 크게 성공할 것이다.

최고의 출발점

—

『기업 영업의 e마케팅 전략eMarketing Strategies for the Complex Sale』을 쓴 아다스 알비는 때때로 최우량 고객에게 집중하는 것이 콘텐츠 전략을 시작하는 출발점이 된다고 말한다. 그녀가 아인소프 Einsof라는 회사를 창업했을 때, 여러 영역에 있는 여러 구매자를 타깃으로 삼을 자원이 없었다. 그래서 최우량 고객 열 명을 뽑아 그들이 갖고 있는 비슷한 점을 살펴봤다. 이것이 오디언스 페르소나가 됐고, (불과 열 명인) 이 집단에 집중해서 콘텐츠 영역을 만들었다.

회사가 탐색할 콘텐츠 영역을 결정하는 데 마법 같이 저절로 되는 방법은 없다. 하지만 소규모의, 수익성이 큰 고객 집단으로 시작하는 것이 최고의 방법이라고는 할 수 있다. 일단 이 집단을 위한 콘텐츠 전략을 완성하면, 다른 오디언스를 타깃으로 하는 다른 콘텐츠 영역으로 넘어가면 된다.

EPIC THOUGHTS

- 콘텐츠 영역을 크게 가져가려는 것, 자신의 시장 범위 이상을 잡으려는 것은 자연스러운 현상이다. 하지만 이런 충동은 피하자. 콘텐츠 영역을 작게 가져가야 콘텐츠 마케팅을 크게 가져갈 수 있다.
- 가장 가치 있는 오디언스 … 그리고 아마도 극소수일 당신의 최우량 고객들에게 콘텐츠 영역을 집중하라.

EPIC RESOURCES

- Grant Cardone, *The 10x Rule*, Wiley, 2011. (그랜트 카돈, 『10배의 법칙』,

정균승 옮김, 티핑포인트, 2016)

• "Traveling with Pets," Google Trends, accessed April 6, 2013, http://www.google.com/trends/explore#q=traveling%20with%20pets.

• "'Content Marketing' [versus] 'Custom Publishing,'" Google Trends, accessed April 6, 2013, http://www.google.com/trends/explore#q=%22custom%20publishing%22%2C%20%22content%20marketing%22&cmpt=q.

• Andrew Davis, *Brandscaping*, CMI Books, 2012.

• Andrew Davis, *Letters 2 Warren*, Tumblr.com, accessed July 9, 2013, http://letters2warren.tumblr.com/.

• Ardath Albee, *eMarketing Strategies for the Complex Sale*, McGraw-Hill, 2009.

13

콘텐츠 마케팅
미션 스테이트먼트

성공 공식은 못 드리지만, 실패 공식은 드릴 수 있습니다
모두를 만족시키려고 노력하세요

———

미국의 언론인, 허버트 B. 스워프HERBERT B. SWOPE

우리집 식당 벽에는 '미션 스테이트먼트'가 붙어 있다. 나는 물론 열 살과 열두 살인 두 아들도 이 종이를 자주 본다.

이 미션 스테이트먼트는 우리 가족의 목적, 즉 지금까지 살아온 이유이자 앞으로 살아가야 할 이유다. 나는 이것이 우리 가족의 성공과 행복에 결정적인 영향을 끼쳤다고 믿는다.

미션 스테이트먼트의 내용은 이렇다.

풀리지 가족의 미션

우리 풀리지 가족은 아래의 미션을 지속적인 목적과 실천으로 꾸준히 지켜나간다.

———

- 우리는 매일, 도전이나 어려움에 마주한 날에도, 신의 은총에 감사한다.
- 우리는 항상 가진 것을 남과 나누며, 도움이 필요한 사람은 누구든, 언제든 돕는다.
- 우리는 신의 은총으로 고유한 재능을 각기 타고난 존재이기 때문에, 서로를 칭찬한다.
- 우리는 언제나 시작한 것을 끝내고, 두려워도 항상 시도하며, 주어진 상황에 완전히 집중한다.

짧은 버전:
- 신께 감사하라. 항상 나눠라. 좋은 말을 하라. 최선을 다하라.

솔직히 처음에는 이것이 그냥 우리 가족이 지키고 살기에 좋은 생각이면서 모토라고 여겼다. 십수 년을 지키며 살아온 지금, 이 미션 스테이트먼트가 우리 가족의 삶에 결정적인 역할을 해왔음을 깨달았다. 왜 그럴까? 왜냐하면 우리 가족의 목표에는 회색 지대가 없기 때문이다. 아이들이 무엇을 해야 하고, 무엇을 해서는 안 되는지 물어보면, 내 아내와 나는 이 미션 스테이트먼트를 본다. 이렇게 몇 년을 하다보니 지금은 아이들 스스로 이것을 참고한다―물론 가끔은 마지못해 본다.

그렇다면 미션 스테이트먼트가 있음으로 해서 가장 좋은 점은 무엇일까? 집에 손님이 방문하면 가장 먼저 미션 스테이트먼트를 알아보고, 이것에 대해 언급하는 경우가 많다. 미션 스테이트먼트는 작지만 중요한 차이를 만들어내는 것들 중 하나다.

콘텐츠 마케팅 미션 스테이트먼트

—

미션 스테이트먼트는 회사의 존재 이유다. 미션 스테이트먼트는 그 조직이 왜 그 일을 하는지를 설명하는 문서다. 예를 들면, 사우스웨스트 항공의 미션은 예전부터 지금까지 '여행의 대중화' 단 하나다. CVS의 미션은 고객이 가장 편리하게 이용할 수 있는 약국이 되는 것이다. 간단히 말해, 미션 스테이트먼트는 "우리는 왜 존재하는가?"라는 물음에 답할 수 있어야 한다.

나의 강연이나 발표 자료에는 거의 매번 콘텐츠 마케팅 미션 스테이트먼트가 들어간다. 콘텐츠 마케팅 … 아니 무슨 마케팅을 하더라도 아이디어의 톤Tone은 반드시 잡아야 한다. 크고 작은 회사의 마케팅 담당자들은 블로그, 페이스북, 핀터레스트 같은 채널에만 지나치게 집착하며 처음부터 왜 그 채널을 써야 하는지에 대한 근본적인 이유는 전혀 이해하지 못하고 있다. 따라서 '무엇' 이전에 '왜'를 먼저 따져봐야 한다. 대부분의 마케터들은 그들이 만드는 콘텐츠에 대한 미션 스테이트먼트나 핵심 전략이 없을 게 뻔하다. 명확하고 강력한 '왜' 없이는 에픽 콘텐츠 마케팅도 없다.

이렇게 생각해보자. 당신이 업계 관련한 최고의 잡지를 발행한다면 어떨까? 당신의 목표가 제품이나 서비스를 파는 것이 우선이 아니라 독자에게 놀라운 정보를 제공해 그들의 삶과 경력을 변화시키는 데 도움을 주는 것이라면 어떨까?

『Inc.』가 성공한 이유

잡지 『Inc.』(그림13.1) 홈페이지에 들어가면 소개 페이지 첫 줄부터 그들의 미션을 확인할 수 있다.

출처: Inc.com

그림13.1 Inc.com
웹사이트를 퍼블리셔들처럼 운영해보면 어떨까?

Inc.com에 오신 것을 환영합니다. Inc.com은 창업가와 기업가가 사업을 운영하고 키우는 데 유용한 정보, 자문, 통찰, 자료 및 영감을 제공합니다.

이것을 조금 분해해보자. 『Inc.』의 미션 스테이트먼트는 아래 사항을 담고 있다.

- **핵심 타깃 오디언스**: 창업자와 기업가
- **오디언스에게 전달할 것**: 유용한 정보, 자문, 통찰, 자료와 영감
- **오디언스가 얻는 것**: 사업 성장

『Inc.』의 미션 스테이트먼트는 놀랍도록 단순하며 오해할 만한 말이 단 한마디도 없다. 콘텐츠 마케팅 미션 스테이트먼트를 사용할 때는 단순함이 생명이다.

콘텐츠 마케팅 미션 스테이트먼트 실제 사례

—

P&G는 10년 넘게 HomeMadeSimple.com을 운영하고 있다(그림 13.2). 수백만 명의 소비자가 이 사이트에 회원가입을 해 집안일을 더 효율적으로 하는 팁에 대해 정기적으로 받아 보고 있다.

HomeMadeSimple.com의 콘텐츠 마케팅 미션 스테이트먼트는 아래와 같다.

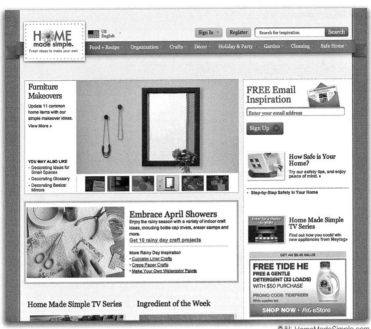

그림 13.2 P&G의 콘텐츠 마케팅 플랫폼 중 하나인 HomeMadeSimple.com

맛있는 음식 레시피, 영감을 주는 인테리어 아이디어, 기분이 상쾌해지는 정리법. 무엇이 됐든 우리는 당신이(주부들이) 당신만의 집을 만들 수 있도록 최선을 다해 돕습니다. 여기서의 모든 활동은 당신이 집을 더 좋게 만드는 데, 무엇보다 당신이 머물고 싶은 집을 만드는 데 힘과 영감을 주기 위한 것들입니다.

홈메이드심플의 미션 스테이트먼트는 아래 사항을 담고 있다.

- **핵심 타깃 오디언스**: 전업주부(P&G는 이를 사이트에 명시하지 않았지만, 전업주부가 오디언스다.)
- **오디언스에게 전달할 것**: 레시피, 영감을 주는 아이디어, 기분이 상쾌해지는 정리법
- **오디언스가 얻는 것**: 집 안에서의 삶 개선

따라서, 이 세 가지 항목에 부합하지 않는 소재는 P&G에서 폐기 대상이다.

왜 회사와 회사의 콘텐츠에서 콘텐츠 마케팅 미션 스테이트먼트가 꼭 필요한가? 당신의 팀은 항상―블로그, 페이스북 페이지, 뉴스레터 등에 넣을―훌륭한 콘텐츠 아이디어를 생각해야 한다. 그 아이디어가 적절한지 아닌지를 판단할 때, 콘텐츠 마케팅 미션 스테이트먼트와 하나씩 대조해가며 확인하는 것이다.

만약 P&G의 한 직원이 아빠들을 타깃으로 한 훌륭한 아이디어를 홈메이드심플에 올리고 싶어한다 해도, 수락되지 않을 것이다. 타깃 오디언스가 잘못됐기 때문이다. 그럼 타이어를 고치는 방법에 대한 글은 어떨까? 안 된다. 이번엔 당신이 꾸준히 전달하겠다고 약속한 것과 맞지 않다.

읽어볼 가치가 있는 다른 미션 스테이트먼트들을 소개해보겠다.

- **아메리칸 익스프레스 오픈포럼** "오픈포럼은 통찰을 나누고, 전문가의 조언을 듣고, 관계를 형성하며 중소기업의 성공을 도모하는 온라인 커뮤니티입니다."

- **CMI** "기업 마케팅 담당자들의 외부 미디어 채널에 대한 의존도를 줄일 수 있도록, 모든 채널(온라인, 인쇄 매체, 대면)에서의 콘텐츠 마케팅에 대한 실질적인 조언을 아주 쉽게 전달합니다."

- **파라메트릭 테크놀로지(Parametric Technology, 이하 PTC) 제품 라이프사이클 블로그** "개별 제품에 대한 이야기가 아닌, '제품개발' 전반의 흥미로운 뉴스와 디자인 엔지니어들이 이 뉴스를 어떻게 활용할지에 대한 이야기를 전합니다. 우리의 목표는 디자인 엔지니어들이 혁신과 제품개발을 다른 관점으로 보도록 하는 것입니다."

- **크라프트 푸즈** 멋진 음식 스토리에 영감을 줄 맛있는 식품을 만듭니다. 이 스토리가 전해지면서 크라프트의 이익과 가치가 탄생합니다.

- **윌리엄스-소노마** "훌륭한 제품, 세계 최고의 서비스 그리고 흥미로운 콘텐츠(저자주)로 요리의 즐거움을 선사하는 리더가 되고자 합니다."

퍼블리싱할 권위

크라프트 푸즈의 미디어 및 소비자 관여 부서장인 줄리 플라이셔Julie Fleischer는 브랜드가 콘텐츠 프로그램을 만들 때, 권위를 갖고 얘기할 수 있는 주제를 벗어나면 안 된다고 주장한다. "크라프트 푸즈에서는 고객에게 음식이나 레시피, 그와 비슷한 종류의 이야기를 하는 게 당연합니다. 크라프트는 이 주제에 대해서 만큼은 권위를 갖고 말할 수 있고, 고객에게도 그 권위가 통합니다. 결과적으로 마케팅 목표에도 부합하고요. 하지만 우리는 금융이나 집수리에 대해서는 권위가 없습니다. 브랜드가 콘텐츠 마케팅을 하려면 권위를 갖고 자신 있게 이야기할 수 있는 부분이 무엇인지 알아야 합니다."

아멕스는 음식 이야기를 하지 않는다. 존 디어가 에너지 드링크에 대해서 이야기하지 않고, IBM이 말馬 이야기를 하지 않는 것과 같다.

기업의 페이스북 페이지나 블로그 포스트에서 그 회사와 맞지 않는 이미지를 본 적이 있는가? 모두 있을 것이다. 이런 회사들은 십중팔구 그런 것을 걸러내는 필터 역할을 하는 콘텐츠 마케팅 미션 스테이트먼트가 없을 것이다.

콘텐츠 마케팅 미션 스테이트먼트를 작성할 때, 당신이 정말로 전문성을 지닌 분야의 콘텐츠에 맞춰 이야기를 풀어내야 한다는 것을 명심하라. 안 그러면 아무 의미가 없다.

콘텐츠 마케팅 미션 스테이트먼트 우수 사례
—

콘텐츠 마케팅은 '당신이 무엇을 파는지'가 아니라 '당신이 무엇을 나타내는지(당신이 누구인지—역자주)'의 문제임을 기억하는가. 우선 고객과 예상 고객은 필요한 정보가 있다. 미션 스테이트먼트에는 분명 명확한 마케팅 목표가 담겨 있겠지만, 그것이 미션 스테이트먼트 내에 꼭 명시될 필요는 없다. 『Inc.』의 미션 스테이트먼트를 보면 알겠지만 더 많은 광고 판매나 유료 행사 등록 같은 말은 없다. P&G의 미션 스테이트먼트에도 스위퍼Swiffer 청소 패드를 더 팔아야 한다는 말은 없다. 미션 스테이트먼트가 효력을 발휘하려면 독자나 구독자의 고충(예를 들면, '고객이 잠을 설치는 이유' 같은 것)에 집중해야 한다. 그렇지 않으면 전혀 효과가 없다.

콘텐츠 미션 스테이트먼트 제대로 활용하는 방법

콘텐츠 마케팅 미션 스테이트먼트는 콘텐츠 전략을 나아가게 하는 바탕이 될 뿐 아니라, 콘텐츠 제작과정 전체에 유용하다. 콘텐츠 마케팅 미션 스테이트먼트를 활용하는 방법은 다음과 같다.

- **게시하기** 오디언스가 쉽게 볼 수 있는 곳에 게시하자. 가장 적절한 장소는 블로그, 페이스북 페이지, 혹은 (아메리칸 익스프레스의 오픈포럼 같은) 자체 콘텐츠 사이트 같이 제품 설명 외의 콘텐츠를 올리는 곳이다.
- **퍼뜨리기** 반드시 콘텐츠 마케팅 프로세스와 관련된 모든 사람이 미션 스테이트먼트를 갖고 있어야 한다. 그들이 미션 스테이트먼트를 인쇄해서 벽에 붙이도록 하자. 에이전시 담당자들, 작업을 맡긴 외주 프리랜서들뿐만 아니라 콘텐츠 제작과정에 관련된 직원들에게도 나눠줘야 한다. 콘텐츠 크리에이터들이 전반적인 콘텐츠 미션에 대해 모르는 경우가 아주 많기 때문이다. 이런 일이 생기지 않도록 하자.
- **리트머스 테스트** 미션 스테이트먼트를 사용하여 어떤 콘텐츠를 만들고 어떤 콘텐츠를 만들지 않을지 결정하자. 미션 스테이트먼트를

바탕으로 콘텐츠를 점검하면 콘텐츠 제작 시 판단 착오를 바로잡을 수 있다.

사업 목표와 연결하기

—

결국 모든 것이 마케팅 문제다. 제품과 서비스를 더 많이 팔자고 하는 일이다. 어떤 방식으로든 사업에 이익이 되도록 행동을 바꾸지 않는다면, 콘텐츠 마케팅이 아니라 그저 콘텐츠 생산일 뿐이다.

앞서 언급한 네 회사의 사례에서 그들의 사업 목표와 미션 스테이트먼트가 어떻게 연결되는지 되짚어보자.

- **아메리칸 익스프레스 오픈포럼** 오픈포럼 덕분에 아메리칸 익스프레스는 중소기업 경영자들의 신뢰를 받는 전문가로 자리매김했다. 오픈포럼이 정말 가치 있는 커뮤니티가 되려면 재무나 신용 문제 외의 콘텐츠도 있어야 하기 때문에, 운영, 마케팅, 소비자 리서치 등의 정보도 제공하고 있다. 현재 오픈포럼은 아메리칸 익스프레스의 활동 중에서 가장 많은 인바운드 잠재 고객을 창출하는 채널이다.
- **CMI** CMI는 매일 온라인으로 대부분의 교육용 콘텐츠를 무료로 제공한다. 구독자들은 여기서 한 단계 더 높은 교육을 받을 수 있는 오프라인 형태의 '유료' 행사에 참석하길 원하면, 그때 행사 등록을 한다. 보통 구독을 시작한 지 몇 개월이 지나면 이런 움직임이 보인다.

- **PTC 제품 라이프사이클 블로그** 이 블로그는 제품개발에 나타나는 문제점이나 한계점을 극복할 수 있는 현실적인 통찰에 대해 다룬다. 결과는 두 가지로 나타난다. 우선 현재 고객의 충성도가 올라간다. 둘째로 예상 고객은 PTC 블로그에서 생생한 업계 정보와 자료를 얻기 때문에 PTC 솔루션을 선택할 가능성이 높아진다.

- **크라프트 푸즈** 크라프트의 콘텐츠 프로그램이 제품 판매로 연결되는 것은 물론, 크라프트 콘텐츠를 유료로 정기 구독하는 고객도 100만 명 이상이다.

콘텐츠 마케팅 미션 스테이트먼트는 완전히 당신이 파는 것 중심이 될 수도 있다(CMI의 미션 스테이트먼트가 그렇다). 어떤 때는 콘텐츠가 실제 제품이나 서비스보다 더 폭넓은 내용을 담고 있을 수도 있다(아메리칸 익스프레스의 경우가 그렇다). 결국 가장 중요한 일은 미션 스테이트먼트의 내용을 명심하고, 어떤 종류의 제품 또는 서비스를 팔아야 할지 아는 것이다. 이것을 알기만 해도 절반은 이기고 들어간다. 오디언스가 장기적으로 적절한 행동을 보이지 않으면, 콘텐츠가 전달하는 내용과 당신이 파는 것이 서로 일치하게 대응하지 않는다는 뜻이다.

스윗 스팟The sweet spot

—

콘텐츠 마케팅 미션을 정했다면, 시간을 두고 당신의 '스윗 스팟'에 대해서 고민해보자. 스윗 스팟은 고객의 고충과 당신이 가장 권위를 갖고 있는 분야의 교차점이다.

여기서 우리는 다시 맨 처음의 질문으로 돌아가게 된다. 세계 최고의 전문가라고 자부할 수 있는 분야가 있는가? 하지만 이번에는 살을 조금 붙여보자. 당신의 고객과 회사에게 정말로 중요한 분야에서 세계 최고의 전문가라고 자부할 수 있는가?

EPIC THOUGHTS

- 콘텐츠 마케팅 미션 스테이트먼트가 효과를 보려면, 콘텐츠를 제작할 때 세 가지에 대해 구체적으로 명확히 규정해야 한다. 첫번째는 핵심 타깃 오디언스, 두번째는 오디언스에게 전달할 내용, 세번째는 오디언스가 얻는 것이다.
- 미션 스테이트먼트를 작성했다면, 같이 일하는 모든 (사내, 사외) 콘텐츠 크리에이터들에게 나눠주자.
- 대부분의 경우, 에픽 콘텐츠 마케팅은 똑같은 이야기를 반복하는 것이 아니라 매번 다른 이야기를, 조금씩 더 낫게 하는 것이다. 당신의 미션 스테이트먼트는 새로운가, 아니면 남의 이야기를 답습하는가?

EPIC RESOURCES

- *Mission statement* definition, accessed April 2, 2013, http://en.wikipedia.org/wiki/Mission_statement.
- About *Inc.com*, accessed April 2, 2013, http://www.inc.com/about.
- A listing of company mission statements, accessed April 2, 2013, http://missionstatements.com.
- Home Made Simple, accessed April 2, 2013, http://homemadesimple.com.
- American Express OPEN Forum, accessed April 2, 2013, http://openforum.com.
- Content Marketing Institute, http://contentmarketinginstitute.com.

- PTC Product Lifecycle Blogs, accessed April 2, 2013, http://blogs.ptc.com/.
- Kraft Foods, accessed April 3, 2013, http://www.kraftrecipes.com/home.aspx.
- Simon Sinek, *Start with Why: How Great Leaders Inspire Everyone to Take Action*, Portfolio Trade, 2011.

3부

콘텐츠 프로세스
관리하기

14

편집
일정표 짜기

평균보다 못하면
평균치를 계속 깎아 먹는다

미국의 작가 윌리엄 리옹 펠프스WILLIAM LYON PHELPS

내가 퍼블리셔로 일한 13년 동안, 편집 일정표에 관해 깨달은 몇 가지 사실은 다음과 같다.

첫번째, 콘텐츠 마케팅 프로그램이 성공하려면 편집 일정표는 꼭 필요하다.

두번째, 대부분의 회사는 편집 일정표를 쓰지 않는다.

새로운 소셜 미디어 플랫폼은 매혹적이다. 새로운 마케팅 아이디어도 그렇다. 일정표는, 대부분의 사람들에게는 … 매력이 없다.

솔직히, 콘텐츠 마케팅은 이런저런 형태로 수백 년 동안 존재해왔지만 마케터들은 대부분—미국 드라마 〈매드맨Mad Men〉에 나오는 사람들처럼—단기 캠페인 위주로 일을 하고, 최신 소셜 미디어에 캠페인 내용을 도배하는 경향이 있다.

그러나 이것은 콘텐츠 마케팅이 아니다. 콘텐츠 마케팅은 단기 캠페인이 아니다. 고객을 끌어들이고, 구매자로 전환시키고, 유지하는 장기 전략이다.

관리 도구 없이는 장기 콘텐츠 전략을 수행할 수 없는데, 가장 효과적인 도구 중 하나가 바로 편집 일정표다.

그러면 편집 일정표 사용법을 살펴보자.

편집 일정표의 3가지 구성요소

—

기존의 마케팅 부서는 신제품 출시 중심으로 움직였다. 하지만 마케팅 자원들이 점점 잡지 『Inc.』나 『엔터테인먼트 위클리』 같은 퍼블리싱 조직처럼 변해가기 시작했다.

콘텐츠 마케팅은 장기 전략이고 다수의 콘텐츠 생산자, 고객, 그리고 외부 인플루언서 등과 함께 일하기 때문에, 모든 이야기와 포맷(온라인 또는 오프라인)을 전부 파악하기가 까다로울 수 있다. … 또 문제가 생길 수도 있다.

*저자주: 일정표 설명을 하면서 스프레드시트와 문서라는 용어를 썼지만, 개개인의 성향에 맞는 맞춤 편집 일정표로 쓸 온라인 도구가 많이 있다. (CMS로 워드프레스를 쓴다면) 구글 드라이브(구글 문서Docs가 내장되어 있다)와 워드프레스 에디토리얼 캘린더 플러그인의 조합 같은 간단한 툴로 시작해보자. 사업이 커지면 카포스트, 센트럴 데스크톱Central Desktop, 허브스팟, 콘텐틀리Contently, 콤펜디움Compendium, 제리스Zerys, 스카이워드 등(몇 가지만 예를 든 것이다)의 유료 소프트웨어 서비스로 갈

아타는 것도 좋다.

구성요소 1 편집 일정표로 할 수 있는 것과 없는 것 이해하기

편집 일정표는 단순히 달력에 콘텐츠 마감일을 적은 것이 아니다. 좋은 편집 일정표는 콘텐츠 생산 일정을 오디언스 페르소나(우리가 물건을 팔고 싶은 사람), 관여과정(예상 고객이 구매과정 어디에 있는지를 바탕으로 적절한 콘텐츠를 전달하는 것), 다양한 매체와 매핑하는 것이다.

편집 일정표에는 날짜와 제목 외에 다음의 항목이 있어야 한다.

- **콘텐츠 전략에 따라 발행할 콘텐츠의 우선순위 목록** 기존 콘텐츠에서 재가공하거나 재편집할 것들, 협력 업체에서 올 콘텐츠, 앞으로 만들 콘텐츠가 포함되기도 한다. 콘텐츠 재고 목록이다.
- **해당 콘텐츠를 담당하는 제작자(들) 및(또는) 편집자들** 여기에는 해당 콘텐츠 제작을 맡은 사람의 이름을 적는다. 편집자가 여러 명이면 각각의 이름을 다 적는다.
- **콘텐츠가 나갈 채널(들)** 콘텐츠에 맞춘 포맷과 채널 목록을 말한다. 예를 들어 슬라이드셰어에 올릴 전자책 시리즈의 일부를 블로그 포스트로 작성했다면, 이 글을 이메일 뉴스레터나 트위터, 구글＋ 같은 소셜 사이트 등 다양한 배포 수단을 통해서도 전달할 수 있다.
- **메타데이터** 당신이 어떤 일을 하고 있고, 콘텐츠 전략에서 어떤 역할을 하고 있는지 파악할 수 있도록 붙여놓는 '태그(엑셀의 메모 삽입 같은 것―역자주)'다. 태그를 몇 개 붙일지는 당신 마음이다. '타깃

페르소나'나 '관여과정'처럼 콘텐츠의 중요한 측면에 태그를 붙이면, 콘텐츠를 전체적인 목표에 맞춰가며 제작하기 좋다. 콘텐츠 유형(예를 들어 백서, 동영상, 이메일)이나 심지어 SEO 검색어에도 태그(또는 칼럼(세로로 나열된 칸—역자주))를 사용할 수 있다.

- **제작일과 발행일** 편집자의 마감일 및 발행 목표일이다. 편집 일정표가 더 다듬어지면 콘텐츠 제작 일정 알림 날짜를 설정하여 넣어도 좋다.

- **업무 흐름 단계** 큰 조직에서 일한다면, 법무, 사실 확인, 교정, 기타 콘텐츠 제작과 관리과정에 영향을 미칠 수 있는 요소를 반영한 업무 흐름 단계가 필요할지도 모른다.

	작성자	주제	상태	콜투액션	주요 키워드	분류	다음 발행일
5월 3주차							
월요일							
화요일							
수요일							
목요일							
금요일							
5월 4주차							
월요일							
화요일							
수요일							
목요일							
금요일							
6월 1주차							
월요일							
화요일							
수요일							
목요일							
금요일							

그림 14.1 편집 일정표 샘플
편집 일정표의 기본 형식

편집 일정표의 구성요소를 결정할 때, 이 일정표가 관리 툴이라는 점을 기억하자.

따라서 프로세스를 관리하는 데 필요한 요소만을 넣어야 한다. 예를 들면, 일주일에 블로그 포스트 하나를 쓰고 한 달에 이메일 두 개를 발송한다면, 일정표도 너무 복잡하게 만들 필요가 없다. 최대한 단순하게 짜자. 그림 14.1은 편집 일정표의 기본 형식이다.

구성요소 2 일정표 조직하기

일정표는 당신이 가장 일하기 편한 방식으로 만들자.

간단한 설명을 위해, 연간 일정표 스프레드시트가 하나 있다고 가정하자. 그리고 그 안에 월별로 탭이 있다고 하자. 표의 열에는 아래와 같은 항목이 들어갈 것이다.

- 콘텐츠 제목
- 콘텐츠 유형
- 타깃 오디언스 페르소나
- 콘텐츠 크리에이터
- 마감일
- 편집자
- 채널—어디에 퍼블리싱할 것인가?
- '메타데이터' 태그
- 발행일
- 현재 진행 상황(녹색, 노랑, 빨강 등 색으로 표시 가능)

- 비고
- 핵심 지표(예를 들면, 댓글 수, 페이지뷰, 다운로드 등) (이 핵심 지표도 별도의 시트에 기록하는 것을 추천한다.)
- 콜투액션(당신이 의도한 일차적인 반응 또는 행동)

일정표를 시각적으로 나타내보는 것도 좋은데, 콘텐츠 전략의 일환으로 어떤 콘텐츠 유형을 사용하고 있는지 이해하기가 더 쉽다. 그림 14.2는 영국의 콘텐츠 에이전시 벨로시티 파트너스의 샘플이다.

마지막으로, 별도 문서—또는 편집 일정표상의 별도 탭—에 '브레인스토밍(구상 중인 아이디어나 콘텐츠 마케팅 프로세스를 진행하는 도중에 떠오른 새로운 이야깃거리 등을 말한다)'한 내용을 넣어도 좋다. 카포스트 같은 서

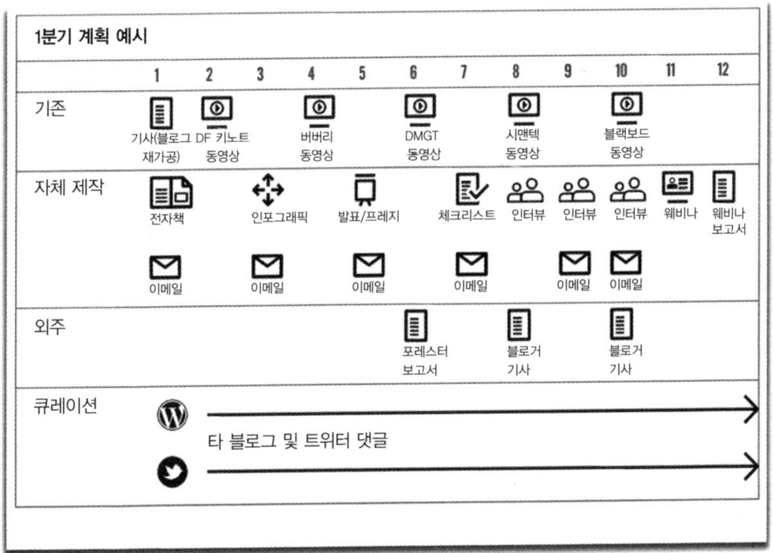

출처: 벨로시티 파트너스

그림 14.2 시각적으로 나타낸 편집 일정표
벨로시티처럼 편집 일정표에 시각적 요소를 더하면 직원들이 콘텐츠 계획을 이해하기 쉽다

비스는 현재의 콘텐츠 자산뿐만 아니라 진행 중인 아이디어를 모두 자동으로 기록해준다. 결국에는 콘텐츠 마케팅 프로세스에서 편집 일정표를 가장 자주, 많이 사용하게 된다. 문서 몇 개를 묶건, 스프레드시트 하나를 쓰건, 온라인 서비스를 쓰건, 팀에게 한 달에 한 번 보내는 이메일이건, 중요한 것은 당신에게 맞는 방식으로 하는 것이다. 결론적으로 최고의 편집 일정표 형식은 무엇이 됐건 진행을 수월하게 하고, 당신과 팀 구성원들 모두 일정에 맞춰 함께 움직일 수 있게 해주는 것이다.

구성요소 3 콘텐츠 제작 가이드 만들기

'일정표'라는 말을 쓰면 당연히 어떤 콘텐츠가 언제 나와야 하는지가 떠오른다.

하지만 '일정표'에는 중요한 기능이 하나 더 있다. 일정표는 콘텐츠 크리에이터, 편집자, 제작자 모두를 위한 도구인 콘텐츠 제작 가이드를 만드는 바탕이 된다.(이 모든 역할을 혼자 할 때도 마찬가지다.)

이 가이드는 소셜 미디어상의 소통(즉 소셜 미디어 정책)을 위한 것으로도 발전시킬 수 있는데, 어떻게 답변하고 대화하는지에 대한 가이드라인으로 활용할 수 있다.

점점 더 많은 사람들이 당신 브랜드의 '스토리를 이야기하기' 시작한다면, 그들이 브랜드의 목소리를 제대로 전달하기 위해 적합한 도구를 갖췄는지, 적절한 교육을 받았는지 확인하자. 그리고 그들이 엉뚱한 목소리를 내지는 않는지를 지속적으로 살펴봐야 한다.

그리고 지금 혼자서 모든 글을 다 쓰는 상황이라도, 글의 어조를 일관성 있게 유지한다면 당신의 콘텐츠는 전문성과 신뢰도가 높아질 것이다. 또한 나중에 다른 작가가 합류하게 되더라도 일을 훨씬 쉽게 할 수 있다.

계속 스토리를 만들다보면 어조, 글의 수준, 문체가 조금씩 흐트러지기 쉬워서 나중에는 전혀 다른 방향으로 흘러갈 수 있다. 바로 이럴 때를 위해 콘텐츠 제작 가이드가 필요한 것이다.

콘텐츠 제작 가이드에 꼭 들어가야 할 항목은 아래와 같다.

- **콘텐츠 마케팅의 전체적인 어조** 당신은 누구인가? 당신의 콘텐츠는 무엇을 담고 있는가?
- 편당 평균(또는 최소/최대) 분량
- **브랜딩 가이드라인** 회사, 제품군, 구성원 등을 소개하는 방법

EPIC THOUGHTS

- 결국 편집 일정표는 콘텐츠 마케터의 가장 강력한 무기다. 계획도 없이 에픽 콘텐츠를 만들 수는 없다.
- 화려하고 복잡한 도구들이 많이 있지만, 나에게 가장 잘 맞는 것이 최고다.

EPIC RESOURCES

- Plugin Directory, WordPress.org, accessed July 9, 2013, http://wordpress.org/extend/plugins/editorial-calendar/.
- "Content Marketing Strategy Checklist," Velocity Partners, June 2012, http://www.velocitypartners.co.uk/wp-content/uploads/2012/06/Content-Marketing-Strategy-Checklist-Velocity-Partners.pdf.

15

콘텐츠
제작 프로세스 관리

하면 안 될 일을 효율적으로 하는 것이
가장 쓸모없는 일이다

피터 드러커PETER DRUCKER

콘텐츠 마케팅이 대부분의 조직에게 새로운 무기라는 것을 받아들이자.

대부분의 브랜드들은 너무 오랫동안 하던 대로만 해왔기 때문에, 퍼블리셔처럼 생각하는 것은 사실 버겁다. 설상가상으로 그들은 퍼블리싱을 위한 준비조차 되어 있지 않다. 과거의 업무 분야에 맞춘 기존의 마케팅 활동에만 최적화되어 있다. 달리 말하면, 많은 조직들이 콘텐츠 마케팅 프로세스를 성공적으로 관리하기 위해서는 어떤 유형의 직무가 필요한지 잘 알지 못하고 있다.

콘텐츠 마케팅을 성공적으로 하기 위해서는 4가지가 필요하다.

- 일할 사람
- 이 사람들의 역할과 책임
- 업무 수행 일정(편집 일정표 예시는 그림 14.1과 14.2 참조)

• 규칙과 가이드라인

이중 가장 어려운 일은 회사 안에서 이 프로세스를 이끌어나갈 역할을 맡을 사람을 찾는 것이다. 그렇다면 아래에서 소개하는 방법을 따라 해보자.

팀 구성과 역할 및 책임 부여

—

조직 크기에 따라, 콘텐츠 마케팅 업무를 혼자—또는 여럿이—하는 경우도 있을 것이다. 하지만 몇 명이 업무를 맡건, 보통 다음과 같은 역할이 있어야 한다.

*저자주: 아래는 조직 내 역할이며, 반드시 직함일 필요는 없다(물론 직함이 될 수도 있다).

부서장 또는 CCO

조직에서 적어도 한 명은 콘텐츠 업무에 관한 전권을 쥐고 있어야 한다. 근래 들어 이런 사람을 콘텐츠 본부장 또는 CCO라고 부른다(이런 사람들을 위한 잡지도 있다. 그림 15.1) 코닥에는 '콘텐츠 전략 부장'이라는 직위가 있고, 중소 B2B 소프트웨어 기업 모네테이트에서는 '콘텐츠 마케팅 디렉터'라고 부른다. (중소기업에서는 대표나 이사 심지어 일반 마케팅 담당자 등이 이 역할을 하기도 한다.)

CCO는 콘텐츠 활동의 '책임 스토리텔러'다. CCO는 목표 달성을 위

그림 15.1 CCO들을 위한 잡지 『CCO』
CMI에서 격월로 발행한다

한 모든 실행을 책임진다. 좋은 콘텐츠가 없어서 콘텐츠 마케팅이 실패하는 경우는 거의 없다. 실행이 중단돼서다. 그래서 CCO가 가장 중요한 자산이며, 어떤 콘텐츠도 만들지 않는다 하더라도 괜찮다. CCO는 아래와 같은 모든 콘텐츠 마케팅 전술을 훌륭하게 수행해야 한다.

- 콘텐츠/편집
- 디자인/아트/사진
- 콘텐츠 제작을 위한 웹 자료
- 소셜 미디어를 포함한 마케팅과 콘텐츠의 통합
- 프로젝트 예산 계획
- 외주 작업 가격 협상
- 오디언스 개발

- 연구 조사와 측정

조직에 전임 CCO를 위한 예산이 없다면, 마케팅 디렉터나 부서장이 이 역할을 해도 된다. UPS 등 많은 브랜드들은 내부 관리자가 외부 에이전시의 콘텐츠 생산뿐만 아니라 내부 콘텐츠 생산도 감독한다. 외주를 통해 매우 다양한 종류의 콘텐츠를 만들 수도 있지만, 조직 내부에 CCO가 있는 것은 중요하다.

편집장(들)

콘텐츠 마케팅 프로세스에서 편집자는 매우 중요한 역할을 하며, 요즘 브랜드들이 가장 열심히 찾아 나서고 있는 직군이기도 하다. 콘텐츠를 제작하는 브랜드들이 늘어나면서, 직원들은 회사를 대표해 블로그를 운영하라는 요구를 받는다. 안타깝게도, 콘텐츠를 한번도 만들어보지 않은 직원의 결과물에는 결함이 많다. 바로 이때 편집장이 필요하다. 편집장의 역할은 외주 인력을 고용하거나 CCO가 맡을 수도 있는데, 콘텐츠 마케팅 활동에서 편집 업무를 총괄한다. 편집장은 콘텐츠 업무를 실행하기 위해 상시 근무하는 인원이다. 그들은 회사 내 직원들이 콘텐츠를 개발하고 쓰는 것을 돕고, 외주 작업자들이 회사 조직의 목표에 맞춰 작업물을 조정할 수 있도록 지원한다.

편집장은 직원들과 함께 다음과 같은 일을 한다.

- 콘텐츠 제작
- 콘텐츠 일정 관리

- SEO를 위한 검색어 선정
- 블로그 포스트의 SEO
- 윤문, 교정
- 태그 삽입과 이미지 작업

어떤 때는 편집장들이 직원들의 잠재력을 끌어내기 위해 교육하기도 한다. 관리자급, 임원진은 물론 외주자들이 일정을 잘 지키도록 독려하는 코치 역할도 한다. 오픈뷰 벤처 파트너스의 편집장의 경우 오픈뷰 블로그의 모든 콘텐츠를 관리하지만, 직접 글을 쓰는 일은 많지 않다. 거의 모든 직원이 블로그 포스트 초안을 작성하고, 편집장은 이 글들을 갖고 작업하는 방식으로 일을 진행한다.

콘텐츠 크리에이터

콘텐츠 크리에이터는 이야기를 하는 데 궁극적으로 도움이 되는 콘텐츠를 생산한다. 이 역할은 편집장이 콘텐츠를 직접 생산하면서 맡을 수도 있지만, 조직 내에 있는 각 분야의 전문가가 맡아도 된다. 예를 들면, 일반적으로 임원급, 연구 개발 부서장, 제품 담당자, 고객 서비스 책임자, 외부 컨설턴트 등이 콘텐츠 크리에이터의 역할을 맡는다. 많은 경우, 조직 내에 콘텐츠를 제작할 자원이 부족하거나 없으면 이 역할을 외부에 맡기기도 한다. 중요한 것은 콘텐츠 크리에이터가 꼭 작가일 필요는 없다는 점이다(물론 글을 쓰는 능력이 있으면 정말 좋다). 보통 콘텐츠 크리에이터는 진정성 있는 조직의 '얼굴' 또는 '목소리'가 된다. 콘텐츠 크리에이터와의 인터뷰도 하나의 콘텐츠가 될 수 있으며, 그 또는 그녀가 주절주절 길게 쓴 이메일도 깔끔하고 강력한 블로그 포스트로 변신할 수 있다.

콘텐츠 프로듀서

콘텐츠 프로듀서는 콘텐츠가 제공될 최종 형태를 구성하거나 만든다(즉 콘텐츠를 '예쁘게' 포장한다). 아마 대부분의 조직에는 이 역할을 하는 사람이 내부 부서나 외부 에이전시에 이미 있을 것이다. 예를 들면, 최종 결과물이 블로그나 웹사이트면 웹 에이전시가 콘텐츠 프로듀서가 되는 식이다.

최고 경청 책임자

최고 경청 책임자(Chief Listening Officer, 이하 CLO)는 소셜 미디어나 기타 콘텐츠 채널의 항공관제탑 같은 역할을 한다. CLO는 고객들의 이야기를 듣고, 대화를 지속하며, 이 대화에 관여할 수 있는 적합한 팀 구성원(고객 서비스, 영업, 마케팅 팀 등)들을 이어준다(그리고/또는 알려준다). 콘텐츠 마케팅 프로세스에서 이 역할은 소통 창구의 '안테나' 같은 것이다. 이 안테나가 있어야 계속해서 정보를 '받아볼 수' 있고, 그래야만 항상 구독자의 반응과 변화에 즉각적으로 응답하고 대응할 수 있다.

오늘날 많은 회사들이 소셜 미디어 대응을 목적으로 CLO를 두고 있지만, 콘텐츠 마케팅 피드백이라는 측면에서는 CLO의 역할을 제대로 활용하지 못하고 있다. 당신의 만든 콘텐츠가 소셜 미디어에서 반응이 좋다면, CLO는 중요한 피드백을 CCO에게 전달하고, 책임 스토리텔러인 CCO는 구독자들의 반응에 따라 계획을 수정할 수 있다.

CCO 업무 기술서

*저자주: 당신 조직에서 찾고 있는 CCO에게 이 업무가 다 필요하지는 않을 것이다. 최대한 도움이 될 수 있도록, 일부러 가능한 모든 관련 사항을 넣었다. 필요한 경우 당신 조직의 상황에 맞게 CCO 업무 기술서를 직접 작성해보자.

- 직무: CCO
- 결재선: CEO/COO(중소기업), CMO/마케팅 부서장(대기업)

역할 요약

CCO는 모든 마케팅 콘텐츠 관련 활동을 관리한다. 매출, 관여, 고객 유지, 잠재 고객 유치, 긍정적인 고객 행동 유도 등을 위해 내부 생산이나 외주 제작, 여러 플랫폼과 형태 모두를 담당한다.

CCO는 콘텐츠와 채널 최적화, 브랜드 일관성, 시장세분화와 현지화, 분석, 유의미한 측정에 전문성을 갖춘 사람이다.

CCO는 브랜드 스토리와 고객이 해석한 브랜드 스토리 모두에 대한 정의를 명확히 하기 위해 홍보, 커뮤니케이션, 마케팅, 고객 서비스, IT, 인사 부서와 협업한다.

책임

궁극적으로 CCO는 퍼블리셔/언론인처럼 생각하면서, 신사업과 기존 사업의 성장을 위해 모든 형태의 콘텐츠 개발 기획을 이끈다. 세부 항목은 아래와 같다.

- 모든 채널에서 모든 콘텐츠가 브랜드에 대한 것이고, 양식, 품질, 어조에서 일관성을 유지하며, 검색과 사용자 경험ux에 최적화되어 있도록 한다. 채널은 온라인, 소셜 미디어, 이메일, POP, 모바일, 동영상, 인쇄물, 대면 등이 있다. 이러한 콘텐츠 점검 업무는 기업 내에서 정한 각각의 구매자 페르소나 모두를 대상으로 진행한다.
- 장단기 마케팅 활동을 지원하고 콘텐츠 전략을 세우고, 어떤 방법이 브랜드 성장에 효과가 있을지, 왜 그럴지를 결정한다. 계속해서 전략을 발전시키는 것이 필수다.
- 기업의 전 계열verticals을 관할하는 콘텐츠 편집 일정표를 작성하고, 각 계열에서 특정 페르소나 집단을 담당할 책임자를 정한다.
- 작가, 편집자, 콘텐츠 전략 담당자를 감독한다. 최적의 문법, 발화 방식, 글쓰기, 문체를 결정하는 책임자다.
- 전통적인 마케팅 캠페인 내 콘텐츠 활동을 통합한다.
- 콘텐츠 효과 측정을 위해 지속적으로 사용성 테스트를 진행한다. 자료를 수집하고, 분석을 실행(혹은 감독)한 후 그 결과를 바탕으로 개선 사항을 제안한다. 특정 콘텐츠 제작자와 협업하여 그 콘텐츠 및 마케팅 목표를 수정하고 효과를 측정

한다.

- 실시간 콘텐츠 전략 실행을 포함한 콘텐츠 제작, 배포, 유지, 검색, 재가공의 표준과 체계를 작성하고 (인적자원과 기술적인 측면 모두에서) 우수 사례를 발굴한다.

- 시장 자료를 이용하여 콘텐츠 테마/주제를 개발하고, 회사의 관점을 뒷받침하고 고객을 교육할 콘텐츠 개발 계획을 실행하여 주요 행동 지표를 개선한다.

- 콘텐츠 요청, 제작, 편집, 발행, 폐기로 이어지는 업무 흐름을 확립한다. 적절한 CMS 도입과 활용을 위해 기술팀과 협업한다.

- 주기적으로 경쟁사 활동과 비교 점검을 한다.

- 콘텐츠 재고 목록의 유지 관리를 감독한다.

- 전 세계 고객 경험을 일관되게 유지하며, 적절한 현지화/번역 전략을 수행한다.

- 모든 콘텐츠 계열의 콘텐츠/스토리 리더 채용과 감독에 참여한다.

- 필요에 따라 문자(SMS/MMS) 발송, 광고, 앱 전략을 세운다.

- 사내 디자인 책임자와 크리에이티브 및 브랜딩 분야에서 긴밀하게 협업하여 모든 채널에 일관된 메시지가 나가도록 한다.

평가 기준

CCO의 성과는 스토리텔링을 통해 고객 육성과 유지가 지속적으로 얼마나 향상됐는지로 측정한다. 또한 각 페르소나 집단을 위한 콘텐츠를 꾸준히 만들고 공급하는지, 이에 따라 새로운 예상 고객이 얼마나 증가했는지도 평가 기준이 된다. 평가 기준 항목은 아래와 같다.

- 긍정적인 브랜드 인지 및 모든 활동 채널에서의 콘텐츠 일관성
- 미리 선정한 고객 관여 지표 향상(회사가 고객에게 바라는 행동, 예를 들면 전환, 구독, 구매 등의 발생이 측정 기준이다)
- 웹사이트 및 소셜 미디어 트래픽 증가
- 전환 지표 정의와 성장
- 소셜 미디어 긍정 반응 지표
- 고객 피드백과 설문조사 자료
- 주요 검색어의 순위 상승
- 판매/구매 주기 단축
- 구매 사이클의 특정 단계(잠재 고객 육성)별 명확한 배포 계획
- 콘텐츠 분석을 통한 상향 및 교차 판매 기회 포착 및 전환율 향상을 위한 콘텐츠 자산 활용

기본적인 평가 기준은 고객 및 직원들과의 친밀도다. 고객 생애 가치, 고객 만족, 얼마나 직원들을 위하는지 등을 종합적으로 평가한다.

학력 및 경력 요건

- 영문학, 신문 방송학, 홍보학, 커뮤니케이션 관련 분야 학사. 마케팅 MBA 우대.
- 다채널 콘텐츠 제작에서 인정받는 리더로 5~10년 근무(퍼블리싱, 언론 등)한 자.
- 다양한 타깃 집단에 설득력 있는 메시지를 전달해본 경험이 있는 자. 위기 관리 경험 우대.
- 주요 업무용 소프트웨어에 능숙한 자 우대(어도비 크리에이티브 스위트, 마이크로소프트 오피스 등).
- 채용, 관리, 성과 평가, 연봉 및 성과금 책정 등 인사 관련 경험 필수.
- 외국어 능력(특히 스페인어와 중국어) 우대.
- 오디언스 개발 및 구독 전략 관련 경험 우대.

필요 능력

CCO는 마케팅과 퍼블리싱 감각 둘 다를 갖춰야 하며, 가장 중요한 것은 '고객 우선' 사고방식이다. CCO는 고객의 고충에 공감하는 스토리텔러여야 한다는 점이 핵심이다. 세부 능력은 아래와 같다.

- 검증된 편집 능력. 뛰어난 모국어(혹은 주요 고객 언어) 구사력
- 인쇄 또는 방송 매체에서 언론인으로 훈련받은 경험. 이야기

에 대한 감각이 있는 사람. 말, 이미지, 음성 등을 이용하여 이야기를 만들 줄 알고, 오디언스를 늘리는 콘텐츠 제작법에 대한 이해가 있는 자. (CCO가 언론인처럼 '외부자의 관점'을 유지하는 것이 꼭 필요하다.)

- 회사의 목표 달성을 위해 대규모 크리에이티브 인력 및 콘텐츠 제작자들을 이끌고 북돋는 능력.

- 긴 콘텐츠와 실시간 콘텐츠를 제작하고 배포하는 기술 및 관련 전략 전술 개발, 실행 능력.

- 교육자처럼 생각하는 능력. 오디언스가 알아야 할 내용과 그것을 소비하고 싶어하는 방식을 본능적으로 이해하는 능력.

- 새로운 기술 도구에 대한 열정(기기나 서비스에 대해 설파하고 사용하는 자)과 이런 도구를 블로그, 소셜 미디어에서 활용하는 능력. 소셜 미디어 DNA 보유자 우대.

- 콘텐츠 제작의 배경이 되는 사업 목표를 분명하게 말할 수 있는 자.

- 다양한 콘텐츠 유형 제작에 참여하는 여러 사람에게 목표를 이해시키고 관리하는 리더십 능력.

- 프로젝트 관리 능력. 진행 중인 캠페인 및 사내 편집 일정과 마감일을 관리할 수 있는 사람. 시차를 활용하여 외국의 협력사나 팀과의 업무 효율을 끌어내는 능력.

- 마케팅 원칙에 대한 이해(데이터를 근거로 이런 원칙을 수용하거나 무시할 수 있는 능력)

- 뛰어난 협상 및 중재 능력.

- 뛰어난 사교성.

- HTML, XHTML, CSS, 자바, 웹 퍼블리싱, 플래시 등의 기술에 대한 기본적 이해.

- 웹 애널리틱스 도구(어도비 옴니추어, 구글 애널리틱스) 및 소셜미디어 마케팅 소프트웨어(홋스위트HootSuite, 트윗덱Tweetdeck 등)들을 능숙하게 활용하는 능력.

- 변화에 열려 있고 상황에 따라 전략을 수정할 수 있는 유연성.

- 발표 및 설득 능력(비지오Visio, 파워포인트).

- 콘텐츠 설명 자료 작성 경험(SEO 문서, 번역 가이드, 콘텐츠 버전 관리 자료 등).

- 최신 플랫폼, 기술, 마케팅 솔루션에 대한 이해와 이것을 협력 업체를 통해 도입, 활용할 수 있는 능력(CCO는 이 부분을 꾸준히 계발해야 한다).

- 영업용 자료를 걸러내고 그 안에서 브랜드 및 고객 이야기를 발견하는 능력.

- 기자회견, 인터뷰, 실적 발표, 박람회 등에서 회사의 대변인 역할을 편하게 여기는 사람.

도움을 준 사람들

본 CCO 업무 기술서는 아래 분들의 참여와 도움을 통해 작성됐습니다.
케이티 맥케스키, 페기 도프, 돈 호프먼, 웬디 보이스, 사라 미첼, 팜 코젤카, 킴 클리만, 리니어 윌렘스, 조 풀리지, DJ 프랜시스, 조시 힐란, 크리스 티나 파파스, CC 홀란드, 스탈라 루프라노, 리사 거버, 킴 구스타, 신디 라 보아, 질 네이글, 앤 핸들러

최종 정리: CMI 조 풀리지

프리랜서 작가와 일할 때 주의 사항

—

경험 많은 디지털 퍼블리싱 조직을 맡았건, 콘텐츠 마 케팅을 활용하려고 하는 신생 브랜드를 맡았건, 당신의 이야기를 만들 기 위해 프리랜서 작가들이 필요할 것이다. 콘텐츠를 개발 중이거나 진 행 중인데 내부에는 자원이 없거나, 내부 역량은 되지만 일정을 단축시 키기 위해 일손이 더 필요할 때도 있다.

좋은 외부 콘텐츠 크리에이터(종종 '통신원'이라고도 한다)는 어떻게 찾 을 수 있을까? 훌륭한 작가를 찾은 다음 회사에 대해 가르쳐야 할까? 아니면 당신의 업계에 대해 아는 사람을 채용한 후 글쓰는 방법을 가르 쳐야 할까? 고려해볼 만한 몇 가지 방법을 아래에 소개한다.

전문성이 있으면 좋지만 결정적인 요소는 아니다 당신 조직과 성격이 잘 맞는 (하지만 해당 분야 지식은 부족한) 좋은 작가와 해당 분야의 전문가이 고 글도 쓸 줄 알지만 같이 있으면 견디기 힘든 사람 중 한 명을 선택해 야 한다면, 성격이 잘 맞는 사람이다. 일할 때의 호흡이나 성격은 정말

바꾸기 힘들지만, 연구나 조사 능력은 배워서 갖출 수 있기 때문이다. 열정 역시 배워서 얻지 못한다. 당신과 프리랜서 콘텐츠 크리에이터가 서로 호흡이 맞지 않는다면 관계에 진전이 없을 것이다. 업계의 '슈퍼 스타'를 데려와서 주목을 끄는 것은 전략적으로 이점이 있지만(종종 이렇게 해야 할 경우가 생기는 것도 사실이다), 성격이 잘 맞지 않는다면 당신의 이야기가 스타의 이야기에 말려 도중에 길을 잃지 않도록 조심해야 한다.

카피라이터, 기자, 테크니컬 라이터의 특징을 이해하고 제대로 채용하라 전략과 프로세스에 시간을 많이 들였기 때문에 어떤 작가가 필요한지 아주 잘 알고 있을 것이다. 카피라이터와 기자는 일하는 방식도, 감수성도 완전히 다르다는 것을 이해해야 한다. 블로그 포스트를 쓸 사람이 필요하다면 카피라이터는 적임자가 아닐 것이다. 반면 당신이 만든 백서를 위한 콜투액션을 설득력 있게 만들고 싶다면 당신에게 필요한 사람은 바로 카피라이터다.

거래관계를 제대로 맺자 거래관계의 요소를 이해하고 분명히 해둬야 한다. 예를 들어 일주일에 콘텐츠 한 편이 나오는가?—작가에게는 월 단위로 보수를 지급하기로 했는가? 그런데 어떤 달은 4.5주라면 어떻게 처리할 것인가? 그 주에는 콘텐츠를 한 편 더 작성해야 하는가? 이런 혼란이 발생하지 않도록 청구와 지급 방식을 문서로 명시해야 한다. 조직 크기에 따라 청구와 지급 방식에 대한 세부 조건을 명확하게 적거나, 작가의 요구 사항을 정확히 이해하려는 노력도 필요하다. 당신의 기대치도 분명히 전달하자. 이런 논의가 오갈 때쯤이면 당신은 콘텐츠가 얼마나 빠른 주기로, 어느 정도 분량으로, 어느 정도 자세한 내용으로 만들어져야 하는지 알고 있어야 한다. 블로그 포스트 분량이 500단어인데 갑자기 300단어짜리 글이 온다거나, 엉뚱한 주제의 글이 왔다거나 하는 일은 없어야 한다.

프리랜서 작가들과 이야기를 나눠야 할 사항들은 다음과 같다.

- 어떤 콘텐츠를 만들지와 그 일정(초고 마감일을 구체적으로 제시하자)
- 해당 콘텐츠의 목표(잡지나 신문이 아니라 브랜드의 콘텐츠이기 때문에 목표를 제대로 전달해야 한다)
- 작가에게 필요할 전문지식이나 외부 정보(사내에서 인터뷰를 해야 할지, 외부 정보를 수집해야 할지, 기존 자료를 갖고 작성할지 등)
- 예산(편당, 시간당, 편당 지급에서 월 지급으로 변경 시, 현물 교환 시)
- 편당 수정 횟수

지난 12개월에서 18개월 사이, 디지털 콘텐츠 세계에는 새로운 성과 모델이 자리잡았다. 많은 퍼블리셔들이 성과급 방식을 채택하여, 콘텐츠에 대한 소정의 기본료에 (공유 지표와 검색어 순위에 기반한) 성과에 따라 상여금을 지급하고 있다. 스카이워드 같은 새로운 툴 덕분에 이런 방식이 가능해졌다. 과거에는 이런 방식에 폐쇄적이었던 작가들도 지금은 이 성과 모델에 대해 잘 알고 있으며, 그 어느 때보다도 더 개방적인 태도를 보이고 있다. 하지만 가장 먼저 꼭 해야 할 일은 서로의 기대치를 명확하게 아는 것이다.

예산 편성 시 고려해야 할 요소들

퍼블리싱계에서는 최근까지 프리랜서들에게 보통 단어당 1달러씩 지급했다. 연구 보고서나 백서처럼 고품질의 특별한 콘텐츠에는 아직도 이 정도 비용이 든다. 하지만 블로그 포스트 등은 제리스라는 서비스를 이용하면 원할 경우 단어당 5센트부터 선택할 수 있다.

*저자주(주의 사항): 보통은 돈을 낸 만큼 결과물이 나온다. CMI의 경우 편당으로 시작해 정규화하는 방식이 가장 잘 맞았다. 즉 일정 기간 동안은 편당으로 작업하다가 서로 익숙해지면 월 단위로 작업하는 것이다. 이 방법은 회사와 프리랜서 둘 다 선호한다. 회사는 정해진 선안에서 예산을 짤 수 있으며, 프리랜서는 글자 수를 세지 않아도 된다. 결국 콘텐츠 분량은 필요한 만큼이면 족한데, 길이 제한을 둘 필요가 있을까?(범위를 정하는 정도면 충분하다.)

뛰어들기 전에 시험하자

시장에 일할 사람들이 있다면, 처음부터 장기적인 관계를 맺을 필요는 없다. 몇 편 작업도 해보고 어떻게 일하는지도 확인하자. 그리고 스스로에게 질문을 던져보자. 작가의 글쓰는 방식은 내가 기대한 대로인가? 작가가 마감을 잘 지키는가? 작가가 자신의 소셜 네트워크에 해당 콘텐츠를 적극적으로 공유하는가?(이 부분은 아주 중요하다.)

이런 부분에서 기대를 충족시킨다면 장기 계약을 준비하자. 나는 마케터와 퍼블리셔들이 '슈퍼 스타' 프리랜서를 영입한 후 몇 달이 되지 않아 양쪽 모두에게 불만만 남은 채 일이 엎어지는 경우를 수없이 많이 봐왔다. 시간 낭비를 막기 위해 먼저 파악하는 시간을 갖자.

윤리 강령

—

콘텐츠 마케팅이 언급되는 자리에는 항상 브랜디드 콘텐츠의 투명성, 윤리, 신뢰도에 대한 이야기가 따라온다. 이 영역에서 굉장히 뛰어난 모습을 보여준 콘텐츠 플랫폼 겸 네트워크가 있는데 바로 콘텐틀리다.

나는 콘텐틀리 CEO 셰인 스노우Shane Snow에게 그가 작성한 '윤리 강령'에 대해 물어본 적이 있다. 셰인은 그 배경에 대해 이렇게 설명했다.

우리는 재능 있고 전문성을 갖춘 언론인과 작가들이 좋아하는 일을 하면서 프리랜서로서도 살아갈 수 있도록 돕기 위해 콘텐틀리를 시작했어요. 사업이 성장해 콘텐츠 마케터를 위한 도구를 제공하고 인재를 연결시켜주다보니, 클라이언트와 작가가 함께 일을 하면서 가져야 할 윤리적 기대치에 대해 교육할 필요가 생겼습니다.

브랜드들은 퍼블리싱 경력이 얼마 안 되기 때문에, 윤리적 퍼블리싱에 관한 합의된 기준에 생소해합니다. 작가나 기자들은 이 기준을 이해하지 못하는 클라이언트와 일하는 것이 불편할 수 있고요. 우리는 뉴욕타임스 같은 주요 일간지의 편집자들이나 기자 협회의 윤리 담당자들에게 관련 내용을 물어봤습니다. 그 이유는 첫번째로 편집자들이 브랜드 경험이 있는 기자들을 채용할 생각이 있는지 궁금했고(해당 기자들이 솔직하게 얘기하면 채용할 수 있다고 대답했습니다), 그다음으로 우리는 제도적 울타리 안에 있는 전통적인 언론사가 아니라 브랜드를 위해 콘텐츠를 만드는 일에 발

맞춰가야 한다고 생각했기 때문에 그와는 다른 책임 범위를 설정하고 싶었습니다.

이렇게 해서 '콘텐츠 마케팅 윤리 강령'이 탄생했다. 콘텐틀리의 허락하에 전문을 소개한다.

콘텐츠 마케팅 윤리 강령

콘텐츠 마케팅은 상업적 동기가 강하고 기존 언론과는 법적 지위가 다르기 때문에 그 보도 기준이 더 엄격해야 한다. 콘텐츠 마케터들은 콘텐츠 후원사 및 해당 콘텐츠의 배경을 밝혀야 하며, 항상 아래의 사항을 준수해야 한다.

- 언론의 핵심 가치인 정직함, 진실성, 신뢰성, 책임감을 지킨다.
- 맥락이나 주장의 진실성을 해칠 만한 사실이 있다면 미리 밝힌다.
- 콘텐츠의 주인공이나 정보원에게 해가 가지 않도록 노력한다.
- 최대한 진실을 밝힌다.
- 콘텐츠나 아이디어의 출처를 항상 밝히고, 표절하거나 재가공하지 않는다. 이 원칙은 본인이나 타인의 작업, 글이나 사진 또는 기타 매체, 저자의 존재나 미상을 막론하고 지킨다.
- 작성을 하면서 참여자나 정보원에게 약속한 내용은 결과물에

서 이행한다.

- 독자가 출처, 후원자, 콘텐츠의 의도를 알 수 있도록 한다.
- 현존하거나 향후 발생할 수 있는, 상충되는 모든 이해관계를 밝힌다.

정보를 제품처럼 관리하기

CMI와 함께 일했던 브랜드들의 콘텐츠 마케팅 프로세스는 제각각이지만, 콘텐츠를 통해 고객의 행동을 바꾸는 데 성공한 회사와 실패한 회사는 한 가지 큰 차이가 있다. 바로 정보를 제품으로 취급하는지 여부였다.

제품을 판매하건 서비스를 판매하건, 마케팅에는 새로운 규칙이 생겼다. 가치 있는 콘텐츠를 지속적으로 제공하는 프로세스를 제품 생산 프로세스만큼 중시해야 하며, 이 규칙은 조직 전체가 지켜야 한다는 것이다.

이게 무슨 말인가? 조직 전체가 콘텐츠 마케팅을 제품처럼 바라본다면, 자연히 이 제품에 관해 다음과 같은 활동과 프로세스를 만들 것이다.

- 사업 계획
- 제품 테스트

- 연구 개발
- 제품 성공도 측정(마케팅 ROI)
- 고객 피드백 창구
- 품질 관리
- 제품 개선 계획

P&G, IBM, SAS 등의 성공한 회사들은 모두 콘텐츠에 비슷한 방식으로 접근했다.

왜 정보를 제품처럼 대해야 하는가?

이 질문에 대한 대답은 간단하다. 그 외에는 달리 방도가 없기 때문이다. 오늘날의 조직은 콘텐츠 업무를 중요하게 다루고 그에 맞는 프로세스를 갖추지 않으면 안 된다. 이제는 고객이 키를 쥐고 있기 때문이다. 고객은 어떤 식으로든 도움이 안 되는 메시지는 걸러낸다. 따라서 조직은 먼저 관련 있고 가치 있는 정보를 통해 고객과 견고한 관계를 맺어야 한다. 그리고 나서, 꼭 그후에, 매출을 올릴 수 있는 제품이나 서비스를 판매해야 한다.

이것은 실제 상황이다

점점 더 많은 회사들이 매체사로 변모하고 있고, 이런 흐름은 현재 계속 일어나고 있다. 'CCO' 같은 직함이 점점 눈에 띄고(펫코는 최근에 이 직함을 신설했다), 회사들은 전업 기자들을 채용하기 시작했다. 전통적인 회사들은 (구글이 자갓Zagat과 여행 매체인 프로머Frommer를 인수한 것처럼)

매체사를 직접 인수하거나 레드불처럼 미디어 제국을 세우려 한다.

당신이 해야 할 일

매출 증대를 중시하면서 미래 수요에 대해 신경쓰는 회사라면 모두 '정보를 제품처럼'이라는 개념을 진지하게 봐야 한다.

예산이 한정되고 작은 조직은 콘텐츠 프로그램을 관리할 전문기자와 스토리텔러를 찾아 나서야 한다. 중견 기업과 대기업은 미래 성장의 열쇠가 유료 매체가 아니라 스토리텔링이라는 점을 이해하는 대행사를 물색해야 한다.

성공하는 마케팅 조직은 마케팅과 퍼블리싱 모두에서 근본이 탄탄하고, 콘텐츠를 꾸준히 발간하면 고객의 행동을 우리 의도대로 유도할 수 있다는 사실을 깊이 이해하는 문화를 갖고 있다. 콘텐츠 마케팅 문화를 정립하고 유지하기 위해 항상 유념해야 할 세 가지 사항은 아래와 같다.

3가지 핵심 사항

콘텐츠를 (텔레비전 드라마) 시리즈처럼 생각하자 파일럿 방송을 해보고, 성공하면 시리즈로 나아가자. 엘로콰Eloqua□는 그랑데 가이드 시리즈 Grande Guide Series를 이런 방식을 통해 환상적으로 만들었다.

제품 책임자들에게 콘텐츠 마케팅 기초를 가르치자 이야기의 힘은 제품에서 나오지 않는다. 타깃 오디언스의 진짜 니즈와 고충에서 나온다. 제품 책임자는 이 사실을 충분히 알고 있어야 한다. 대부분의 제품 책임

□ 오라클의 마케팅 자동화 서비스명

자들은 이런 측면에서 생각하지 않기 때문에 기회를 날려버리고 만다.

파일럿 팀을 만들자 콘텐츠 마케팅의 개념은 어렵지 않지만, 고객 및 내부 구성원들과 소통하는 방식을 완전히 다르게 생각해야 한다. 마케팅을 완전히 탈바꿈하는 일은 시간이 걸린다. 마케팅 부서에서 스토리텔러를 찾아 시험적으로 (회사의 연구 개발 부서와는 별개로 움직이는) '비밀임무' 조직을 만들어 (5장에서 이야기한 파일럿 프로그램처럼) 실험해보자. 목표를 모두 달성하려 하지 말고 한두 가지에만 집중하자. 즉 홈런 대신 안타나 이루타를 노리자. 이 팀이 어떤 목표에 도달하고 성공이 확실해 보이면, 콘텐츠 마케팅을 전체 조직으로 확산할 수 있다.

콘텐츠 마케팅 대행사와 일하기

—

요즘 갑자기 콘텐츠 마케팅 대행사가 난립하는 것 같지만 이런 흐름은 한참 전부터 있었다. 브랜드들이 계속해서 독자 매체를 만들고 콘텐츠 마케팅을 점유하려는 움직임을 보이면서, 이에 따라 마케팅 서비스 회사들도 '콘텐츠 금광'을 찾아 '서부'로 향하고 있다.

콘텐츠 전쟁

콘텐츠 개발과 배포를 둘러싼 배틀 로열battle royal에는 콘텐츠의 강자들과 초심자 모두가 뛰어들었다. 참가자들은 아래와 같다.

- 과거 맞춤형 퍼블리셔로 알려졌던 순수 콘텐츠 마케팅 대행사
- 유료 매체 광고 외부에서 브랜드 스토리텔링이라는 새로운 먹거리를 발견한 광고 대행사
- 브랜디드 콘텐츠 프로젝트 전담 편집팀 혹은 콘텐츠 제작 부서를 갖춘 전통적 매체사
- 광고를 줄이고 자체 채널에 초점을 맞추기 시작한 홍보 조직
- '혜택 중심'에서 '관여 중심' 콘텐츠로 옮겨가고 있는 다이렉트 마케팅 대행사
- 구글의 판다나 펭귄 업데이트에 대응하여 SEO 사업을 하는 업체들(구글은 신뢰도 높은 웹사이트에서 나오는 양질의 콘텐츠에 높은 순위를 줄 수 있도록 알고리즘을 자주 바꾼다.)
- 채널이 아니라 채널에 들어가는 내용이 중요하다는 것을 인지하기 시작한 소셜 미디어 대행사
- 웹사이트 제작, 시험, 분석만 하다가 멀티 채널 콘텐츠 컨설팅으로 옮겨가는 웹 콘텐츠 및 사용자 경험 에이전시
- 인터랙티브 서비스와 지속적인 콘텐츠 제작을 함께 하는 디지털 에이전시
- 업계 전문가와 오피니언 리더들의 전략 콘텐츠 및 컨설팅 작업을 외부에 알리는 연구 조직

이런 대행사들 및 기타 업체들이 브랜드로부터 콘텐츠 마케팅 예산을 따내기 위해 전쟁을 치른다. 어떤 곳들은 콘텐츠 마케팅 전용 예산이 있고, 어떤 곳들은 소셜 미디어 성공 비결을 찾아내기 위해 돈다발

을 뿌린다.

누가 '콘텐츠 마케팅 대행사'의 자리를 차지하는 게 타당한지는 중요하지 않다. 진실은 위에서 언급한 형태(들)로 활동하던 수천 개 업체들이 이제 콘텐츠 마케팅이라는 물에 '노를 저으려고' 한다는 것이다.

씁쓸한 현실

대행사가 다른 회사에 마케팅 서비스를 제공하지 않고 있다면, 힘든 시기를 보내고 있는 것이다. CMI는 콘텐츠 업무에 대해 도움을 요청하는 전화, 이메일, 문의를 매일 받는다. 구체적으로는 전략, 블로그, 시각 콘텐츠, 콘텐츠 배포, 통합, 구인, 조사 등 이 세상에 존재하는 모든 것에 대한 문의가 온다. 이를 통해 내가 배운 것이 있는데, 도움을 준다는 사람들은 많겠지만 협력자와 사기꾼을 분간하기는 어렵다.

다음에서는 콘텐츠 마케팅 대행사의 진실에 대해, 그리고 똑똑한 브랜드들이 현재의 마케팅 서비스 외주사들을 어떻게 봐야 할지 이야기해보겠다.

이 분야 사람들 대부분은 경험의 폭이 넓지 않다. 따라서 자기 경험을 기반으로 어떤 결과를 도출해내는 것에 서투르며, 문제를 넓은 시각으로 보지 않고 아주 일차원적인 해법만을 제시한다. 인간 경험을 폭넓게 이해한다면 디자인이 더 좋아질 것이다.

_스티브 잡스

대부분의 콘텐츠 마케팅 회사들은 콘텐츠로 마케팅하지 않는다 나는 이 말을 항상 듣는다. '중이 제 머리 못 깎는다'는 말처럼, 대부분의 콘텐츠 대행사들은 자기 회사의 에픽 콘텐츠 마케팅에는 시간을 투자하지 않고 고객을 위해 콘텐츠 마케팅을 실행하는 일이 드물다. 온갖 종류의 대행사들은 오랫동안 고객을 위한 광고와 마케팅 프로그램을 만들어왔지만, 스스로를 마케팅하는 일은 잊어버린다. 콘텐츠 마케팅은 더 하다.

마케팅 서비스 회사들은 영업 중심의 마케팅으로 악명이 높다. 마케팅 회사의 마케팅은 콜드 콜cold call이나 고객 영업이 지배적이다. 콘텐츠 마케팅 서비스를 제공하는 대행사들은 자원이나 인내심이 부족하다는 핑계로, 고객을 유치하기 위한 콘텐츠를 잘 만들지 않는다.

브랜드를 위한 조언 어떤 콘텐츠 마케팅 대행사와 일을 하건, 대행한 일 외에 대행사 스스로를 위해 작업한 결과물을 확인하자. 모든 콘텐츠를 깊이 살펴보자. 콘텐츠가 정말 훌륭한가? 아니면 어디서나 찾을 수 있는 '미투me-too' 콘텐츠인가?

대부분의 SEO 대행사들은 콘텐츠 마케팅을 전혀 모른다 SEO는 놀랄 만큼 중요한 전술이다. 검색엔진이 똑똑해질수록 시스템을 농락하기가 불가능해진다. 검색엔진을 통해 검색되려면 무엇보다 훌륭한 온라인 스토리텔링이 필요하다.

나는 SEO 임원진과 이야기한 적이 있는데, 그들은 회사의 사업 방향을 콘텐츠 마케팅으로 완전히 바꾸는 사안에 대해 심각하게 고민 중이었다. 이유가 무엇일까? (SEO 예산이 말라가고 있다는 이유 외에도) 회사가 고객에게 제공하던 (한때 거대했던) 가치가 이제는 없기 때문이었다.

수천까지는 아니더라도 수백 개의 SEO 대행사들이 같은 처지에 있다. 물론—톱랭크 온라인 마케팅TopRank Online Marketing이나 버티컬 메저스Vertical Measures처럼—전환을 아주 잘한 사례도 있다. 하지만 많은 회사가 기존의 SEO 콘텐츠 제작 서비스에 '콘텐츠 마케팅'이라는 딱지를 붙여 '콘텐츠 마케팅'이라고 부른다. 이런 회사들은 인포그래픽 제작, 동영상 제작, 블로그 콘텐츠 등의 서비스를 추가했지만, 콘텐츠 마케팅 프로세스에서 콘텐츠 제작은 일부일 뿐이다. 이런 상황에서는 보통 미션 스테이트먼트 작성, 오디언스 페르소나 작성, 내부 콘텐츠 통합, 콘텐츠 소비 지표 측정 등의 전략적 측면이 빠져 있다.

브랜드를 위한 조언 총체적인 콘텐츠 마케팅 전략은 사전 계획과 몇 가지 목표를 제시하며, 자연히—인쇄나 대면 매체 같은—비디지털 채널 관련 전략도 포함한다. SEO는 몇 가지 마케팅 목표만을 다루는 극히 일부일 뿐이다. 콘텐츠 마케팅 전략이 깔때기 맨 윗부분만이 아닌 모든 부분을 다룰 수 있는지 확인하자.

대부분의 대행사는 전략 대신 실행에 집중한다 콘텐츠 대행사들이 감추고 싶어하는 영업 비밀을 알고 싶은가?

일을 따내기 위해 전략을 준다.

펜톤 미디어에 있을 때 나는 이 사실에 죄책감을 많이 느꼈다. 콘텐츠 프로젝트 수주를 위해 내가 가진 전략 아이디어는 무엇이든 내줬다. 전략 아이디어는 궁극의 '부가가치'였다. 계획은 유효기간이 짧지만 실행은 영원히도 할 수 있기 때문이다. 계획을 공짜로 주면 몇 년 이상의 콘텐츠 프로젝트(블로그, 잡지, 동영상 시리즈 등) 계약이 따라온다는 생각이다.

좋든 싫든, 전략과 계획은 고객에게 유용한 서비스로 여겨지기보다는 실행 업무를 따내기 위한 전략적 장치로 여겨져왔다. 이 말은 대부분의 우수한 인력이 전략 대신 실행으로 간다는 뜻이기도 하다.

오늘날은 어떤가? 바로 이것 때문에 수많은 회사들이 콘텐츠 계획 부문에서 우수한 전략적 협력사를 찾기 힘들어지고, 콘텐츠 실행은 흔해지고 있다.

여기서 최악은 무엇일까? 나는 대행사가 만든 문서에서 콘텐츠를 줄이거나(금기 영역이다) 콘텐츠 프로그램을 모두 중단할 것을(경우에 따라 올바른 처방임에도) 제안한 내용을 본 적이 없다.

브랜드를 위한 조언 콘텐츠 실행만을 위해 대행사를 이용한다 해도, 콘텐츠 마케팅 실행 전략 샘플을 요구해야 한다. 최소한 그들이 해당 콘텐츠가 필요한 전략적—더 중요한 것은 그 반대—이유를 이해하고 있는지를 파악해야 한다. 콘텐츠를 덜 생산해야 할 때도 있지만, 전략적 지침이 없다면 항상 더 많은 콘텐츠를 만들어야 한다는 (근시안적인) 대답이 돌아온다.

대부분의 대행사는 아직도 콘텐츠 마케팅을 캠페인으로 본다 이 책에서 봤듯이, 콘텐츠 마케팅은 캠페인이 아니다. 접근 방식이며 철학이고 사업 전략이다.

마찬가지로, 바이럴 영상과—이것의 흥망성쇠는—콘텐츠 마케팅이 아니다. 캠페인도 콘텐츠 마케팅이 아니다. 콘텐츠 마케팅적 접근의 결과물이 캠페인이 될 수는 있지만, 캠페인 자체가 콘텐츠 마케팅이 될 수는 없다. 즉 30초짜리 광고를 길게 늘린다고 콘텐츠 마케팅적 접근이 되지는 않는다. 그냥 똑똑하게 만든 광고일 뿐이다.

대부분의 대행사 조직은 분량이 긴 콘텐츠를 꾸준히 제작하고 배포하는 데 적합하도록 구성되어 있지 않다. 대신 속도와 톡톡 튀는 창의성 중심으로 짜여 있기 때문에 즉각적인 반응(에 대한 기대)이 나타난다. 이것과 P&G의 홈메이드심플이나 아메리칸 익스프레스의 오픈포럼을 비교해보자. 이들의 콘텐츠에서는 고객을 모으거나 유지한다는 목표하에서 이루어지는 일별 콘텐츠 계획, 제작, 장기간에 걸친 발전을 확인할 수 있다.

브랜드를 위한 조언 '프로그램' 대신 '캠페인'을 제안하는 대행사는 모두 주의하자. 어떤 캠페인이건 확실한 것이 한 가지 있다. 바로 종료일이 있다는 점이다. 콘텐츠 마케팅은 그렇지 않다.

대행사에 대한 내용을 마치며

콘텐츠 마케팅은 100년이 넘었지만, 아직 변혁의 한가운데 있다. 고객이 채널에 대한 통제권을 장악하고 브랜드에게는 기술 장벽이 사라지면서 콘텐츠 마케팅은 르네상스를 맞이했다. 동시에 마케팅 서비스 업체들은 사업 모델을 바꾸고, 영업 자료에 편집 기반의 콘텐츠 제작이라는 내용을 포함해야만 했다.

이런 현상은 전반적으로 좋지만, 진정한 콘텐츠 마케팅이 무엇인지, 브랜드나 대행사에서 콘텐츠 마케팅 활동으로 무엇을 해야 하는지에 대한 혼란도 일으켰다.

콘텐츠 마케팅 프로세스를 관리하기 위해 외부의 도움이 필요하다면 (외부의 도움을 받는 것은 정말 좋다), 위에서 다룬 주의 사항들에 귀기울이는 것을 명심하고, 에픽 콘텐츠를 만들고 배포해서 고객을 모으고 유지하는 일을 잘 도와줄 콘텐츠 마케팅 대행사를 고르길 바란다.

EPIC THOUGHTS

- 당신이 뭐라고 부르건, 회사의 이야기—즉 콘텐츠 전략—는 조직 내에서 만들어야 한다. 회사 내에 담당자를 두지 않으면 중복과 혼란이 찾아온다.
- 이야기에 대한 이해도가 높은 사내 마케터들을 영입해보자. 언론 관련 전공이나 경력이 있는 사람부터 찾아보자.

EPIC RESOURCES

- "Contently's Code of Ethics for Journalism and Content Marketing," Contently.com, accessed July 9, 2013, http://contently.com/blog/2012/08/01/ethics/.
- *Chief Content Officer* magazine: http://contentmarketinginstitute.com/chief-content-officer/.
- Skyword, accessed April 3, 2013, http://skyword.com.
- Eloqua's Grande Guides, accessed April 15, 2013, http://www.eloqua.com/resources/grande-guides.html.

16

콘텐츠
유형
—

훌륭한 개인과 조직은 변화에 빠르게 대응한다
위대한 개인과 조직은 변화를 만든다
—
로버트 크리겔, 『최고의 햄버거 만들기』 中
ROBERT KRIEGEL, 『SACRED COWS MAKE THE BEST BURGERS』

이 장에서는 온갖 콘텐츠와 매체 유형들을 다룬다.[■] 이것들을 (링크드인이나 웹사이트 등의) 채널과 혼동하면 안 된다. 물론 어떤 것은 블로그처럼 채널이자 콘텐츠 유형인 것도 있다. 앞으로 소개할 콘텐츠 유형을 살펴보면서, 당신의 마케팅 목표에 가장 적합할 만한 콘텐츠 유형이 무엇인지를 생각해보자.

블로그
—

블로그는 무엇인가

블로그는 '웹로그'의 줄임말로, 자주 업데이트되는 단편 웹 콘텐츠들

■ 보통 더 인기 있는 콘텐츠 유형을 먼저, 덜 이용하는 콘텐츠 유형을 나중에 수록했다

을 손쉽게 제공할 수 있는 수단이다. 신디케이션을 쉽게 하고(예를 들면, RSS) 댓글을 편하게 달 수 있는 기술 덕분에, 블로그는 고도화된 SEO 전략과 커뮤니티 구축 캠페인을 포함하는 소셜 미디어라는 태양계의 중심이 된다. 19장에서 블로그를 주요 콘텐츠 플랫폼으로 활용하는 것에 대해 살펴보겠다.

세 가지 핵심 사항

1 대화를 장려하라 '악플'도 좋은 고객 관계 형성을 위한 기회일 수 있다.

2 좋은 '네티즌'이 되라 당신의 블로그뿐만 아니라 다른 블로그에도 적극적으로 참여하라. 자주 찾을 필요가 있는 블로그 리스트 톱 15을 만들어라(22장에서 자세히 다루겠다).

3 편하게 하라 독자들과 소통할 때는 진정성이 완벽함을 이긴다.

블로그를 시작하기 전에 질문할 것들

여러 곳을 다니면서 가장 많이 받는 질문이 블로그에 대한 것이다. 어떻게 시작하는지, 어떤 이야기를 하는지, 심지어 어떤 소프트웨어를 사용하는지 등과 같은 질문 위주로 돌아간다.

내가 질문에 대해 반문을 하면 사람들은 주로 당황하는데, 대다수의 사람들이 내가 말하고 싶은 것에 대한 생각에서 출발하지, 어떻게 독자에게 영향을 줄 수 있는지에서부터 시작하지 않기 때문이다. 내가 보통 묻는 질문은 아래와 같다.

- 당신 블로그의 주 독자(구독자)는 누구인가요?

- 그 또는 그녀에게 무슨 이야기를 하고 싶은가요?(당신의 이야기는 무엇인가요?)

- 당신은 독자들이 주로 어떤 정보에 목말라하고 있는지 알고 있나요? 그 또는 그녀의 취약점은 무엇인가요?

- 당신도 독자들이 주로 가는 온라인 공간에서 시간을 보내나요? 고객들이 온라인에서 주로 방문하는 사이트나 블로그 목록을 만들었거나 만들 수 있나요?

- 주로 가는 다른 블로그에서 온라인 대화가 일어나도록 댓글을 남기나요?

- 집중해야 할 키워드, 즉 고객들이 주로 검색하는 키워드가 무엇인지 확실히 이해하고 있나요?(구글 키워드도구Keyword Tool 참조)

- 구글 알리미를 이용해 키워드를 꾸준히 살펴보거나 트위터에서 해당 키워드의 사용법을 관찰하나요? (당신 분야에서의 인플루언서를 찾을 수 있다.)

- 일주일에 2회 이상 블로그 글을 올릴 수 있나요? (꾸준함이 열쇠다.)

- 블로그를 시작하는 궁극적 목표가 무엇인가요? 블로그를 1년 이상 하고 나면 사업이 어떻게 변해 있을까요?

- 당신의 회사에서는 블로그를 어떤 방식으로 실행해나갈 것인가요? 블로그를 어떻게 알릴 계획인가요?

- 블로그와 나머지 마케팅을 어떻게 통합할 건가요? 블로그를 통해 다른 모든 것을 더 잘하는 방법은 무엇일까요?

회사와 개인 모두 이 정도 질문에서 출발해볼 수 있다. 초심자에게는 조금 버거울지 모르지만, 이에 대한 답을 꼭 알아야 한다.

대부분의 블로그는 이런 질문과 답이 없는 채로 운영된다. 회사로서 최악의 행동은 고객과 대화를 시작하고 이어가다가 중단하는 것이다. 돌연 중단보다는 아무것도 안 하는 것이 낫다. IBM의 조사에 따르면 기업 블로그 85%는 글이 다섯 개 미만이다. 즉 우리(브랜드)는 콘텐츠 프로젝트를 용두사미처럼 하고 있다.

기억하자, 블로그는 그냥 도구일 뿐이다. 하지만 잘 쓰면 가치 있고 설득력 있는 콘텐츠로 꾸준하게 소통할 수 있는 강력한 도구가 될 수 있다. 시작할 준비가 됐다면, 블로그를 잘하기 위한 6단계를 따라해보자.

블로그 사례

딜로이트 토론 Deloitte Debates[■] TV프로그램 〈60 Minutes〉의 'point/counterpoint' 코너(패널들이 특정 주제에 대해 주장과 반론을 펼치는 코너—역자주)를 기억하는가? 딜로이트는 뉴스 프로그램으로는 가장 성공한 TV프로그램에 착안하여, 경영 경제 분야의 뜨거운 주제에 대해 매주 토론, 찬반 투표 등을 올린다. 딜로이트 토론은 맨날 똑같은 것이 아닌 화제가 되면서도 깊은 토론 주제를 올린다(그림 16.1).

PK 워즈워스 홈 컴포트 블로그PK Wadsworth Home Comfort blog 오하이오주 솔론시의 PK 워즈워스는 '설비 업체는 블로그 운영을 하지 않을 것'이라는 편견을 깼다. 이 회사의 홈 컴포트 블로그는 회사 온라인 전

■ 이 부분 작성에 도움을 준 딜로이트의 에러카 디피아틱에게 감사의 말을 전한다

出처: deloitte.com

그림 16.1 딜로이트 토론

략의 중심이 됐다. PK 워즈워스 블로그는 고객이 냉난방과 관련해서 겪는 문제를 해결하는 데 집중해, 검색엔진이나 페이스북, 트위터 등의 소셜 미디어를 통해 고객 및 예상 고객을 끌어모은다. PK 워즈워스는 지난 3년간 주 2회씩 블로그 포스트를 올리며 꾸준히 오디언스 수를 키웠다(그림 16.2).

기억해야 할 블로그 팁 10가지

1 끝내주는 제목을 써라 블로그 제목은 잡지 표지와 같다. 잡지 표지의 목적은 잡지를 펼치게끔 하는 것 딱 하나다. 블로그 포스트도 똑같다. 세계 최고의 블로그 포스트가 있어도 제목이 매력적이지 않으

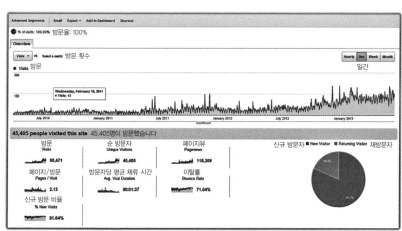

출처: PK 워즈워스

그림 16.2 마라톤과 같은 콘텐츠 마케팅
PK 워즈워스의 블로그 트래픽은 해마다 꾸준히 증가해왔다

면 읽지 않는다.

CMI의 콘텐츠 마케팅 포스트 중 가장 인기가 많고 효과적인 글을
분석해봤더니 숫자가 들어 있었다(예를 들면 '2013년 가장 인기 있었던
포스트 10가지'). 숫자를 두 개 넣으면 더 좋다. 논란거리가 될 제목도
좋다.

헤드라인 팁

- 문제에 대해 생각하자(팁 2번 참조).
- 사업에서 중요한 키워드에 집중하자(도움을 받으려면 구글 키워드도구
  를 사용하자).
- 숫자가 갑이다.

제목은 아주 구체적으로 쓰자. 예를 들어 '주식 수익률을 높이는 방법'보다는 '소형주로 돈 버는 10가지 방법'처럼 써야 한다.

2 문제에 집중하자 항상 문제에서 출발해야 한다. 타깃 독자가 겪는 어려움은 무엇인가? 그들은 무엇 때문에 잠을 이루지 못하는가? 블로그가 고객과 예상 고객이 잠 못 드는 이유에만 100% 집중한다면 아마 성공할 것이다.

3 최대한 빼라 가장 좋은 블로그 포스트는 짧고 설명이 잘되어 있고 군더더기 없이 핵심만 말한다. 주제에 대해 장황하게 이야기해야 할 경우는 드물다.

간단 팁
- 문장을 짧게 쓰자.
- 불렛(글머리기호—역자주)을 이용하자.
- 문단을 짧게 쓰자.
- 불필요한 단어를 빼자.
- 편집하고, 편집하고, 편집하자.

내 블로그 포스트 중 가장 인기 있는 글인 '블로그는 미니스커트 같다'의 분량은 총 23단어였다. 블로그 초안이 500단어라면 350단어로 줄여보자. 그것이 해법이다.

4 콜투액션에 대해 먼저 생각하자 각각의 블로그 포스트는 콜투액션이 있어야 한다. 웹사이트에 넣을 수 있고 넣어야 하는 콜투액션은 아래와 같다.■

- 백서 다운로드
- 트위터 구독(페이스북, 링크드인, 유튜브 등)
- 질문하기
- 전자책 다운로드
- 무료 웨비나 신청
- 툴킷 신청
- 이메일 뉴스레터 신청
- 체험판 신청

블로그 방문자 대부분은 재방문하지 않는다. 유용한 이메일 뉴스레터 등 관련 있는 부가 콘텐츠를 제공하는 것으로 소통을 이어가도록 하자. (데이터베이스를 늘리기 위해) 이메일 주소를 받는 것을 블로그 운영 최대의 목표로 설정해도 좋다.

5 '콘텐츠 패키지'를 생각하자 이 책은 블로그 포스트를 엮어서 만들었다. 나는 블로그 포스트를 작성하면서 이것을 어떻게 책으로 발전시킬 수 있을지를 함께 생각했다.

블로그 포스트를 이용해서 더 파급력 있는 다른 콘텐츠로 변형할 수

■ 목록에 넣을 아이템을 제공해준 데비 윌에게 감사의 말을 전한다

있는 방법을 계속해서 생각하자. 블로그 포스트를 다 쓰기 전에 미리 계획하자. 계획을 미리 하면 시간과 자원을 훨씬 아낄 수 있다. 블로그 아이디어 하나는 콘텐츠 열 개가 될 수도 있다. 이 점을 잠시만이라도 생각해보자.

6 들이대자: 객원 필진이 되자 업계 최고의 블로그 15개를 고르고, 글을 써주겠다고 제안하자. 원고 요청이 들어오면 절대 거절하지 말자. 나는 100개 이상의 블로그에 글을 써줬다. 이것이 CMI의 소셜 미디어 및 검색엔진 활성화에 가장 중요한 열쇠 중 하나다.

7 주요 인플루언스 순위를 밀자 모두가 순위를 좋아하며, 특히 사람이 들어간 순위를 좋아한다.

- 특정 분야의 순위를 만든다.
- 공유하기 쉽게 만든다(위젯 등).
- 순위에 대한 블로그 포스트를 작성한다.
- 순위에 든 사람들에게 알린다.
- 순위에 대한 보도자료를 낸다.
- 반복, 반복, 반복한다.

8 측정하고, 측정하고, 측정하라 아래는 블로그에서 측정할 수 있는 몇 가지 지표 목록이다(구글 애널리틱스 및 기타 분석 프로그램을 통해 볼 수 있다). 이중 콘텐츠 마케팅 전반 및 블로그의 목표에 맞는 것을 고

르자. 당신 및 팀 구성원이 블로그의 목표를 모두 이해하고 지표를 공유하도록 하자. 지표는 다음과 같다.

- 방문자 및 순 방문자
- 페이지뷰
- 사이트에 머문 시간
- 이메일 뉴스레터 구독 수
- 검색어 순위
- 블로그 유입 링크

9 인플루언스와의 질의응답 시간을 가져라 업계의 홈런 타자 대부분은 요청을 하면 팟캐스트 인터뷰나 질의응답에 응할 것이다. 그리고 아마 인터뷰 내용을 공유할 것이다.

10 외주를 이용하자 CMI와 마케팅프롭스의 공동 조사에 따르면 규모에 관계없이 조사 대상 회사 중 50% 이상이 콘텐츠 마케팅 전체를 외주에 맡긴다.

대부분의 회사는 콘텐츠 마케팅의 일부나 그 이상을 외주로 운영한다. 외주 운영에 성공하려면 뛰어난 작가를 섭외하자. 그리고 블로그와 전략을 한 단계 끌어올려줄 콘텐츠 대행사나 팀을 찾아보자.

회사가 흥미로운 이야기를 풀어내는 데 어려움을 겪을 수 있다. 그럴 때는 도움을 청하자. 누군가가 도와줄 것이다.

이메일 뉴스레터

—

이메일 뉴스레터란

이메일 뉴스레터는 현재 및 미래 고객의 허가를 받고 정기적으로, 보통 매월 혹은 매주 콘텐츠를 전하는 수단이다. 텍스트나 HTML페이지로 이메일을 통해 전달하며, 글 전체를 싣거나 웹사이트에 있는 글의 링크를 넣을 수 있다.

세 가지 핵심 사항

1 스팸메일을 보내지 말자. 허가를 받고, 모든 이메일 하단에 수신 거부 링크를 넣자.

2 다른 콘텐츠(웨비나, 전자책, 백서, 라이브 행사 등)를 홍보하는 좋은 수단이기도 하다.

3 이메일 뉴스레터에 블로그 콘텐츠를 모아서 보여주면 강력한 원투펀치one-two punch가 된다. 매일 블로그에 글을 올리고 주간이나 월간 요약을 이메일로 보내보자.

이메일 뉴스레터 사례

위드비 카마노 섬 관광Whidbey Camano Island Tours■ 이곳은 이그잭타깃ExactTarget(세일즈포스의 자회사)이 수집한 DB를 통해 '프리미엄' 콘텐츠—동영상과 인포그래픽—를 이메일 뉴스레터로 발송한다. 이 방식으로 이메일 뉴스레터를 시작한 이후 순 방문자가 6만 명 증가했으며 이메일 데

■ 이 부분 작성에 도움을 준 퓨전스파크 미디어의 러셀 스파크먼에게 감사의 말을 전한다

이터베이스는 두 배가 됐다. 월간 이메일 뉴스레터가 핵심 일정이 되는 편집 일정표를 통해 이 작업을 관리하고 수행했다.

이메일 뉴스레터 랜딩 페이지를 최적화하는 10가지 방법[■]

소셜 미디어라는 새로운 세상에서 이메일 자산은 예전보다 더 중요해졌다. 콘텐츠 마케터는 오디언스를 개발하고 채널을 구축하는 일이 필수인데, 트위터나 페이스북이 생기면서 이메일이 더 강조되고 있다. 왜 그럴까? 이론적으로(그리고 법적으로) 우리의 소셜 미디어 채널을 구독하는 사람들의 정보는 우리 것이 아니다(페이스북과 트위터 것이다). 한편 당신의 이메일 데이터베이스는 중요한 사업 자산이다.

고객과 예상 고객이 콘텐츠 구독을 더 많이 하도록 이메일 뉴스레터 랜딩 페이지를 최적화하는 10가지 방법을 단계별로 살펴보자.

1 혜택을 명시하자 이메일 뉴스레터 구독의 장점을 분명히 적어라.

2 그림을 보여주자 어떤 형태의 뉴스레터를 받을지 그림으로 보여줘라. (이메일 소식지가 어떻게 생겼는가?)

3 샘플 링크 샘플 이메일 뉴스레터 링크를 제공하고, 이 링크가 '새 창'에서 열리도록 하자(방문자를 랜딩 페이지에서 벗어나게 만들지 않도록 주의하자).

4 구독 버튼은 위쪽에 배치하자 예상 고객이 구독을 하기 위해 스크롤을 내려야 한다면 문제가 있는 것이다. '구독'은 위쪽에 있어야 한다.

5 영역의 수는 5개에서 7개 이하로 한다 영역 수가 적을수록 예상 고

[■] 이 부분 작성에 도움을 준 진 제닝스에게 감사의 말을 전한다

객이 구독을 신청할 가능성이 높다. 정말 필요한 영역만 만들자.

6 (하단에) 개인정보보호약관 링크를 꼭 포함하자 이것을 클릭해보는 사람은 거의 없겠지만, 법률팀 검토를 마친 개인정보보호약관을 반드시 넣자.

7 고객에게 고객 정보로 할 것과 하지 않을 것을 알려주자 페이지 아래에 고객이 제공한 정보를 어떻게 사용할 것인지를 명시하자.

8 버튼에는 '구독'이나 '신청'이라는 단어를 넣자('전송'은 안 된다) 전송이나 클릭 같은 단어는 우리가 예상 고객에게 바라는 행동을 유발하지 못한다. '구독'이나 '신청'을 사용하자.

9 불필요한 요소는 빼자 이메일 뉴스레터 랜딩 페이지의 목표는 하나다. 사람들이 이메일 뉴스레터를 구독하게 하는 것이다. 구독 신청 페이지에서 나가게 할 만한 모든 요소, 즉 전체 메뉴, 광고, 기타 콜투액션 등은 빼버리자.

10 고객 후기와 수상 경력을 꼭 넣자 당신의 이메일 뉴스레터에 대해 좋은 평가를 한 사용자의 의견을 한 개라도 넣자. 해당 이용자의 이름과 직업을 공개할 수 있도록 허락을 받자. 혹시 수상 경력이 있는가? 있다면 신뢰도를 위해 언급하자.

명심하자. 랜딩 페이지는 고객이 자신의 소중한 정보를 제공하는 대가로 그에 상응하거나 그 이상의 가치를 지닌 정보를 간편히 제공하기 위한 양식이다(콘텐츠와 고객의 개인정보를 교환하는 것이다). 이 교환과정을 복잡하게 만들지 말자.

항상 그렇듯, 세부 사항을 바꿔보고 그 효과를 시험해보자. 구매자의 행동은 분야마다 다르기 때문에, 시험해보고 당신에게 맞는 것과 별 효과가 없는 것을 가려내자.

백서

—

백서란 무엇인가

'콘텐츠'의 할아버지 격인 백서는 8쪽에서 12쪽 정도 길이이며, 설명이 많이 필요한 한 가지 주제에 대한 보고서다. 콘퍼런스 페이퍼, 연구 보고서, 기술 문서 등이라고도 부르며, 구매자에게 꼭 필요한 문제에 대해 리더십 사고를 발휘하고 싶을 때 적합한 콘텐츠 유형이다.

세 가지 핵심 사항

1 백서는 잠재 고객을 만들 수 있다.

2 회사를 오피니언 리더로 만들어준다.

3 인쇄물, PDF문서, 디지털 잡지 형태로 발행할 수 있다.

백서 사례

IBM 놀랍게도 지속 가능성 분야에서의 오피니언 리더는 IBM이다. 그림 16.3은 IBM 기업가치연구소IBM Institute for Business Value에서 내놓은 『지속 가능성을 통한 실적 향상ᵐ』에 관한 최신 백서의 모습이다.

IBM은 『커뮤니케이션의 탈바꿈: 통신사에서 소셜 네트워킹의 영향력

---

263   □ 원제: Driving Performance Through Sustainability

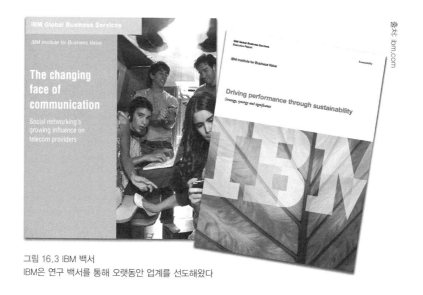

그림 16.3 IBM 백서
IBM은 연구 백서를 통해 오랫동안 업계를 선도해왔다

증대』라는 흥미로운 백서를 통해 통신사 내부의 리더십을 강조하기도
한다.

기사

—

기사란 무엇인가

기사는 길이나 형식이 다양한 매체로, 회사가 특정 사안, 흐름, 우려
사항, 기타 특정 오디언스가 관심을 갖는 주제에 대해 이야기할 기회를
열어준다. 기사를 계속 발행하는 동시에 강연이나 콘퍼런스에서 발표를

ㅁ 원제: The Changing Face of Communications: Social Networking's Growing
Influence on Telecom Providers

하는 일은 다양한 분야에서 기업들이 오피니언 리더로 자리매김하기 위해 오랫동안 사용해온 방법이다.

세 가지 핵심 사항

1 한 번으로는 부족하다. 효과를 내기 위해서는 연속 기획을 하자.

2 인쇄 매체 및 웹에 기사를 실을 기회를 물색하자. 웹은 당신의 웹사이트를 포함해 훌륭한 콘텐츠가 필요한 다른 사이트를 일컫는다.

3 항상 편집자의 관점에서 생각하자. 기사는 매체의 요구 사항(길이, 어조 등)을 지켜야 하며, 즉각 독자의 흥미를 끌어야 한다.

기사와 블로그의 차이는 무엇인가?

마케터들은 항상 기사와 블로그의 차이를 묻는다. 블로그는 관점, 즉 개성이 분명하다. 기사는 관점이 없는 대신 정보의 보물 창고다. FAQ나 웹사이트에 올리는 정보성 기사를 생각해보자.

*저자주: 고객 서비스 부서가 이메일로 핵심 질문에 답변을 하고 있다면, 이를 기사 목록에 포함시킬 수 있을지 생각해보자.

전자책

전자책이란 무엇인가

전자책은 스테로이드를 맞은 백서라고 생각하자. 전자책은 12~40쪽 혹은 그 이상 되는 길이의 보기 좋고 읽기 좋은 형태의 보고서다. 콘텐츠는 정보와 재미를 함께 준다. 어조는 친근하게 하자. 형식은 길게 나열하기보다는 짤막하게 해서 훑어보고 검토하기 좋게 하자.

세 가지 핵심 사항

1 배포 전략을 일찍 만들자. 전자책을 독자들의 손에 어떻게 쥐어줄 것인가?

2 시각 중심으로 생각하자. 불렛, 설명선callout, 사이드바, 그래프 등을 자유롭게 쓰자.

3 명확한 콜투액션으로 끝맺자. 다 읽은 독자는 무엇을 해야 하는가? 페이지마다 콜투액션이나 링크를 넣어보자.

출처: arx.com

그림 16.4 전자서명의 장점에 대해 다룬 전자책
ARX의 전자책 『서명하기 전에 두 번 생각하라Think Twice before You Sign Anything Again』

전자책 사례

ARX ARX는 디지털 서명의 핵심 가치를 보여주는 12가지 사례를 전자책으로 엮어, 전자서명을 회사 운영상의 부차적인 요소에서 사업에서 시급하고 핵심적인 문제로 바꿔버렸다.

케이스스터디

—

케이스스터디는 무엇인가

케이스스터디는 1~2쪽 분량의 문서나 동영상 형태의 서사 구조를 갖춘 1인칭 시점의 후기다. 실생활의 사례에 근거하여 이용 후기의 당사자와 독자 간의 공감대를 통해 신뢰도를 높인다.

세 가지 핵심 사항

1 대부분의 사례는 문제, 해결책, 결과의 단순한 3단계 형태다.

2 이야기를 강화하기 위해서 특히 결과를 보여줄 때는 고객의 말을 그대로 인용하자.

3 온라인, DM, 보도자료, 영업용 유인물 등을 통해 사례를 공유하자.

케이스스터디의 사례

PTC 기계 설계 및 자동화 회사인 PTC는 자사 기술을 이용해 의족을 개발한 고객 칼리지 파크College Park의 이야기를 실었다. PTC는 문서와 멋진 5분짜리 동영상을 만들었다. 동영상에는 모험가 레지 샤워스

그림 16.5 화제가 된 PTC 동영상

출처: ptc.com

PTC는 이 동영상 케이스스터디에서 세계 모터사이클 2회 우승자 레지 샤워스의 이야기를 들려준다

Reggie Showers가 PTC와 칼리지 파크와 함께 그가 절대 하지 못했을 지도 모르는 것들을 하는 모습을 보여준다(그림 16.5). 문서는 http://bitly.com/epic-ptc-text에서, 동영상은 http://bitly.com/epic-ptc-video에서 확인할 수 있다.

고객 후기

—

고객 후기는 무엇인가

후기는 비유하자면 믿을 만한 소식통(즉 고객)의 메시지다. 자기 자랑을 자기가 하면 이상하다. 하지만 믿을 만한 출처—클라이언트나 고객—로부터의 칭찬을 들으면 의심과 구매 시 망설임이 사라진다.

세 가지 핵심 사항

1 고객에게 꾸준히 후기를 요청할 수 있는 절차를 만들자. 마케터들은 제품과 서비스 후기를 위해 링크드인 페이지를 활용하기 시작했다.
2 좋은 후기는 구체적이다. 무엇을, 왜, 어떻게가 들어간다.
3 후기를 별도의 '후기' 웹페이지에 묻어놓지 말자. 사이트 전체에 뿌려놓자.

웨비나/인터넷방송webcast

웨비나/인터넷방송은 무엇인가

웨비나의 핵심은 프리젠테이션 슬라이드(슬라이드와 오디오)를 온라인에 올리는 것이다. 여기에 동영상까지 올리면 인터넷방송이 된다. 실제 발표나 강연을 하듯이 화면으로 슬라이드를 한 장씩 보여주면서 진행하자. 오디오는 전화나 컴퓨터로 전달할 수 있다. 웨비나를 실시간으로 해도 좋고 방문자가 원하는 것만 보도록 해도 좋다.

세 가지 핵심 사항

1 웨비나는 전자책, 백서, 이메일 뉴스레터 같은 콘텐츠에 대한 콜투

액션 도구로 훌륭하다.

2 효과를 이중으로 본다. 실시간 방송에 참석하는 사람들 외에도 방송이 종료된 다음 영상을 다운로드받아 보는 사람들이 있다. 이렇게 웨비나를 본 사람들 중 80%는 6개월 내로 다른 웨비나에 다시 참석한다.

3 웨비나가 성공하려면 웹사이트, 블로그, 이메일 뉴스레터, 기타 매체와 소셜 미디어 채널을 통해 공격적인 홍보 전략을 써야 한다.

웨비나 사례

CMI는 매월 2회 콘텐츠 마케팅 관련 웨비나를 개최한다. 한번은 업계 오피니언 리더, 또 한번은 기술 전문가를 섭외한다. 참석자의 99%는 CMI 이메일 리스트를 통해 제공하는 홍보 메일 두 개 중 하나를 보고 참석한다. 웨비나당 750명 정도가 참석을 하며 그중 35%는 이후에 여는 행사에도 참석한다. CMI는 ON24라는 서비스를 이용하여 웨비나를 운영하고 있다.

동영상

—

동영상은 무엇인가

유튜브나 비메오Vimeo는 과거 웹의 숙제였던 영상 게시와 공유를 단번에 해결했다. 이런 도구를 사용하면 영상을 다른 곳에 삽입하거나 연결하기도 쉽다. 이런 사이트들은 콘텐츠가 입소문을 타도록 소셜 미디어 공유 기능도 제공한다.

세 가지 핵심 사항

1 '수다맨' 같은 접근에서 벗어나자. 아이무비iMovie나 파이널컷Final Cut 처럼 저렴한 편집 도구를 이용하면 전문성 있는 동영상 콘텐츠를 만들 수 있다.

2 한 방에 해결하려 하기보다는 시간을 두고 흥미를 끌고 오디언스를 모을 수 있는 동영상 시리즈 제작을 고려해보자.

3 '완벽'을 기하지 말자. 온라인에서 성공한 동영상은 제작 품질 측면에서 보면 전통적인 방송 매체에서는 문제가 될 만한 수준이다. 사실 영상에서 가장 중요한 부분은 오디오다. 따라서 오디오 장비에 먼저 집중하자.

동영상 사례

신발 회사인 컨버스Converse는 뉴욕시 브루클린에 음악 녹음실을 차렸다. 그리고 예술의 후원자로서 뮤지션과 밴드들이 최고 수준의 시설을 무료로 이용하게 한다. 컨버스는 매주 유튜브(그림16.6)에 '이 주의 트랙'을 소개하는 멋진 동영상 콘텐츠를 올린다. 확인해보고 싶다면 http://bitly.com/epic-converse를 방문하자.

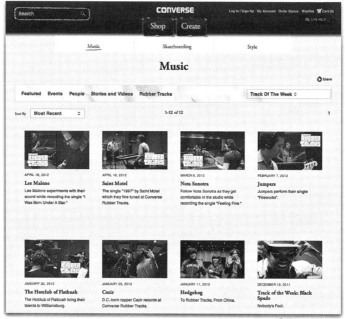

그림 16.6 컨버스의 이 주의 트랙

온라인 보도자료

온라인 보도자료는 무엇인가

보도자료는 일반 언론 매체를 대상으로 문자나 음성 커뮤니케이션을 하는 것이다. PR 뉴스와이어 같은 서비스를 이용하면 당신의 보도자료를 빠르게 널리 배포할 수 있다. 특종이 있는가? 데이비드 미어만 스콧이 『마케팅과 PR의 새로운 법칙The New Rules of Marketing and PR』에서 언급하듯 보도자료는 더이상 언론사에게만 제공되지 않는다. 보도자료 서비스를 효과적으로 이용하면 구매자들에게 직접 다가갈 수도 있다.

세 가지 핵심 사항

1 빅뉴스를 기다리지 말자. 항상 보도자료를 내보낼 건수를 찾아보자.

2 고객이 당신의 보도자료를 보고 반응할 수 있는, 구체적인 콜투액션을 보도자료에 포함하자.

3 새로운 형식을 사용해보자. 항상 같은 보도자료를 내보낼 이유는 없다. 보도자료를 통해 당신의 이야기를 하고, 느낌을 자유롭게 바꿔보자. 배포사들은 무슨 이야기를 써도 다 전송하니까 걱정하지 말자.

맞춤형 잡지

—

맞춤형 잡지는 무엇인가

이제는 모든 브랜드가 퍼블리셔다. 맞춤형 종이 잡지는 이것을 노골적으로 표방하며, 익숙한 잡지 형태를 살짝 비틀었다. 이런 것들은 한 회사나 브랜드에서 후원하고 제작하고 배포한다.

세 가지 핵심 사항

1 최소 수량 배포에도 4만 달러 이상이 든다는 점을 감안하자.

2 효과가 있으려면 최소한 매 분기 발행해야 한다.

3 게이트키퍼gatekeeper들을 건너뛰는 훌륭한 방법이다.

종이 뉴스레터

종이 뉴스레터는 무엇인가

양면 인쇄된 종이 한 장이건 16쪽짜리 문서건, 종이 뉴스레터는 이목을 끌면서도 빠르게 소비할 수 있는 콘텐츠다. 고객 유지를 위한 전술로 사용하기 좋으며, 적정 분량은 4~12쪽이다.

세 가지 핵심 사항

1 종이 뉴스레터는 출장객이나 출퇴근하는 사람 등 이동 중인 오디언스에게 딱이다. 아직 스마트폰이나 아이패드에 익숙지 않은 사람들에

그림 16.7
RSM 맥글래드리 어드밴티지 뉴스레터

대해서도 생각해보자.

2 제작 품질이 중요하다. 콘텐츠를 제공하는 방식이 콘텐츠만큼 중요하다.

3 편집 형식을 정하기 전에 오디언스에게 필요한 정보가 정확히 무엇인지를 알자.

종이 뉴스레터 사례

RSM 맥글래드리RSM McGladrey▪ RSM 맥글래드리는 콘텐츠 마케팅 프로그램의 일환으로 뉴스레터(그림 16.7)를 발행했고, 타깃 CFO와 CEO 사이에서 최초 상기도를 거의 60% 가까이 끌어올렸다.

인쇄물의 기회

최근에 나는 고객과 통화를 하면서 다양한 인쇄물의 종류에 대해 이야기했다. 고객은 회사에 더 새롭고 독특한 마케팅이 필요하다고 느꼈기 때문에 이 이야기에 흥미를 느꼈다.

이 부분에 대해 잠깐만 생각해보자. 인쇄가 새로운 마케팅이라니? 우리는 벌써 이런 시대에 살고 있다. 미디어가 급속히 발달하면서 블로그, 소셜 미디어, 인터넷상의 글 등이 빠르게 기존 방식으로 자리잡았기 때문이다. 따라서 브랜드는 주목을 끌고 관심을 유지하는 방법으로 인쇄물을 고려해야 한다.

▪ 이 부분 작성에 도움을 준 헨리 우드에게 감사의 말을 전한다

뉴스위크의 태세 전환

뉴스위크는 인쇄물 발행을 중단했다. 『스마트머니SmartMoney』도 최근에 같은 선언을 했다.

내가 마케터 및 퍼블리셔들과 이런 움직임에 대해 이야기를 해보면, '인쇄는 죽었다'라는 말을 항상 듣는다. 나는 인쇄물 채널이 브랜드에게 이렇게 큰 기회였던 적이 없다고 대답하고 싶다.

나도 전국이나 지역 단위의 전방위적 인쇄 시장(USA 투데이의 시장이다)에는 뛰어들고 싶지 않지만, 대상과 영역을 아주 좁게 설정한 인쇄물은 마케팅 도구로서 번성하고 있다. 예를 들어 TD 아메리트레이드TD Ameritrade의 잡지 『싱크머니ThinkMoney』(그림16.8)는 고객의 90% 정도가 잡지에서 소개하는 주식에 대해 직접 행동을 취

출처: T3 Publishing

그림 16.8
TD 아메리트레이드가 만든 잡지 『싱크머니』

한다. 왜냐하면 이 잡지는 놀라운 디자인과 눈이 번쩍 뜨이는 정보가 폭발하는 장이기 때문이다. 이것이 그들의 오디언스인 주식 트레이더가 기대하는 콘텐츠다. 더 좋은 것은, 주식 트레이더는 하루종일 컴퓨터 앞에 앉아 있기 때문에 컴퓨터를 벗어나 새로운 발견을 할 기회를 바란다.

CMI의 잡지인 『CCO』도 종이 잡지이기 때문에 확실한 경쟁 우위를 갖는다. 최근의 한 행사에서(CMI 행사는 아니었다), 마케팅 임원 세 명이 나에게 와서 잡지를 잘 보고 있고 항상 다음 호를 기다린다고 인사를 하고 갔다(그들은 CMI 웹사이트에 매일 올라오는 디지털 콘텐츠 얘기는 언급도 안 한 반면, 우리의 인쇄 잡지 얘기는 계속했다).

인쇄는 더이상 쇠퇴하지 않는다

많은 예언자들이 2020년쯤이면 인쇄 매체가 사라질 것이라고 한다. 나는 이런 종류의 발언을 하는 사람들이 역사를 이해하지 못한다고 생각한다. 검색엔진에 'TV의 죽음'이라고 치면 TV의 종말을 예언하는 글 수백 개가 나올 것이다. 하지만 〈보드워크 엠파이어Boardwalk Empire〉, 〈매드맨〉, 〈홈랜드Homeland〉 같은 TV프로그램들이 잘나가는 요즘이 바로 TV의 황금기라고 해도 과언이 아니다.

인터넷의 발달이 과거의 채널들을 죽이지 않는다. 단지 소비자들이 이들을 다르게 사용하기 때문에 우리도 과거와는 다른 관점에서 이것들을 보게 되는 것이다.

CMI의 2013 콘텐츠 마케팅 조사 결과 중 채널 이용 상황을 보면 모든 채널이 그대로이거나 상승했다. 인쇄 매체는 몇 년간 하락세를 겪다가 이제는 변동이 없다. 그렇다. 마케터들의 인쇄 매체 이탈이 멈춘 것이다.

물론 맨 처음에 콘텐츠 마케팅 전략이 필요하고, 그다음으로 채널 전략이 나와야 한다. 하지만 콘텐츠 마케터는 자신의 이야기를 전할 수 있는 채널을 전부 일일이 살펴볼 책임이 있다.

인쇄를 다시 봐야 할 7가지 이유

인쇄 매체에 놀라운 기회가 있을지 모르는 이유들은 다음과 같다.

1 인쇄물은 주목을 끈다 요즘은 우편으로 받는 잡지나 뉴스레터가 많이 줄지 않았는가? 독자들은 어떨지 모르겠지만 나는 확실히 우편물에 더 관심이 간다. 우편물이 줄었기 때문에 각각에 더 주목하게 되는 것이다. 여기서 정확히 어디에 기회가 있을까? 『뉴스위크』 같은 잡지가 내린 결정 덕분에 콘텐츠 마케터가 채울 수 있는 틈이 생겼다고 할 수 있다.

2 인쇄물은 고객 유지에 집중한다 B2B 마케터 64%는 고객 유지와 충성도를 위해 콘텐츠를 자체 제작한다. 역사적으로 맞춤형 잡지와 뉴스레터는 브랜드가 고객 유지를 위해 시작했다. 최근 CMI 웨비나에서 아뉴이타스 그룹의 CEO 카를로스 이달고는 마케터가 콘텐츠에서 보이는 가장 큰 문제는 구매 결정 이후

고객 관리를 잊는다는 점이라고 지적했다.

3 오디언스 개발 비용이 없다 퍼블리셔들은 자신의 잡지를 보낼 구독자를 선별하느라 시간과 돈을 엄청나게 쓴다. 퍼블리셔들은 선별을 위해 구독자당 몇 달러씩을 투자해야 한다.(DM 발송을 하고 확인 전화를 해서 구독자들이 잡지를 신청했다는 증거를 남긴다. 무료로 배포하는 업계 소식지도 마찬가지다.)

전통적인 퍼블리셔의 연간 구독자당 비용이 2달러이고 구독자 수가 10만 명이라고 가정하자. 그러면 오디언스 개발 비용은 20만 달러다.

마케터는 이 비용에 대해 걱정하지 않아도 된다. 마케터가 잡지를 배포하고 싶으면 고객의 우편물 수령 주소 목록을 이용하면 된다. 이것은 큰 이점이다.

4 유행은 돌고 돈다 소셜 미디어, 온라인 콘텐츠, 아이패드 앱은 오늘날 마케팅 믹스의 일부다. 하지만 마케터와 미디어 구매자들은 항상 남들이 안 하는 것을 좋아한다. 뭔가 다르고 새로운 것을 하고 싶어한다. 믿기 어렵겠지만, 인쇄 채널은 다시 새로운 것이 됐고 부활하고 있다. TV처럼 인쇄 매체도 황금기를 보게 될까?

5 고객은 자신이 어떤 질문을 할지도 알려주길 바란다 내가 인터넷을 좋아하는 이유는 소비자가 거의 모든 것에 대한 답을 찾을 수 있기 때문이다. 하지만 그들이 무슨 질문을 해야할지 모를 때는 어디로 가야 할까? 어떤 퍼블리셔가 이런 질문을 하

기에 내가 "인터넷은 대답을 얻으러 가는 곳이지만, 인쇄물은 질문을 구하러 가는 곳입니다"라고 대답했다. 인쇄물이라는 매체는 지구상에 존재해온 그 어떤 것보다도 틀을 깨는 생각을 하고, 읽은 것을 바탕으로 스스로에게 까다로운 질문을 하기 좋은 매체다. 몸을 '뒤로 기대는 자세'과 '앞으로 기울이는 자세'의 차이다. (하버드 비즈니스 리뷰처럼) 독자에게 숙제를 던져주고 싶다면, 인쇄 매체가 유력 후보다.

6 사람들은 여전히 인쇄물을 좋아한다 어떤 기자가 얘기하길, 온라인 기사를 위한 인터뷰 약속은 잡기가 갈수록 어려워지는 반면, 인쇄용으로 나간다고 하면 회사 임원처럼 바쁜 사람들도 일정을 조정해준다고 한다. 여전히 많은 사람들은 인터넷에 있는 말보다 인쇄된 말의 신뢰도가 훨씬 높다고 생각한다는 증거다. '인쇄해서 우편으로 보낼 정도로 투자를 했다면 분명 그만큼 중요할 것이다'라는 옛말이 떠오른다.

CMI에서도 『CCO』를 통해 가장 손쉽게 확인한 것이 이런 현상이었다. 필진들은 CMI 웹사이트에 나오는 것도 좋아하지만, 종이 잡지에 글이 실리기를 갈망한다. 기고에서 인쇄 매체와 온라인 채널에 대한 인식은 놀랍도록 다르다.

7 인쇄물을 보면 디지털로부터 해방된다 사람들은 점점 디지털 매체나 전자 매체와의 접속을 적극적으로 중단한다. 나는 가끔 인쇄된 책이나 간행물에 더 집중하기 위해서 스마트폰과 이메일 알림을 꺼둔다. 1년 전만해도 이렇게 될 줄 몰랐다. 요즘은

연락이 안 되는 상황에서 할 수 있는 일을 최대한 즐긴다.

예를 들어 우리 가족은 모두 '전자기기 없는 토요일'을 실천한다. 컴퓨터, 아이폰, X박스, 이메일, 페이스북 모두 안 하는 날이다. 2012년 1월부터 시작했고, 어렵긴 했지만 가족 모두에게 놀라운 경험이 되고 있다. 가족 넷이 모두 한방에 앉아 책이나 잡지를 읽는 시간이 좋다. 가족끼리 하는 일도 훨씬 많아졌다.

내가 옳다면, 당신의 고객 대부분은, 특히 회사에서 바쁜 임원들일수록 똑같이 느낄 것이다. 그들이 원하는 것이 바로 인쇄 매체일 수 있다.

온라인 콘텐츠 마케팅은 물론 건재할 것이다. 그러니 소셜 미디어, 앱, 기타 등등을 수용하자. 하지만 인쇄도 콘텐츠 마케팅 믹스에서 중요한 역할을 할 수 있다는 점도 잊지 말자.

디지털 잡지

—

디지털 잡지는 무엇인가

기존의 잡지와 각종 기능이 들어간 PDF를 결합한 것으로, 편집이 잘된 정기 콘텐츠를 말하며 특별한 소프트웨어 없이 브라우저에서 볼 수 있다. 보통은 브랜드 웹사이트에 올리고 이메일로 링크를 보내서 발행한다.

세 가지 핵심 사항

1 디지털 복제의 제약이 싫다면 종이 잡지의 콘텐츠를 수정하여 블로그에 올리자.

2 디지털 잡지는 인쇄물을 온라인에 게시하기 좋은 형태다.

3 잡지 콘텐츠에 동영상과 팟캐스트 추가도 고려하자.

디지털 잡지 사례

잡지『ZN』 자포스의 디지털 잡지『ZN』은 기존의 인쇄 잡지 같은 느낌을 살리면서 디지털이 지닌 편리한 기능(검색, 인쇄하기, 구매하기)들을 넣었다.

출처: zappos.com

그림 16.9 자포스의 디지털 잡지『ZN』

이러닝 시리즈

—

이러닝 시리즈는 무엇인가

이러닝 시리즈는 의도를 갖고 섬세하게 커리큘럼을 구성한 교육 콘텐츠이며, 팟캐스트, 동영상, 슬라이드 프레젠테이션, 웨비나 등 다양한 매체를 사용할 수 있다.

세 가지 핵심 사항

1 오디언스별로 학습 니즈가 다르기 때문에, 이에 맞춰 콘텐츠를 제공해야 한다. 오디언스는 사전 조사를 하는 고객, 최종 결정 직전의

출처: oracle.com

그림 16.10 이러닝에 뛰어든 오라클
오라클 테크놀로지 네트워크

예상 고객, 현재 고객 등으로 구분할 수 있다.

2 오디언스가 가장 많이 쓰는 매체를 이용하자.

3 실생활의 사례와 예시를 적극적으로 수용하자.

이러닝 시리즈 사례

오라클 테크놀로지 네트워크 Oracle Technology Network 오라클은 데이터베이스 관리자, 설계자 등 오라클 사용자들이 모든 해답을 얻을 수 있는 장소를 만들었다(그림 16.10). 이 사이트는 위키, 유용한 글, 고객 지원뿐만 아니라 교육용 웨비나와 보고서도 제공한다.

모바일앱

—

모바일앱은 무엇인가

모바일앱은 흔히 '앱'이라고 하며, 크게 두 갈래가 있다. 하나는 (아이폰, 안드로이드, 아이패드 등) 특정 기기용으로 만든 네이티브 앱이고, 나머지는 기기와 관계없이 사용할 수 있는 웹앱이다(하지만 항상 인터넷 연결이 되어 있어야 한다). 스마트 기기는 앱을 통해 우리에게 필요한 구체적이고, 개별적인 일을 수행해주는 도구로 변신한다.

세 가지 핵심 사항

1 효과적인 앱은 (전기나 수도처럼) 정기적으로 (매일 혹은 매주) 사용할 이유가 있어야 한다.

2 페이스북이나 트위터와 연동해서 쉽게 쓸 수 있는 인터페이스가 있어야 한다.

3 개선을 위해 고객의 만족도나 의견을 수집할 수 있는 기능이 있어야 한다.

모바일앱 사례

차민Charmin의 싯오어스콰SitOrSquat 깨끗한 공중화장실을 찾느라 애를 먹은 적이 있는가? 차민의 싯오어스콰은 가장 가까운 곳에 있는 화장실 중 깨끗한 곳의 위치를 보여준다(그림 16.11). 100만 명 이상이 다운로드했다.

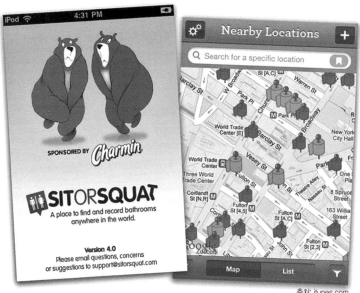

그림 16.11 청결한 공중화장실 찾기
차민의 싯오어스콰 모바일앱

출처: itunes.com

전화 세미나

—

전화 세미나는 무엇인가

콘텐츠는 전화로도 전달할 수 있다. 전화 세미나는 가상 프리젠테이션에서 핵심만 추린 것이다. 전화기만 있으면 된다. 전화 세미나 내용에 따라 통화 전에 개요, 어젠다, 발표 자료 등을 미리 나눠주는 경우도 있다.

세 가지 핵심 사항

1 전화 세미나를 통한 발표 자료 공유는 중소기업 직원들에게 우리의 발표 자료를 더 많이 전달하기에 이상적인 방법이다.
2 전화 세미나를 녹음하자. 그러면 팟캐스트가 생긴다.
3 시차를 고려하여 일정을 잡자.

팟캐스트

—

팟캐스트는 무엇인가

팟캐스트는 컴퓨터나 MP3 플레이어 등으로 재생할 수 있는 음성 파일로, 흔히 RSS나 아이튠즈를 통해 배포된다. 팟캐스트는 보통 5분에서 30분 정도 길이지만, 분량이 긴 팟캐스트들이 점점 인기를 끌고 있다.

세 가지 핵심 사항

1 팟캐스트의 주제를 정하고 주제에서 벗어나지 말자.

2 청취자가 예측할 수 있도록 일정을 잡고 공유하자. 주간, 격주간, 월간 등이 있다. 꾸준히 하자.

3 블로그에 팟캐스트 콘텐츠를 올려서 청취자들의 반응을 듣자.

팟캐스트 사례

안트러프러너 온 파이어 Entrepreneur on Fire 존 리 뒤마John Lee Dumas는 지구상의 모든 훌륭한 기업가들(세스 고딘, 샤크 탱크의 바바라 코코란 같은)이 나오는 일간 팟캐스트를 만들었다. 인터뷰는 30분 동안 진행하며, 존은 꾸준히 인터뷰를 한 덕분에 사업도 성장하고 구독자도 늘어났다. 매일 수천 명이 팟캐스트를 듣는다. 영광스럽게도, 나도 존과 인터뷰를 했는데 내용은 http://bitly.com/epic-eonfire에서 들을 수 있다.

라운드테이블

라운드테이블은 무엇인가

라운드테이블은 예상 고객을 모을 정도로 영향력이 있고 전문성도 있는 업계 임원들의 모임이다. 간단한 발표와 참석자들과의 토론을 통해 오피니언 리더로 자리매김할 기회를 갖는다.

세 가지 핵심 사항

1 생각뿐만 아니라 성격도 매력적인 임원들을 찾아보자.

2 라운드테이블에서의 의견을 보충하기 위해 당신의 블로그에 기고를

부탁해보자.

3 토론 결과를 요약 보고서로 작성하고, 백서나 전자책 형태로 제공해보자. 라운드테이블 행사가 열리고 한참이 지난 후에도 콘텐츠로 쓸 수 있도록 동영상, 음성, 녹취록을 이용해보자.

라운드테이블 사례

맥킨지Mckinsey 맥킨지는 주요하고 복잡한 주제에 대해 정기적으로 라운드테이블을 주최하며, 결과물을 최대한 많이 공유한다(그림 16.12).

출처: Mckinsey.com

그림 16.12 이그제커티브 라운드테이블의 효과
맥킨지의 이그제커티브 라운드테이블 시리즈

업계 순위표

—

업계 순위표는 무엇인가

사람들은 목록을 좋아한다. (모세의 십계명도 목록이다.) 업계 순위표는 독자에게 분야별 '최고'들의 목록을 제공하며, 순위표는 검색 순위 상위를 차지하게 된다. 내용이 무엇이든, 순위표를 만든 사람은 업계 전문가로 인식되며, 예상 고객은 순위표를 유용한 참고 자료로 활용한다.

세 가지 핵심 사항

1 순위는 객관적인 지표나 주관적인 기준에 따라 매길 수 있다.

2 순위표 링크를 자유롭게 사용할 수 있도록 하자.

3 블로그, 트위터, 보도자료 등을 통해 순위 변화를 발표하자.

종이책

—

종이책은 무엇인가

웹 2.0 시대에도 종이책은 권위의 상징이다. 자비 출판을 했건 기존 출판사를 통했건 책은 '큰' 콘텐츠 작품이고 언론 노출, 강연회, 전문가로서의 지위로 연결된다.

세 가지 핵심 사항

1 책은 시간을 많이 투자하는 일이기 때문에, 꼼꼼하게 계획하자. 블

로그가 있다면 블로그에 쓴 글을 책의 각 장으로 만들 방법을 생각해보자.

2 매체 효과를 이용하고 싶다면 사내 홍보 담당자들을 참여시키자.

3 저서 관련 커뮤니티를 만들려면 마이크로사이트나 페이스북 팬페이지를 고려하자.

당신의 브랜드는 왜 책을 써야 하는가

솔직히, 당신의 영역에서 최고의 전문가로 자리매김하고 싶다면 책이 필요하다. 온라인에서만 배포하는 전자책 말고 진짜 책을 말하는 거다. 나무를 베어 만든, '책상에 떨어뜨리면 둔탁한 소리가 나는' 책이 필요하다.

나는 대부분의 조직들이 책에 대해 진지하게 고민하지 않는다는 사실이 놀랍고 슬프다. 하지만 아래와 같이 책의 힘을 잘 이해하는 브랜드들도 있다.

마케토Maketo의 『매출 교란Revenue Disruption』 (마케토의 공동 창업자)
필 페르난데즈Phil Fernandez가 쓴 이 책은 마케토의 작품이다(그림 16.13). 나는 마케토가 홍보의 일환으로 보내온 사인본을 받았고, 공항 서점 여러 곳에서 이 책을 봤다. 책 제목인 '매출 교란'은 매출 성장에 따른 마케팅 프로세스 자동화를 잘 묘사하고 있다.

그림 16.13
마케토의 『매출 교란』, 필 페르난데즈 저

리코 인포프린트Richo InfoPrint의 『정밀 마케팅Precision Market-ing』

『정밀 마케팅』이라는 책에서 저자인 산드라 조라티Sandra Zoratti와
리 갤러거Lee Gallagher가 제시하는 개념들은 타깃이 아주 정밀하고
극도로 개인화된 콘텐츠를 제공한다는 면에서 리코의 핵심과 아
주 잘 들어맞는다. 이 책은 수많은 비교와 실제 수치를 통해, 정밀
마케팅이 기존 마케팅에 비해 얼마나 효과적인지를 설명한다.

**콘스턴트 콘택트Constant Contact의 『관여 마케팅Engagement
Marketing』** 콘스턴트 콘택트의 CEO 게일 굿먼Gail Goodman이 쓴 『관
여 마케팅』은 작은 회사들이 고객과 더 효과적으로 소통할 수 있
는 로드맵을 훌륭하게 제시한다. 마케토와 마찬가지로 콘스턴트
콘택트는 DM으로 사인본을 발송했다. 이 책은 매우 유용하며 콘
스턴트 콘택트의 사례도 잘 보여준다.

그림 16.14 리코 인포프린트의 『정밀 마케팅』,
산드라 조라티·리 갤러거 저

그림 16.15 콘스턴트 콘택트의 『관여 마케팅』,
게일 굿먼 저

이 회사들은 왜 책을 냈을까? 우선 자신이 앞서나간다는 것을 증
명하는 방법으로 책 만한 수단이 없다. 또한 (마케토나 콘스턴트 콘
택트의 사례에서 보듯) 책은 최고의 고객 사은품이다. 마지막으로
책을 한번 내게 되면 부속 콘텐츠를 만들 엄청난 자원을 갖추게
된다. 블로그 포스트(인용), 전자책, 슬라이드셰어 자료, 백서를 포
함 콘텐츠를 수없이 많이 만들 수 있다.

책을 내는 8가지 팁

업계에 반향을 일으키고 회사에 성장을 가져다줄 책을 만드는
일이 쉽지는 않다. 내가 책을 만들면서 터득한 방법들은 아래와
같다.

1 콘텐츠 재고 심층 조사 책에 맞게 조금만 수정하면 될 콘텐츠 보물 창고가 당신에게 이미 있을지도 모른다. 없더라도 최소한 주요 장들의 기초가 될 만한 콘텐츠가 나올 수도 있다. 시작하기 전에, 갖고 있는 것이 무엇인지 살펴보는 작업을 먼저 하자.

2 블로그를 파보자 나의 전작인 『콘텐트 마케팅 파워』와 『매니징 콘텐츠 마케팅』의 상당 부분은 블로그 포스트를 약간 수정한 것이다. 최소 6개월 이상 블로그를 운영했다면 아마 책 반권은 만들 수 있을 것이다.

3 공저 당신과 예상 고객이 동일하면서 협력관계에 있는 핵심 파트너가 있는가? 있다면 책을 같이 쓰자고 제안해보자. 책 홍보를 할 때도 파트너의 네트워크를 이용할 수 있다.

4 펀딩 받기 『콘텐트 마케팅 파워』는 자비 출판 서적이었는데 맥그로힐McGraw-Hill이 후에 저작권을 인수했다. 자비 출판을 할 때 초기 투자비는 제휴사들에게 대량 판매를 하면서 충당했다. 자비 출판이 싫다면 당신의 메시지를 널리 알리고 싶어하는 후원자를 찾고, 책을 후원해주는 개인이나 조직에게 배포나 자금 지원을 부탁하자.

5 미션 저자 입장에서 독자가 책에서 얻어가기를 원하는 것이 무엇인지 아주 분명하게 밝히자. 생각을 적어보고, 책 작업을 할 때 벽에 붙여놓자. 수많은 회사들이 하고 싶은 얘기만 하느라 독자의 고충에 집중하지 못한다.

6 인플루언서를 넣자 가능하다면 업계 인플루언서나 제휴 협력사의 사례를 포함하자. 물론 내용이 좋아야 한다. 당신의 이야기에 더 많은 사람을 포함할수록 외부에 공유될 기회가 늘어난다.

7 대필 작가도 고려하자 믿기 힘들겠지만, 당신이 좋아하는 저자 중에는 대필 작가의 힘을 빌린 사람들이 많다. 최고의 대필 작가들은 원고료가 5만 달러부터 시작한다. 시간이 없거나 글을 쓸 자원이 없다면 대필 작가도 고려하자.

8 완벽을 기하지 말고 적절한 수준에서 만족하자 나도 성에 차려면 영원히 책을 쓰고 있었을 것이다. 어떤 시점에서는 선을 딱 긋고 출간을 해야 한다. 원고를 마치자마자 새로운 조사 결과, 이야깃거리, 다뤘어야 하는 새로운 관점이 튀어나올 것이다. 하지만 걱정하지 말고, 이런 것은 다음 책에 쓰자.

오디오북

—

오디오북은 무엇인가

오디언스가 책 분량만큼의 콘텐츠를 눈으로 읽는 대신 귀로 듣는다면, 그것이 바로 오디오북이다. 브랜드가 오디오북을 후원하면 팟캐스트를 다운로드하는 사람들이 브랜드를 인지하게 되고, CD로 배포한다면 자동차 출퇴근족이 그 내용을 들을 것이다.

세 가지 핵심 사항

1 글 내용만큼이나 사운드가 좋아야 한다.

2 배경음악이나 삽입 음악도 고려하자.

3 내용의 일부나 한 장을 맛보기로 무료 배포해보자.

온라인 박람회

—

온라인 박람회는 무엇인가

기술 발전과 인터넷 속도 덕분에 이제는 현실과 비슷한 행사를 온라인에서도 열 수 있다(라운지와 전시 공간도 있다). 행사 주최 담당자들은 잠재 고객 발굴, 행사 참여율 제고, 매출 증대, 현재 그리고 미래 고객과의 소통 수단 등으로 인터넷을 기반으로 한 온라인 박람회를 여는 방안을 고려할 수 있다.

세 가지 핵심 사항

1 대부분의 온라인 박람회는 사이트의 각 메뉴에 '박람회'라는 이름을 붙인다.

2 대면 행사에서 부스 자리를 판매하듯, 온라인 박람회에서도 사이트의 공간을 후원 광고 형식으로 판매할 수 있다.

3 콘텐츠 측면에서는, 라이브 중계와 미리 제작한 세미나 영상을 적절히 섞으면 방문자가 편리하게 이용할 수 있다.

온라인 박람회 사례

시스코 차세대 가상 서밋 Cisco Next Generation Virtual Summit 시스코는 시스코 내부는 물론 AT&T, XO커뮤니케이션스 같은 외부 오피니언 리더들을 모아 네트워크 커뮤니케이션의 난제들에 대해 생방송과 주문형 프레젠테이션을 진행했다.

만화책

만화책은 무엇인가

만화책은 아이들만 좋아하는 것이라고 생각하면 안 된다. 만화는 생생한 그림이 글을 뒷받침해주기 때문에 나이에 상관없이 모든 독자가 쉽게 흥미를 가진다. 만화는 핵심 메시지를 쉽게 전달하며 기억에 더 잘 남는다.

세 가지 핵심 사항

1 교육용 콘텐츠라면 가장 좋은 전술이 만화일 것이다.

2 기억에 남는 만화책은 화제가 될 수 있다.

3 만화책의 대안으로 매주 업데이트하는 웹툰도 고려해보자. (마케투니스트의) 톰 피시번Tom Fishburne은 거의 매일 만화를 올린다(그림 16.6). 톰은 만화 덕분에 시각 콘텐츠 분야에서 세계적인 전문가가 됐다.

그림 16.16 만화의 효과
출처: CMI
톰 피시번은 만화 덕분에 시각 콘텐츠 전략 전문가가 됐다. 그림은 『CCO』 2013년 2월호에 수록된 만화다.

로드쇼

—

로드쇼는 무엇인가

로드쇼는 보통 단일 조직이 여러 곳을 다니면서 진행하는 발표나 작은 콘퍼런스다. 로드쇼 주최자와 경쟁관계에 있지 않은 관계사가 참여하는 경우가 많다. 보통 행사 길이는 하루거나 그보다 짧고, 예상 고객이 많이 모여 있는 곳에서 개최한다.

세 가지 핵심 사항

1 얻어갈 것에 집중하자. 고객이 참석하면 무엇을 얻어갈 수 있을까?

2 행사 계획과 홍보의 협업이 중요하다. 이 두 가지가 일정에 맞춰 잘 굴러가야 한다.

3 내부 인원들이 훌륭한 발표자가 될 수 있게 교육과 훈련을 해야할 수도 있다.

로드쇼 사례

레녹스Lenox 냉난방기 제조사인 레녹스는 매해 미국 전역을 돌며 총판과 도매상을 대상으로 교육 세미나를 연다. 세미나는 최신 기술을 소개하고 총판을 실제로 만나 감사를 표하는 자리이다. 총판과의 만남은 회사의 전체 마케팅에 아주 중요하다.

끝내주는 강연 팁

지난 1년 동안 나는 50회의 강연을 했고 웨비나나 인터넷방송도 50회 진행했다. 2007년부터 온라인과 대면 강연은 300회 이상 해왔다.

그리고 그동안 남의 강연도 수천 번 들어야 했다. 내 강연이 완벽하지는 않겠지만 이 정도로 강연 경험이 많은 경우는 드물다.

블로그가 알려지고 책을 내게 되면서 강연할 자리가 많아졌는데, 내가 한 일들 중 회사 성장에 가장 도움이 된 것을 꼽으라면 강연이다. 솔직히 강연을 통해 매출을 늘리는 업종은 많지 않다. 회사의 경영자이자 마케팅 전문가로서 당신의 역할은 조직의 콘텐츠 미션을 널리 퍼뜨릴 전도사들을 만드는 것이다.

아래는 내가 강연을 할 때 실천하려고 노력하는 팁이다(순서 없이 작성했다). 독자에게도 도움이 됐으면 좋겠다.

모든 슬라이드에 트위터 계정을 넣자 소셜 미디어와 관련이 거의 없는 행사라도, 트위터를 하는 참석자들이 있다. 발표 자료 맨 앞장에 트위터 아이디를 넣으면 효과가 없다(늦게 온 사람이 있을지도 모른다). 나의 경우 모든 슬라이드에 트위터 아이디를 넣은 이후로 강연에 대한 트윗이 두 배 이상으로 늘었다. 메시지를 퍼뜨리기에 정말 좋은 방법이다.

트위터용 메시지를 준비하자 나는 제이 배어에게서 트위터용 메시지를 준비하는 비법을 배워서 잘 활용하고 있다. 이것을 슬라이드에 포함하고(140자 이내여야 한다), 최소한 두 번 반복해서 읽어 효과를 극대화하자.

행사명 해시태그를 통해 강연을 홍보하자 강연 전날에 트위터 해시태그를 통해 당신이 강연한다는 사실, 강연 주제, 강연 시간을 알리자(예를 들어 콘텐츠 마케팅 월드의 해시태그는 #cmworld다). 어느 세션에 갈지 망설이던 사람들이 당신의 세션으로 몰려올 것이다.

슬라이드 한 장에 20단어 이상 넣지 말자 사람들이 내용을 읽어야 한다면 청중이 떠난다. 헤드라인과 짧은 글로 요점만 강조하고, 그림을 사용해 핵심을 부각시키자. 내 목표는 세스 고딘의 조언대로 글 없이 그림만으로 발표 자료를 채우는 것이다.

글자 크기는 30포인트 이상으로 하자 슬라이드에 글이 들어간다면 사람들이 읽을 수 있어야 한다. 나는 최소 30포인트를 사용한다.

연단 뒤에 서지 말자 연단은 당신과 청중을 가로막는 방해물이다. 청중에게 이야기하지 말고 청중과 함께 이야기하자.

걸어다녀도 괜찮다 우리는 사람이고 다리가 있다. 사용하자. 무대에서 왔다갔다 할 수 있는 지점을 찾자. 각 지점에 5초 정도 머물고 다음 지점으로 옮겨가자. 새로운 주제로 넘어갈 때마다 이동하자.

강연용 의상을 준비하자 기억에 남으려면 할 수 있는 것은 다 해야 한다. 기억에 남기 위한 열쇠는 의상이다. 사람들이 기억할 만한 것을 찾아보자. 나는 항상 주황색 셔츠를 입는다. 5년 넘게 항상 주황색 셔츠를 입고 발표했다. 그러니까 사람들이 항상 주황색 셔츠를 기대하고, 의상에 대해 이야기한다. 내 친구 마리 스미스는 쨍한 파란색을 사용하고, 가끔은 무대나 객석도 이 색으로 된 아이템으로 장식한다. 사람들은 항상 마리를 기억하는데, 일정 부분은 의상 덕분일 것이다. 그리고 그들은 다른 곳에서 그 파란색을 볼 때도 마리를 떠올린다.

많이 웃자 웃음은 전염된다. 활짝 웃으면서 강연을 시작하고, 5분마다 웃을 수 있는 신호를 준비하자. 사람들이 더 많이 웃을수록 발표 내용(과 평가)를 긍정적으로 볼 것이다. 웃으면 사람들이 덜 졸기도 한다.

숏링크를 제공하여 콜투액션로 활용하자 나는 모든 발표 자료에 숏링크를 몇 개 넣어, 청중이 내용에 대해 추가 정보를 얻을 수 있게 한다. 어떤 경우에는 강연 자리에서 5,000명 이상이 강연 자료를 다운로드받기도 했다. 나는 숏링크로 bit.ly를 사용한다.

참여를 유도하기 위해 무언가를 무료로 주자 나는 참여에 대한 보답으로 내 서명이 들어간 책을 거의 매번 나눠준다. 책을 나눠주면 나중에 문의를 받게 되고, (책을 전해주는 과정에서) 사람들과 이야기를 이어가게 된다. 네트워킹 기회도 늘어난다. 나는 지난 2년간 이 전술을 통해 고객 두 명이 더 생겼다.

주요 콜투액션 한 개를 강연에 넣자 참석자가 강연을 보고 뭔가를 행동으로 옮기면 당연히 좋을 것이다. 하지만 선택지를 너무 많이 주면 안 된다. 참석자가 강연을 듣고 나서 취했으면 하는 행동 한두 가지만 강연에 포함하자. 그리고 강연에 대한 반응을 트래킹하기 위해 쿠폰 코드나 숏링크를 이용하자.

목록을 사용하자 나는 대부분의 강연에서 제목에 숫자를 넣는다. '지금 당장 실행할 수 있는 콘텐츠 마케팅 팁 8가지' '괜찮은 것을 넘어 훌륭한 콘텐츠 마케팅을 하기 위한 6가지 핵심 요소' 같은 식이다. 숫자를 넣으면 사람들이 강연이 얼마나 진행됐는지 쉽게 알 수 있어 강연에 더 집중하게 된다.

흐름을 바꾸고, 8분에 한 번씩 일화를 얘기하자 청중이 집중력을 유지할 수 있는 시간은 8분 정도다. 몇 분에 한 번씩 흐름을 바꿔서 요점과 관련된 일화를 들려주자. 이런 이야기는 아주 잘 기억되기 때문에 참여도를 높이고 강연 전체의 목적을 달성하게 해준다.

아리스토텔레스에 주목하자 나는 강연에 대해 처음 가르치기 시작했을 때부터 항상 아리스토텔레스의 조언을 인용했다. 무엇에 대해 얘기할지 말해주고(서론), 그 내용을 이야기하고(본론), 무엇을 얘기했는지 말해라(결론). 강연이 머릿속에 남게 하려면 반복해야 한다. 서론, 본론, 결론의 구성은 효과가 좋다.

브랜디드 콘텐츠 도구/앱

—

브랜디드 콘텐츠 앱은 무엇인가

브랜디드 앱이란 전자기기에서 사용할 수 있는 서비스로 예상 고객 및 고객에게서 정보를 얻어서 맞춤형 분석, 평가, 보고서, 계획 등을 제공하는 것이다. 브랜디드 앱은 완성도나 독특함 덕분에 입소문을 빨리 탈 잠재력이 있다.

세 가지 핵심 사항

1 앱이 많이 퍼지고 알려지도록 출시 계획을 짜자.

2 사람들이 동료나 친구들과 공유하기 쉽게 만들자.

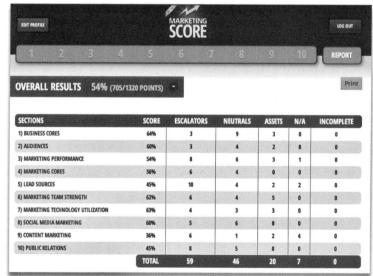

SECTIONS	SCORE	ESCALATORS	NEUTRALS	ASSETS	N/A	INCOMPLETE
1) BUSINESS CORES	64%	3	9	3	0	0
2) AUDIENCES	60%	3	4	2	0	0
3) MARKETING PERFORMANCE	54%	8	6	3	1	0
4) MARKETING CORES	56%	6	4	0	0	0
5) LEAD SOURCES	45%	10	4	2	2	0
6) MARKETING TEAM STRENGTH	62%	6	4	5	0	0
7) MARKETING TECHNOLOGY UTILIZATION	63%	4	3	3	0	0
8) SOCIAL MEDIA MARKETING	60%	5	6	0	0	0
9) CONTENT MARKETING	36%	6	1	2	4	0
10) PUBLIC RELATIONS	45%	8	5	0	0	0
TOTAL		59	46	20	7	0

출처: themarketingscore.com

그림 16.17 PR20/20 브랜드 툴 예시
'마케팅 스코어' 온라인 평가는 PR20/20의 브랜드 툴이다

3 시험하고, 시험하고, 시험하자. 앱 이용 경험은 곧 당신 회사의 수준을 말해준다. 완전히 출시하기 전에 충성 고객을 상대로 베타 테스트를 하자.

브랜디드 콘텐츠 도구 사례

마케팅 스코어 Marketing Score 홍보 대행사인 PR 20/20이 제작한 무료 평가 도구 '마케팅 스코어'(그림 16.17)는 회사들이 자사의 온라인 마케팅 성과, 잠재 고객 풀, 마케팅 팀 역량, 마케팅 기술 활용도, 콘텐츠 마케팅 등을 평가할 수 있게 해준다. 이 도구를 통해 PR 20/20은 신사업을 개척했고 새로운 매출원이 생겼다.

온라인 게임

—

온라인 게임은 무엇인가

온라인 게임은 말 그대로 온라인 게임이다. 당신의 브랜드가 제작했다는 점만 다르다.

세 가지 핵심 사항

1 게임의 다운로드 용량이 크지 않아야 한다.

2 여러 운영체제나 브라우저에서 잘 돌아가야 한다.

3 게임 경험이 브랜드에 대한 긍정적 경험으로 이어져야 한다.

그림 16.18
트래블팟의 트래블러 IQ 챌린지 온라인 게임

게임 사례

트래블러 IQ 챌린지 Traveler IQ Challenge 트래블팟Travelpod은 트래블러 IQ 챌린지(그림 16.18) 덕분에 똑똑한 세계 여행자들의 필수 사이트가 됐다.

인포그래픽

인포그래픽은 무엇인가

이름에서 알 수 있듯, 인포그래픽은 정보나 데이터를 도표, 그래프, 기타 그림 등 시각적인 형태로 보여주는 것이다. 인포그래픽의 힘은 단지 눈에 잘 띄는 것 이상이다. 단순한 목록과 달리 인포그래픽은 서로 다른 정보의 관계를 드러내주기 때문에, 데이터를 단순하게 나열하는 것이 아닌 연결을 통해 인사이트를 제시한다.

세 가지 핵심 사항

1 모두가 혼란스러워 한다면 당신에게는 기회다. 명료한 정보를 제공하여 오디언스에게 가치를 전달할 수 있는 영역은 어디인가?

2 당신의 정보를 표현해줄 안내 그림 또는 아이디어를 찾기 위해 은유적 사고를 하자.

3 결과물인 인포그래픽을 온라인에서 쉽게 공유할 수 있게 만들어 최대한 많이 퍼뜨리자.

인포그래픽 사례

콘텐츠 마케팅의 역사 The History of Content Marketing CMI는 '콘텐츠 마케팅의 역사'라는 인포그래픽을 배포했다(그림 16.19). 이 인포그래픽을 내놓자마자 마케터 수천 명이 공유했고, 위키피디아의 콘텐츠 마케팅 항목에서 필수 요소로 자리잡았다. 이 인포그래픽은 원래 CMI의 연간 정기 행사인 '콘텐츠 마케팅 월드'를 홍보하기 위해 만들었던 것이다.

엘로콰의 블로그 나무 업계나 분야별 인기 블로그 순위나 리스트는 종종 눈에 띈다. 하지만 오라클 계열사인 엘로콰는 여기에 더 넓고 깊게 접근했다. JESS3와 함께 만든 '블로그 나무'는 성공한 마케팅 블로그의 기술 원천, 이 블로그들이 다룬 주제들, 각 블로그의 인기도를 한눈에 보여준다(그림 16.20). 엘로콰가 블로그 나무 인포그래픽을 게시하자마자 블로그 조회 수 지표가 40 증가했으며, 인바운드 링크 175개가 생

그림 16.19 콘텐츠 마케팅 월드에서 사용한
인포그래픽 '콘텐츠 마케팅의 역사'

그림 16.20 엘로콰가 만든 블로그 나무

겼고, 700개 이상의 트윗에서 언급됐으며, 페이스북 '좋아요'는 2,500개
나 됐다. 그리고 방문자 중 49명에게 제품을 자세히 소개하거나 계약을
하는 기회를 얻었다.

온라인 설문조사

온라인 설문조사는 무엇인가

고객, 방문객, 업계 종사자를 상대로 서베이몽키 등의 도구를 사용해
무료 또는 유료 설문조사를 하는 것이다.

세 가지 핵심 사항

1 임원들이 가장 알고 싶어하는 것이 무엇일까? 바로 다른 회사의 임원들이 무슨 생각을 하고 있는지다. 당신이 설문조사를 통해 발견하는 내용은 임원들이 열심히 찾아 헤매는 자료일지 모른다.

2 설문조사를 할 만한 오디언스에는 블로그 독자, 트위터 팔로워, 링크드인과 페이스북 친구, 콘퍼런스 참석자, 이메일 뉴스레터 구독자 등이 있다.

3 짧게 하자! 질문이 10개 이상이면 참여도가 떨어진다.

설문조사 사례

콘텐츠 마케팅 벤치마크 조사 CMI와 마케팅프롭스는 지난 4년간 꾸준히 '콘텐츠 마케팅 벤치마크 조사'라는 업계 벤치마크 자료를 발표해왔다(그림 16.21). 이제 업계에서는 이것을 필수 자료로 이용하고 있으며, 다운로드 수는 5만 건을 넘었다. CMI는 이것 덕분에 백만 달러대 매출을 기록하는 회사로 성장할 수 있었다.

출처: CMI

그림 16.21 콘텐츠 마케팅 벤치마크 조사

온라인 커뮤니티

—

온라인 커뮤니티는 무엇인가

온라인 커뮤니티는 인터넷을 통해 고객이나 예상 고객이 당신의 제품이나 서비스에 대한 생각을 올리고 댓글을 달 수 있는 사이트나 페이지다.

핵심 사항 세 가지

1 인터페이스를 단순하게 만들자. 참여하기 힘들면 안 된다.

2 온라인 커뮤니티를 운영하면 고객들의 여러 가지 문제가 해결되면서도 직원들에게 부담이 가지 않는다.

3 커뮤니티 이용자를 '내부자'처럼 생각하고 신제품 소식 등을 가장 먼저 전하자.

온라인 커뮤니티 사례

보틀헤드 포럼 Bottlehead Forum 콘텐츠 마케팅과 소셜 미디어가 업계 유행어가 되기 한참 전부터, 보틀헤드는 진공관 오디오를 위한 커뮤니티를 운영해왔다. 지금도 이곳은 오디오 애호가들이 가장 즐겨 찾는 사이트다. 예상 고객들은 이 사이트를 통해 필요한 정보를 충분히 얻고 결국 구매까지 하게 된다.

17

콘텐츠
자산 찾기

즐거움의 절반은 탐색에 있다
인생을 깜짝파티가 아니라
고물 수집이라고 생각할 때 훨씬 수월하다
—
지미 버핏JIMMY BUFFETT

당신은 해냈다. 왜 그 콘텐츠가 필요한지에 대해 작성했고, 오디언스 페르소나를 만들고 검토했으며, 당신의 핵심 콘텐츠가 어느 구매 단계에서 사업에 도움을 줄지도 규명했다. 하지만 콘텐츠 마케팅 채널과 업무 흐름 전략을 짜기 시작하면서, 콘텐츠 마케팅 활동에 걸맞는 브랜드 스토리가 부족하다는 사실을 발견하게 될 것이다.

수많은 콘텐츠 마케팅 프로그램에서 핵심 브랜드 스토리는 직원, 고객, 주주의 열정과 전문성을 하나의 혹은 몇 가지의 이야기로 녹여낸 것이다. 브랜드 스토리를 만들면서 작업을 중단시키는 아래와 같은 말을 많이 듣지 않았는가?

- 우리[CEO, 임원, 엔지니어]는 글을 안 씁니다. 사실 우리 조직에서 아무도 쓰지 않아요. (거의 대부분 사실과 다르다.)

- 우리[CEO, 임원, 엔지니어]는 쓸 줄 모릅니다. (사실일 수도 있다.)
- 이 콘텐츠를 어떻게 다 만들어요? 우리는 자원이 없어요. (이것은… 어떤 측면에서 항상 사실이다.)

이제, 아래의 아이디어들을 탐색하기 전에 콘텐츠 마케팅을 위한 원재료가 부족한 회사는 없다는 점을 깨달아야 한다. 보통 문제가 되는 부분은 두 가지다. 첫번째, 콘텐츠가 스토리텔링 형식으로 되어 있지 않거나, 두번째, 콘텐츠 마케팅 계획에 맞는 브랜드 스토리 정보를 추출할 프로세스가 없다는 것이다.

눈으로 확인하며 하는 콘텐츠 재고 실사

마케팅 임원들도 남들과 똑같다. 사례를 통해 이해하기를 좋아한다. 임원들에게 아래 테스트를 시켜보면 도움이 될 것이다.

1 마케팅 콘텐츠를 모두 모아본다. 인쇄물, 디지털 형태(인쇄한다) 모두 회의실 탁자에 놓는다. 브로셔, 뉴스레터, 블로그 포스트, 도매업자를 위한 정보 등 무엇이든 좋다.

2 마케팅 임원들을 회의실로 부른다.

3 그들에게 "우리의 콘텐츠는 우리 제품을 사용하면서 고객이 겪거나 겪게 될 고충을 많이 다루나요, 아니면 우리 제품이나 서비스가 얼마나 훌륭한지를 설명하는 데 몰두하나요?"라고 묻는다.

4 그리고 "사람들이 이것을 소셜 미디어에 공유하고 퍼뜨릴까요? 동료들과 이 콘텐츠에 대해 이야기를 나눌까요? 이 콘텐츠에 빠져들어서 회사 계정과 친구를 맺거나 팔로우를 할까요?"라고 다시 묻는다.

눈으로 직접 확인하는 콘텐츠 재고 실사의 목적은 두 가지다. 첫번째, 회사가 어떤 콘텐츠를 만들었고 이 콘텐츠가 사업에 도움이 됐는지 방해가 됐는지를 토론할 출발점이 된다. 두번째, 고객의 관여과정 중 우리가 보충해야 할 콘텐츠가 무엇인지를 잘 파악하기 위함이다.

콘텐츠 재고 실사
—

어떤 콘텐츠가 필요한지를 정하기 전에, 무엇을 갖고 있는지 알아야 한다. 이에 더해, 갖고 있는 것에 조금이라도 장점이 있는지를 파악해야 한다. 고객의 구매과정에서 엄청나게 유용하게 쓰일 원재료를 갖고 있는지를 확인해보면 더 좋다.

캠벨 이월드 에이전시의 콘텐츠 전략 총괄 크리스 모리츠Chris Moritz는 콘텐츠 트래킹을 아주 간단하게 하는 방법을 제시한다. 그 방법은 바로 아래 항목에 대한 답들을 표에 넣어보는 것이다. 이 작업은 트래킹에 꼭 필요하며, 넣어야 할 항목은 다음과 같다.

• 고유 ID(1.0, 1.1, 2.0 등등. 모든 문서, 그림, 동영상에 조직 나름의 규칙에 따라 ID를 부여한다)

- 페이지 제목(또는 문서 이름)

- 웹주소(디지털이 아니라면 위치)

- 문서 유형(웹페이지, PDF, 워드 문서, 동영상 등)

- R.O.T(중복Redundant, 오래됨Outdated, 지겨움Tired) 점수

- 비고(그 문서를 읽는 사람들이 알면 좋을 내용. 타깃 오디언스가 누구인지,

  원작자가 누구인지, 언제 만들었는지 등)

이것이 기본적인 콘텐츠 재고 목록이다. 잘 보관하고 자주 참조하자.

왜 이것이 중요한가? 여러 회사들이 새로운 전자책을 내고 백서를 내고 프리랜서 작가나 편집자들을 채용해서 콘텐츠를 한참 만들다가 예전에 이미 이것을 다 해놓았다는 것을 깨닫는다. 간단한 콘텐츠 재고 목록이 시간과 돈을 아껴줄 것이다.

콘텐츠 재고 실사 고급과정

—

아하 미디어 그룹의 소유주인 아하바 라입탁은 콘텐츠 재고 조사나 실사가 첫걸음이라고 믿는다. 콘텐츠 재고 실사에 정해진 방법은 없다. 하지만 아래의 방법이 도움이 될 수 있다.

스프레드시트에 애널리틱스와 콘텐츠 재고 실사를 결합하기

스프레드시트에는 아래와 같이 열을 만들자.

- 페이지 제목

- 페이지 이름

- 비고

- 페이지뷰[총]

- 페이지뷰[지난달]

- 절대 순 방문자 수

이것을 알고 있으면 성과에 대한 인사이트가 생길 것이다. 예를 들면 어떤 콘텐츠의 지난달 페이지뷰가 0이었다면 효과가 없거나 홍보를 제대로 안 했거나 엉뚱한 곳에 콘텐츠를 올린 것이다.

모바일과 데스크톱 분석 자료 비교하기

사람들이 두 기기에서 콘텐츠를 소비하는 방식의 주요한 차이가 있는지 살펴보자. 내용은 동일한데 모바일 기기에서의 조회 수가 데스크톱보다 훨씬 높은 콘텐츠가 있는가? 그러면 그 이유는 무엇일까?

당신이 정기적으로 올리는 콘텐츠 유형의 빈도 세어보기

별도의 스프레드시트를 사용하거나 파워포인트를 이용하여, 특정 기간 동안(예를 들면 한 분기 동안)의 콘텐츠 유형별 제작 수량을 표시하자. 동영상, PDF, 슬라이드셰어 등 어떤 유형이 효과가 가장 좋았는가?

아하바는 이 활동의 목적을 아주 잘 표현했다. "콘텐츠 재고 실사의 목표는 단순히 자료 수집이 아니라 좋은 결정을 내리기 위해 필요한 정보를 보유하는 것이다."

실용적으로 콘텐츠 분석하기

PR 회장 파트리샤 레드시커

Patricia Redsicker, Owner, PR

당신의 웹 콘텐츠는 알아서 관리되지 않는다

_크리스티나 할버슨, 『웹을 위한 콘텐츠 전략』 中

KRISTINA HALVORSON, 『CONTENT STRATEGY FOR THE WEB』

상사나 클라이언트에게 웹 콘텐츠에 문제가 있다고 보고하면, 어떤 문제가 있는지, 그리고 왜 그것이 문제인지를 물어볼 것이다.

질문에 대한 답을 안다 해도 "문제도 있지만 좋은 면도 있지 않나요?"라는 반문에는 답하기가 어렵다. 하지만 당신이 아래와 같은 것을 원한다면 이 질문이 중요하다.

- 오디언스 유지
- 당신의 사이트와 경쟁자 사이트의 지표 비교
- 콘텐츠 개선점 찾기

문제가 되는 콘텐츠를 진단하려면 주기적으로 분석하고(최소 6개월마다), 구체적인 요소들을 쪼개서 측정해야 한다. 요소는 아래와 같다.

- 유용함과 관련성
- 명료함과 정확도
- 완전성(문장, 생각, 아이디어, 논리)
- 영향력과 관여도
- 검색 용이성(SEO)
- 브랜딩 일관성
- 타깃 오디언스
- 사업 우선순위와의 일치도
- 콘텐츠 유지 관리

이런 항목을 바탕으로 웹사이트 콘텐츠 분석을 6개월마다 해보자.

콘텐츠가 성공하려면 유지 보수를 해야 하고, 여기에는 품이 많이 든다! 콘텐츠에 문제가 생기는 이유는 콘텐츠 소유자들의 유지 보수 시간이 부족하기 때문이다.

사실 지난 6개월 안에 웹사이트 콘텐츠 분석을 한 적이 없다면, 고쳐야 할 콘텐츠 문제가 있을 가능성이 높다. 보통 생기는 문제는 다음과 같다.

- R.O.T
- 깨진 링크
- 메타 설명 누락

- 콘텐츠에 영향을 주는 정책 변경
- 브랜딩 스타일과의 불일치
- 약한 콜투액션

콘텐츠 분석 절차

사이트의 콘텐츠 분석을 하려면, 현재 웹 콘텐츠가 어떻게 보이는지 알아내기 위해 먼저 콘텐츠 재고 조사를 하자. 가장 쉬운 방법은 그림 17.1과 같이 간단한 스프레드시트를 사용하는 것이다.

사이트의 모든 페이지를 일일이 검토하고, 알아낸 내용을 위의 형식을 이용해 기록하자. 설명을 신경써서 적고, 필요하면 열을 더 만들자. 콘텐츠는 글뿐만 아니라 동영상, 사진, 오디오, 인포그래픽, 기타 웹사이트에 있는 모든 것이라는 점도 명심하자.

전담 관리

콘텐츠 재고 조사를 하고 나면, 이에 따라 사이트를 관리하는 데 필요한 모든 정보가 손에 있을 것이다.

아쉽게도, 오디언스를 끌어들일 콘텐츠를 꾸준히 만드는 일을 중점적으로 하려면, 과거에 만든 것이 오디언스에게 유효한지를 계속해서 확인하고 점검하는 수고를 들여야 한다.

하지만 아니 쿠엔Arnie Kuenn이 저서 『가속Accelerate』에서 말하듯, "책임감 있게 콘텐츠를 배포하려면 전담 관리가 필요하다". 웹사이트에 수준 높은 콘텐츠를 보유하는 것은 아주 중요한데, 사용자

ID	페이지명	문서 유형	링크	키워드	메타 설명	내부 링크	목적	비고
1.0.0	ABC사	홈페이지	domain.com	콘텐츠 마케팅 서비스, 맞춤 콘텐츠	B2B 브랜드를 위한 콘텐츠 마케팅 솔루션	소개 1.1.0, 서비스 1.3.0, 블로그 1.5.0	판매/ 마케팅	전체 페이지 중 10%만 노출
1.1.0	ABC 소개	소개 페이지	domain.com/ about	콘텐츠 마케팅 솔루션	고객을 모으고 유지하는 콘텐츠 제작을 돕습니다	블로그 1.5.0	브랜드/ PR	조직 변화/ 업데이트 필요
1.3.0	ABC의 서비스	서비스 페이지	domain. com/service	콘텐츠 마케팅 전략, 소셜 반응 파악 서비스	우리의 콘텐츠 마케팅 솔루션은 매력적이고 유관하며 꾸준한 콘텐츠를 만듭니다	홈 1.0.0, 다운로드 1.4.0	판매/ 마케팅	가격 이해가 힘듦

그림 17.1 콘텐츠 분석 스프레드시트
콘텐츠 분석 스프레드시트 샘플

경험을 좋게 하는 것뿐만 아니라 브랜드가 높은 평가를 받는 데도 꼭 필요하다.

신뢰도를 높이고 싶다면 사이트의 링크들이 깨져 있지 않도록 관리하자. 외주를 맡기건 직접 하건, 전담 콘텐츠 유지 관리 인력을 두자.

교훈

웹사이트 사용자 경험에 영향을 주는 모든 것 중 가장 중요한 요소는 콘텐츠다. 콘텐츠가 항상 업데이트되어 있고, 정돈되어 있고, 사이트 방문자와 관련이 있는 내용인지를 확인하자. 물론 손이 많이 가는 일이며, 콘텐츠를 많이 생산할수록 유지 보수할 것도 많아진다. 하지만 콘텐츠 품질은 타협하면 안 된다.

EPIC THOUGHTS

- 새로 만들려는 것이 얼마나 훌륭한 콘텐츠건, 기존에 만들어놓은 것 중 쓸 만한 콘텐츠가 있는지 알아보자.
- 당신이 갖고 있는 콘텐츠를 정리할 절차를 파악하고, 콘텐츠를 언제 새로 올려야 할지 생각해보자. 누군가가 전담하게 해도 좋다.

EPIC RESOURCES

- Chris Moritz, "How to Start Your Content Strategy: The Discovery Phase," ContentMarketingInstitute.com, June 1, 2010, http://contentmarketinginstitute.com/2010/06/content-strategy-discovery/.
- Ahava Leibtag, "Why Traditional Content Audits Aren't Enough," ContentMarketingInstitute.com, January 24, 2011, http://contentmarketinginstitute.com/2011/01/content-audits/.
- Patricia Redsicker, "Content Quality: A Practical Approach to Content Analysis," ContentMarketingInstitute.com, February 21, 2012, http://contentmarketinginstitute.com/2012/02/content-quality-practical-approach-to-content-analysis/.
- Arnie Kuenn, *Accelerate*, CreateSpace Independent Publishing Platform, 2011.
- Kristina Halvorson, *Content Strategy for the Web*, New Riders, 2009.

18

사 내 에 서 콘 텐 츠 조 달 하 기

사람들을 돕는 일은, 사업에도 도움 된다

리오 버넷LEO BURNETT

어떤 CEO들은 쓰기를 좋아하지만, 대부분은 말하기를 좋아한다. 핵심 임원들이 오피니언 리더가 될 만한 콘텐츠를 생산하기 어렵다면, 그나 그녀의 생각을 다른 형식으로 기록하자. 스카이프 인터뷰를 하고 대화를 녹음하자. 편집장은 이것을 다른 형태의 콘텐츠로 바꿀 수 있다(블로그 포스트, 백서 등). 콘텐츠 품질이 좋으면 녹음이나 녹화한 내용을 그대로 쓸 수도 있다. CEO가 글을 쓰긴 힘들지만 이메일을 쓸 의사는 있다면, 긴 이메일을 보내달라고 해도 좋다.

즉, 당사자가 불편해하는 방식에 억지로 맞추게 하느라 특정 과정에서 막혀 있지 말자.

업계 행사에 가면 사진과 영상을 남기자. 이것을 당신이 만들 콘텐츠에 연관 지어 생각해보고 제작에 적용해보자. 예를 들어 고객 인터뷰에 행사 영상을 사용할 수도 있다.

사내에서 콘텐츠를 조달하는 또다른 방법은 콘텐츠와 관련된 사람과 앉아서 얘기하는 것이다. 어떤 주제에 대해 500단어로 글을 쓸 수는 있지만 쑥스럽거나 그럴 필요를 못 느낀다는 제품 관리자가 있다면 인터뷰를 하자. 점심을 먹으면서 대화를 녹음하자. 다시 이 내용을 다양한 형식으로 만들자.

임원들이 스토리텔링하도록 돕자

임원들과 콘텐츠 제작이나 글쓰기에 대한 얘기를 할 때는 '글쓰기'가 무엇인지 알려주는 것부터 시작해야 한다. 글을 쓰는 행위는 그냥 머릿속에 있는 것을 단어로 바꾸는 것이다. 유명한 스포츠 기자 레드 스미스Red Smith는 "타자기 앞에 앉아서 피땀만 흘리면 됩니다"라고 말했다.

물론 글을 이야기나 좀더 읽을 만한 무언가로 바꾸려면 편집과정이 필요하다. 임원들에게는 편집과정에서 글이 '싹 다듬어질 것'이라고 안심시켜주자. 그리고 아래의 팁을 알려주면서 글을 쓰게 하자.

- **일단 써본다** 아무렇게나 써본다. 실제 작가들은 무조건 글을 쓰기 시작하면서 마음속 '편집자'의 검열만 막아도 좋은 글이 나오고, 글의 구조도 대강 잡혀서 스스로에게 놀란다고들 한다. 임원들에게 생각나는 내용을 딱 30분 동안만 문서 입력기에 쳐보라고 하자.
- **스토리보드로 만든다** 무언가를 써내기가 힘들면, 말하고 싶은 바

를 시각화해보라고 하자. 포스트잇에 핵심 단어나 개념을 적고 배열해보는 것이다. 그림을 그려도 상관없다. 긴 글을 구성할 때 특히 유용한 방법이다. (마인드맵도 유용할 수 있다).

작가의 벽을 깨기 위해
자유연상 글쓰기 활용하기

—

나는 최근에 (『벼락 천재Accidental Genius』의 저자로 잘 알려진) 마크 레비Mark Levy와 독특한 대화를 나눈 적이 있다.

마크는 나에게 '자유연상 글쓰기'라는 것에 대해 속성 강의를 해줬다. 자유연상 글쓰기는 의식의 흐름 글쓰기라고도 하는데, 정해놓은 시간 동안 문법이나 철자, 심지어 주제도 신경쓰지 않고 글을 쓰는 기법이다. 마크는 고객, 즉 콘텐츠 제작자의 마음 깊은 곳에 있는 내용을 끄집어내기 위해 이 방법을 쓴다고 했다.

자유연상 글쓰기는 전 세계 문예창작과 커리큘럼에서 빠지지 않는 항목이다. 『구원으로서의 글쓰기』의 저자 나탈리 골드버그Natalie Goldberg는 자유연상 글쓰기의 규칙 몇 가지를 제시한다.

- 시간제한을 두자. 정해진 시간 동안 쓴 후 멈추자.
- 시간이 다 될 때까지는 손을 바쁘게 움직이자. 멈추거나 멍하게 있거나 쓴 내용을 읽지 말자. 빨리 쓰되 서두르지는 말자.
- 문법, 철자, 구두점, 단순 명료함, 문체 등은 신경쓰지 말자. 과정상

의 크고 작은 미숙함은 오직 글쓴이만 안다.

- 주제에서 벗어나거나 생각이 안 나도 계속 쓰자. 필요할 경우 아무 말이나, 머릿속에 떠오르는 것을 쓰거나 그냥 끄적이자. 어떻게든 손을 움직이자.

- 쓰면서 지루하거나 불편하면, 무엇이 불편한지를 자신에게 묻고 그 것에 대해 쓰자.

- 시간이 다 되면 쓴 것을 살펴보면서, 글에 사용할 만한 부분과 다음 자유연상 글쓰기 때 좀더 발전시킬 만한 부분에 표시를 하자.

나도 자유연상 글쓰기에 도전해봤다. 마케팅 프로세스에 콘텐츠를 통합하는 아이디어에 대해 5분간 적어봤다. 아래는 그 내용들을 다듬은 것이다.

- 콘텐츠를 마케팅 계획에 통합시킬 때의 문제점들
- 전체 마케팅의 일부로서 콘텐츠 마케팅을 측정하는 방법은 무엇일까?
- 소셜 미디어를 마케팅 계획에 통합시키는 방법은 무엇일까?
- 각 구매과정에 따라 어떤 전술이 가장 잘 통할까?
- 콘텐츠 마케팅이 효과를 보려면 어떤 내부 자원이 필요할까?
- 소셜 미디어를 모니터링해서 새로운 콘텐츠 주제를 발굴하는 방법은 무엇일까?
- 콘텐츠 프로세스는 어떤 부서에서 관리해야 할까?
- 콘텐츠를 개발할 때 영업팀의 도움은 어떻게 받을까?

- 직원들이 브랜드의 콘텐츠 대변인 역할을 하려면 발언을 어느 정도로 규제해야 할까?
- 언제 외주를 주고 언제 자체 제작을 해야 할까? 판단 기준이 있을까?
- 외주를 한다면 25달러짜리 글과 500달러짜리 글의 차이는 무엇일까? 정말 다른가?
- CMO에게 콘텐츠 마케팅의 장점을 어떻게 알려줄까?
- CMO가 콘텐츠에 노골적으로 판매 이야기를 넣으려고 하면 어떻게 해야 할까?
- 우리도 블로그를 시작해야 할까?
- 다른 사이트에는 어느 정도로 활발하게 참여해야 할까?
- 경쟁자의 콘텐츠 사이트에서는 어떻게 활동할까?
- 콘텐츠 큐레이션은 어떨까?
- 콘텐츠를 직접 개발할지 큐레이션할지는 언제 결정해야 하나?
- 우리가 콘텐츠를 통해 하는 일을 사내에 알릴 때는 어떤 방법이 좋을까?
- 콘텐츠 마케팅 계획을 만들 수 있는 양식이 있나?
- 인쇄는 콘텐츠 마케팅에서도 아직 유효할까?
- 콘텐츠 관점에서는 고객 세그먼트를 어디까지 나눠야 하나?
- 구매자 페르소나가 필요한가? 구매자 유형별로 페르소나를 전부 작성해야 할까?

나는 자유연상 글쓰기 한 번으로 당장 활용할 수 있는 블로그 글감

20개를 얻었다. 완벽하진 않았지만 출발은 좋았다.

당신이나 사내의 누군가가 '작가의 벽'에 부딪힐 때, 이 자유연상 글쓰기를 시도해보고, 권해보자. 고객 서비스, 영업, 엔지니어링, 또는 고객과 접점이 있는 어느 부서에서든 다 활용할 수 있다.

직원들이 콘텐츠 소재를 항상 생각하도록 돕자

—

CMI가 함께 일한 기술 기업 중 하나에서는, 대부분의 고객 상담이 이메일을 주고받는 것을 통해 이루어졌다. 최초 콘텐츠 분석에서, 고객과의 이메일 내용을 활용하면 블로그와 기사의 대부분을 작성할 수 있겠다는 사실을 발견했다. 놀랍게도 이것은 실제 고객 서비스 센터 직원의 아이디어였고, 이제는 회사의 구성원 모두가 고객 상담을 통해 나오는 콘텐츠를 살펴본다. 그리고 고객 서비스 센터 직원들과 판매 직원들은 자신들이 주고받은 이메일이 회사 웹사이트의 FAQ나 블로그 포스트에 쓰일 수 있을지를 항상 의식하면서 일하고 있다.

내 경험에 비추어 봤을 때, 콘텐츠 마케팅 과정에서 외부인의 시각이 마케팅 부서가 올바른 방향으로 가는 데 매우 도움이 될 때가 있다. 또 단순히 의견만 듣는 것이 아니라 외부인을 회사 내로 영입해 직원들과 힘을 합치면 핵심 임원진들이 콘텐츠 마케팅의 힘에 눈을 뜨기도 한다.

EPIC THOUGHTS

- 어떤 콘텐츠 프로그램을 하건, 직원들의 의욕을 떨어뜨리고 자신감을 꺾는 작업에 억지로 밀어넣지 말자.
- 콘텐츠 글감이 떠오르지 않는가? 고객들이 항상 물어보는 질문을 자유연상 글쓰기로 적어보자. 50개는 거뜬히 나올 것이다.

EPIC RESOURCES

- Mark Levy, *Accidental Genius*, Berrett-Koehler Publisher, 2010.
- Mark Levy's website, accessed on March 18, 2013, http://www.levyinnovation.com/.
- "Free Writing," *Wikipedia.com*, accessed July 9, 2013, http://en.wikipedia.org/wiki/Free_writing.
- Natalie Goldberg, *The True Secret of Writing*, Atria Books, 2013. (나탈리 골드버그, 『구원으로서의 글쓰기』, 한진영 옮김, 민음사, 2016)

19

콘텐츠
플랫폼

최고를 기대하라
최악을 준비하라
다가오는 것을 활용하라
—
지그 지글러ZIG ZIGLAR

『돈이 보이는 플랫폼』의 저자 마이클 하얏트Michael Hyatt는 "플랫폼—당신이 목소리를 내고 모습을 보일 수 있는 수단인—없이는 기회가 없다. 이제는 멋진 제품, 뛰어난 서비스, 타당한 이유를 가졌다고 기회가 오지 않는다."고 말한다.

물론 당신의 콘텐츠 플랫폼은 여러 가지 방식으로 만들 수 있다. 웹사이트, 블로그, 트위터, 페이스북 페이지, 종이책, 이메일 뉴스레터 등이 있을 것이다. 반대하는 사람도 있겠지만 내 생각에 콘텐츠 플랫폼을 구축하는 방법은 딱 하나다. 플랫폼을 갖는 것이다.

이 생각을 가장 잘 표현한 말은 카피블로거 미디어 소니아 시몬의 "빌린 땅에 건물을 짓지 말자"다. 페이스북, 링크드인, 트위터에서 구독자를 늘리거나, 인기 블로그나 유명한 매체에 기고를 해서 구독자를 만들 수 있다. 그러나 그런 채널에서 당신은 아무것도 소유하지 못한다. 당신의 플랫폼을 페이스북 같은 곳에 만드는 일은 멋진 '스타'의 집을 임대한 땅에 짓는 일과 똑같다. 거기에서 살기는 좋겠지만, 땅주인이 아무때나 당신 눈앞에서 땅을 팔아버리면 속수무책이다.

이메일 구독(당신이 구독자의 정보를 소유한다)과 팔로워/팬(다른 사람이 구독자의 정보를 소유한다) 중 이메일 구독이 중요하듯, 사람들을 당신에 게로 이끌 접점도 당신이 소유해야 한다. 물론 콘텐츠를 소유하는 것도, 다른 플랫폼에 뿌리는 것도 필요하다. 하지만 당신이 통제할 수 있는 플랫폼에 집중하는 것이 핵심이다.

매체사의 사례

—

역사상 가장 위대한 매체사들을 보자. 월스트리트저널도 좋고, 당신이 속한 분야의 최고 잡지도 좋다. 이들의 플랫폼은 인쇄된 신문이나 잡지로 철저히 국한됐다. 오늘날 모든 언론사의 플랫폼은 웹에서 출발한다. 그러니 당신도 웹에서 출발해야 할 것이다.

잡지 『Inc.』를 다시 한번 살펴보자. 기존에 이 잡지의 주요 플랫폼은 월간 종이 잡지였지만, 지금 이 잡지의 중점 영역은 Inc.com 사이트다. 사이트에서 독자들이 이야기를 공유하고, 예상 독자들이 검색을 통해 문제의 해결책을 찾아보며, 이를 통해 잡지사는 이메일 구독자를 늘린다.

방사형 모델

—

톱랭크 온라인 마케팅의 CEO이자 『최적화Optimize』의 저자 리 오든Lee Odden은 방사형 모델(그림 19.1)의 가치를 설파한다. 거점(블로그나 웹사이트)이 당신의 콘텐츠 마케팅 세계의 가운데에 있고, 가지들이 뻗어 나가 당신의 콘텐츠를 퍼뜨려준다. 리의 조언은 다음과 같다.

- 소셜 미디어의 트래픽을 끌어모을 수 있는 거점을 만들자(블로그가 좋다).
- 거점 밖에 배포 채널과 커뮤니티를 만들자.
- 거점에는 훌륭한 콘텐츠를 만들고, 최적화하고, 홍보하는 데 시간

그림 19.1 방사형 모델

을 쓰고, 외곽에서는 네트워크를 키우자.

- 이용자가 콘텐츠를 게시할 수 있는 커뮤니티에 콘텐츠가 노출되면, 커뮤니티 방문객들에게 홍보도 되고, 거점으로 사람들을 끌어들일 수 있다.
- 링크를 사용하면 트래픽을 늘릴 수 있고, 검색 결과 노출에 유리하다.

워드프레스

워드프레스는 오픈소스 콘텐츠 관리 플랫폼이며, 전 세계에서 가장 많이 사용되는 CMS다. 워드프레스 코드는 무료지만, 사이트를 만들기 위해서는 워드프레스 개발자가 필요하다.

나는 예전에 여러 CMS 플랫폼을 사용해봤다. 지금은 CMI 전체를 워드프레스로만 운영한다. 솔직히 플랫폼이 당신 것이고 직접 호스팅한다면 어떤 플랫폼을 쓰건 상관없다. 하지만 다른 누군가가 호스팅하고 있다면(예를 들어 yoursite.com이 아닌 blogger.yoursite.com이라면□) 플랫폼을 소유할 기회를 잃는다.

나는 종종 "회사 매출이 5천만 달러 미만이면 CMS는 워드프레스로 충분하다"라고 말하고 다닌다. CNN, 롤링 스톤스, 베스트 바이 모바일도 워드프레스를 사용한다.

CMS 플랫폼을 선택할 때는 편집과 관리가 쉬운지, 퍼블리싱 도구가 간단한지, 사용자 경험 개선을 위해 수정이 가능한지를 살펴보자. (웹사

□ 자체 도메인 주소가 아닌 네이버 등 블로그 주소를 사용한다면

이트나 블로그 콘텐츠를 바로 고칠 수 없다면 매우 난감해진다.) 워드프레스
외에도 수백 가지의 CMS가 있으니 이들 중 적절한 것을 선택하면 된다
(http://en.wikipedia.org/wiki/List_of_content_management_systems 참조).

플랫폼의 실제 사례

—

P&G의 BeingGirl.com은 신체 및 사춘기와 2차 성징
때 일어나는 변화에 관한 궁금증이 많은 10대 소녀들을 타깃으로 한 플
랫폼이다(그림 19.2). 포레스터의 조사에 따르면 BeingGirl.com은 P&G
가 10대 소녀들을 대상으로 한 기존 형식의 광고보다 네 배나 효과가

출처: beinggirl.com

그림 19.2 P&G의 BeingGirl.com

그림 19.3 스마트의 베터리 매거진

좋았다.

P&G는 BeingGirl.com을 페이스북 업데이트나 트위터의 주요 거점으로 사용하면서, 외부 플랫폼에서 일어난 관심을 BeingGirl.com의 트래픽 증대에 이용한다.(현재 Always.com으로 개편―역자주)

베터리 매거진Bettery Magazine은 스마트Smart의 콘텐츠 플랫폼으로, 독자들에게 도시에서 일어나는 새로운 일들에 대한 소식을 전한다(그림 19.3). 다음은 베터리의 마케팅 미션 스테이트먼트에서 발췌한 내용이다.(현재 스마트 매거진Smart Magazine으로 개편―역자주)

베터리 매거진은 서로 다른 두 분야의 선구자들이 모여 도시 공간의 문제점, 해결책, 기회에 대해 논의합니다. '시선 교환'은 두 명의 사진작가—지역 작가 및 외부 작가—가 짝을 이뤄 각자가 담은 세계 도시의 초상을 공유합니다. '인터뷰'에서는 베터리 매거진 에디터들이 흥미로운 프로젝트과 콘셉트 뒤에 숨어 있는 창의적인 사람들을 취재합니다. '이벤트'는 여러 공동체 간의 구체적인 대화를 활성화하는 창조적인 토론, 공연, 전시를 알립니다. '뉴스'는 도시의 핏줄인 디자인, 건축, 음식, 음악, 거리 예술, 스포츠, 영화 등에 대한 리뷰와 팁을 제공합니다.

데이터 소프트웨어 회사인 모네테이트는 업계 최고의 자료실 메뉴를

출처: monetate.com

그림 19.4 자료실 샘플
모네테이트는 Monetate.com에 콘텐츠 플랫폼을 두고 있다

자랑한다(그림 19.4). 모네테이트는 전통적인 언론사에서 편집인으로 일하던 랍 요겔을 콘텐츠 마케팅 책임자로 채용했다. 랍은 유용한 전자책, 조사 보고서들을 제작했고, 모네테이트 플랫폼 내에 있는 블로그 두 개를 관리하고 있다.

플랫폼을 자리잡게 하는 방법에는 정답이 없다. P&G의 BeingGirl. com이나 스마트의 베터리 매거진처럼 운영하면서 당신의 브랜드를 조금씩 보여줘도 된다. 또는 플랫폼을 완전히 웹사이트의 일부로 두면서 주요 주제를 다루는 홈페이지 상단 메뉴에 포함시켜도 된다. 두 가지 방식 모두 효과가 있으며, 콘텐츠 전략을 세우면서 어떤 플랫폼 형식이 가장 적합할지 살펴봐야 한다.

EPIC THOUGHTS
- 페이스북, 트위터, 링크드인 등 고객이 머무는 곳에 플랫폼을 만들자. 하지만 당신이 소유한 콘텐츠 플랫폼에 우선 집중하자. 임대한 땅에 건물을 짓지 말자.
- 당신의 플랫폼은 회사 웹사이트와 별개일 수도 있고 웹사이트 안에 포함되어 있을 수도 있다. 정답은 없으니 생각해보고 고객들이 가장 잘 이해할 수 있는 쪽을 선택하자.

EPIC RESOURCES
- Michael Hyatt, "Why You Need a Platform to Succeed," MichaelHyatt. com, 2013, http://michaelhyatt.com/platform.
- Sonia Simone, "The 10-Step Content Marketing Checklist," Copyblogger, accessed July 9, 2013, http://www.copyblogger.com/content-marketing-checklist/.

•Lee Odden, "Social Media & SEO at Search Congress Barcelona," *TopRank*, accessed July 9, 2013, http://www.toprankblog. com/2011/03/social−media−seo−search−congress−barcelona/.

•WordPress, http://wordpress.org/.

•Lee Odden, *Optimize*, Wiley, 2012.

•BeingGirl.com, accessed April 3, 2013, http://www.beinggirl.com/.

•*Bettery magazine*, accessed April 3, 2013, http://betterymagazine. com/.

•Monetate, accessed April 3, 2013, http://Monetate.com

20

콘텐츠 채널 계획의 실제

—

사람은 이미 알고 있다고
생각하는 것은 못 배운다
—
에픽테투스 EPICTETUS

이제 콘텐츠 마케팅도 설명했고, 콘텐츠 영역과 전략도 자세히 제시했고, 콘텐츠 관리와 프로세스도 구체적으로 다뤘다. 이제 콘텐츠 배포를 살펴볼 차례다.

많은 조직들이 채널에 들어갈 내용에 초점을 맞추기 전에 (트위터나 페이스북 등의) 채널부터 시작한다. 콘텐츠 전략을 개발하지 않고 채널부터 시작하면 실제 효과를 측정할 수 있는 가능성이 지극히 낮다.

나는 이 일을 하면서 수많은 채널 계획을 봐왔고, 그중 명료한 계획은 거의 없었다. 이 장을 통해서 콘텐츠 마케팅 계획을 개발하고 실행할 눈에 보이는 결과물을 가질 수 있게 되길 바란다. 자, 목표, 영역, 오디언스, 콘텐츠 유형, 이미 갖고 있는 콘텐츠 자산까지 재료는 모두 갖춰졌다. 이제 이것들을 잘 배합해서 고객의 시간을 낭비시키지 않을 무언가를 만들어야 한다.

콘텐츠 전략이나 페르소나가 여러 개라면 위에 언급한 재료들도 그 숫자만큼 있어야 한다. 하지만 여기서는 설명을 위해 전략과 페르소나 모두 하나씩만 있다고 가정하자. 이제 콘텐츠 계획을 실행하려면 아래의 요소가 필요하다.

- 채널
- 페르소나
- 콘텐츠 목표
- 주요 콘텐츠 유형
- 콘텐츠 구조
- 어조
- 채널 통합
- 원하는 행동
- 편집 계획

채널

—

콘텐츠 유형이 아니라 콘텐츠 활동에서 집중할 핵심 채널을 말한다. 예를 들면 블로그로 정할 수 있다.

페르소나

—

처음 페르소나를 설정했을 때 어떤 오디언스를 타깃으로 잡았는가? 이것이 중요한 이유는 페르소나마다 적합한 채널이 다르기 때문이다. 예를 들어 CMI에서 종이 잡지를 배포하는 이유는 마케팅 임원들이 타깃이기 때문이다. 블로그는 마케팅 실무자를 대상으로 하는 채널이다. 앞에서 만든 페르소나에 따르면 수잔이나 벤에 해당한다(10장 참조).

콘텐츠 목표

—

이 시점에서는 해당 콘텐츠 프로젝트를 통해 이루고자하는 목표가 무엇인지를 명확히 해야 한다. 나는 예전에 한 강연을 마치고 유수 정유사의 관리자급 마케터와 대화를 나눈 적이 있다. 그녀는 회사 페이스북 팬이 수천 명이며 팬을 더 모으기 위해 콘텐츠를 활용하는 방법에 대해 물었다. 나는 "페이스북을 하는 목적이 무엇인가요?" 하고 짧게 되물었다. 그녀는 답하지 못했다.

당신이 사용하는 채널 각각에 구체적인 목적을 부여하자. CMI에서는 블로그를 통해 브랜드 인지도나 고객 유지 등 여러 가지 목표를 달성하지만, 주된 목표는 잠재 고객 발굴과 고객 확보다.

주요 콘텐츠 유형

—

블로그라면 주요 콘텐츠 유형이 글로 된 이야기, 동영상, 인포그래픽, 혹은 이들의 조합일 것이다. CMI의 주요 콘텐츠 유형은 글로 된 이야기에 그림을 함께 넣은 것이다. 매월 한 차례 이상은 글로 된 이야기에 전자책이나 동영상도 넣는다.

콘텐츠 구조

—

콘텐츠 구조는 특정 콘텐츠를 만드는 방식을 포함한다. 대부분의 회사는 블로그 포스트 한 편의 적정 길이를 500단어라고 본다. 독자가 집중력을 유지할 수 있도록 소제목을 여러 개 두며, 불렛이나 숫자로 된 목록을 넣으면 좋다. 이에 더해, 그림이 한 개 이상 들어가야 하고 참고 자료는 링크로 분산시켜 놓는다. CMI 블로그의 경우, 특정 방법에 대해 깊이 다루기 때문에 포스트 분량은 750단어에서 1,500단어다. 또한 CMI 블로그에 있는 다른 글을 최소한 세 개 이상 링크해서 SEO와 독자의 블로그 탐색을 돕는다는 목표가 있다.

어조

—

콘텐츠의 어조는 어떤가? 유쾌한가? 심각한가? 냉소

적인가?

CMI 블로그의 어조는 선생님이 가르쳐주는 것처럼 매우 교육적이며, 최대한 사례를 많이 들려고 노력한다.

채널 통합

—

다른 채널과 통합할 계획도 있는가? 동영상을 사용한다면 유튜브에 올린 것을 블로그에 삽입할 것인가? 전자책을 내놓는다면 슬라이드셰어에 올리고 슬라이드셰어 문서를 삽입할 것인가?

추가로 홍보하기 위해 페이스북, 트위터, 기타 채널은 어떻게 쓰고 있는가? CMI의 블로그는 다음과 같이 몇 가지 채널을 활용한다.

- 블로그 콘텐츠를 정리하여 매일 아침 10시에 구독자들에게 이메일로 보낸다.
- 각 글에 대해 하루에 세 번씩 다른 내용으로 트윗을 하고, 트윗덱 (트위터 관리 도구)을 사용해 그 주에 최소 세 번 해당 글을 다시 홍보한다.
- 블로그 포스트를 CMI 페이스북 채널에도 홍보하는데, 글 대신 사진이나 그림에 중점을 둔다.
- 링크드인 페이지와 링크드인 그룹에 글을 홍보한다.
- 필요할 경우 구글+ 채널에도 올린다.

원하는 행동

—

현재 필요한 채널들이 잘 돌아가고 있고—채널별로 콘텐츠 마케팅을 적절히 활용 중이라면—지표들을 추적할 때다. 나는 아주 구체적으로 지표라는 말을 사용했는데, KPI나 결과와 구분해서 사용한 점에 유의하자(24장 참조).

여기서 지표는 당신이 하고 있는 이야기에 맞는 '목표'다. CMI의 경우 구독률 목표가 아주 구체적이다(현재 구독 목표는 매월 구독자 2,000명 증가다).

편집 계획

—

13장의 콘텐츠 마케팅 미션 스테이트먼트를 기억하는가? 다양한 콘텐츠 유형을 아울러 설득력 있는 이야기를 만들 때 우선 이 미션 스테이트먼트를 명심해야 한다(16장 참조). 스토리 제작 프로세스를 통해 오디언스 페르소나에게 제대로 이야기가 전달될 수 있도록 편집 일정표를 활용하자.

이렇게 해서 콘텐츠 채널 계획을 완성했다(그림 20.1). 우리는 한 개만 갖고 만들었지만, 이런 식으로 여러 가지 채널 계획을 작성할 수 있다는 것을 기억하자. 블로그나 페이스북 페이지가 여러 개여도 된다. 그리고 모두 동시에 시작할 필요도 없다. 예를 들면, 블로그를 하나만 운영하는 것보다 두 개를 운영하는 것이 더 적합할 수도 있다. 또는 (델Dell이나 델

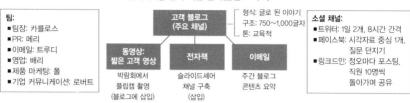

셸리 R.(페르소나)
유지율 향상(목표)
3D 엔지니어링 분석 시간 단축(콘텐츠 목표)

팀:
- ■팀장: 카를로스
- ■PR: 메리
- ■이메일: 트루디
- ■영업: 배리
- ■제품 마케팅: 폴
- ■기업 커뮤니케이션: 로버트

**고객 블로그
(주요 채널)**

형식: 글로 된 이야기
구조: 750~1,000글자
톤: 교육적

소셜 채널:
- ■트위터: 1일 2개, 8시간 간격
- ■페이스북: 시각자료 중심 1개, 질문 던지기
- ■링크드인: 정오마다 포스팅, 직원 10명씩 돌아가며 공유

**동영상:
짧은 고객 영상**
박람회에서
플립캠 촬영
(블로그에 삽입)

전자책
슬라이드셰어
채널 구축
(삽입)

이메일
주간 블로그
콘텐츠 요약

지표:
- ■12개월간 전후 비교, 만족도 5% 향상
- ■이메일 뉴스레터 구독률 25% 향상
- ■고객 이탈률 25% 감소

그림 20.1 콘텐츠 채널 계획의 실제

타 어시스트Delta Assist가 트위터를 고객센터처럼 활용하듯) 콘텐츠 마케팅 이야기 전개상 특별히 다음 '장'을 위해 트위터 계정을 추가로 열어야 할 수도 있다. 정답은 없기 때문에, 실험하고, 경과를 보고, 채널 계획을 계속 다듬어나가야 한다.

콘텐츠 전략에 따라 채널 전략이 정해지며, 그 반대는 성립하지 않는다.

EPIC THOUGHTS

- •대부분의 조직들처럼 채널을 먼저 만드는 실수를 하지 마라. 콘텐츠 마케팅 전략을 만들기 위해 필요한 단계를 밟다보면, 어떤 채널이 가장 적절한지 보이게 될 것이다.
- •채널에 따라 스토리텔링 유형이 달라진다. '감나무 밑에서 입 벌리고 기다리는 식'의 태도는 멀리하고, 사려 깊고 차별화되는 접근 방식을 채널별로 적용하자.

4부

스토리
퍼뜨리기

21

콘텐츠 마케팅을 위한
소셜 미디어

모든 것이 통제하에 있다고 느껴지면,
빨리 가지 못하고 있는 것이다

마리오 안드레티 MARIO ANDRETTI

온라인 콘텐츠 마케팅이 성공하기 위해서는 소셜 미디어 홍보가 아주
중요하다. 콘텐츠 마케팅 전략이 완성되려면 탄탄한 소셜 미디어 전략
이 있어야 한다. 제이 배어의 말처럼, 소셜 미디어는 당신의 콘텐츠에 계
속 불을 지펴줄 연료다.

CMI와 마케팅프롭스의 2013년 보고서에 따르면, B2B 마케터들은
콘텐츠 배포를 위해 평균 다섯 개의 소셜 미디어를 사용하는 반면 B2C
마케터는 네 개를 사용한다. 소셜 미디어를 막 시작하려고 하든, 계획
을 정교하게 다듬고 싶든 이 장이 도움을 줄 수 있을 것이다.

이 장에서는 아래의 네트워크를 다룬다.

- 페이스북, 트위터, 구글+, 링크드인 등의 소셜 네트워크
- 유튜브와 비메오 등의 동영상 채널

- 인스타그램Instagram과 플리커Flickr 등의 사진 공유 사이트
- 핀터레스트Pinterest, 포스퀘어Foursquare, 쿼라Quora 등의 온라인 커뮤니티
- 텀블러Tumblr, 스텀블어폰Stumbleupon, 슬라이드셰어 등의 틈새 콘텐츠 공유 서비스▪

페이스북

—

페이스북은 10억 명 이상이 사용하기 때문에, 당신의 고객도 페이스북에 있을 것이다. 페이스북에서 더 돋보이고 콘텐츠에 더 주목을 끌 수 있는 팁은 다음과 같다.

재미있는 소재 이상의 것이 필요하다 당신의 제품 자체가 흥미롭다 해도, 마케팅과 소셜 미디어 측면의 실행이 매우 중요하다. 포스팅에 좋은 사진과 카피를 담는 데 시간을 쏟자. 페이스북은 많이 올리는 것이 능사가 아니다. 꾸준히 수준 높은 콘텐츠를 올리는 것이 훨씬 중요하다.

간결하면 좋지만, 좋아야 더 좋다 페이스북에서는 짧은 글이 돋보이지만, 긴 글도 내용만 좋으면 통한다. 어쨌든 전하고 싶은 메시지를 간결하게 표현하자.

▪ 이 부분 작성에 도움을 준 CMI 뉴스 편집자 마크 셔빈에게 깊이 감사드린다

타깃팅을 더 똑똑하게 하자 페이지 포스트 타깃팅(Page Post Target-ing, 이하 PPT)은 페이스북에서 새로 내놓은 서비스로, 오디언스를 직접 고를 수 있기 때문에 더 소수의 집단에 분명한 메시지를 전달할 수 있게 해준다. 예를 들면 25~35세 여성 중 당신의 페이지에 '좋아요'를 누른 사람에게만 메시지를 전달할 수 있다.

그래프 검색을 알아보자 2013년 7월에 공식 출시한 그래프 검색은 페이스북 사용자가 자신의 페이스북 친구가 선호하는 것이나 페이스북 친구들과 연관성이 깊은 사안들에 대한 답을 찾을 수 있게 해준다. 예를 들면 '내 출신 지역에 사는 친구들' '클리블랜드에 있는 친구들의 사진' '뉴욕에 있는 친구들이 좋아하는 식당' '친구들이 좋아하는 음악' 등이 있다. 페이스북이 구글의 대항마로 내놓은 서비스다.

CMI의 기고자 아만다 피터스는 그래프 검색을 준비할 때 고려할 6가지에 대한 글을 썼다.

1 발행하자 자주! 브랜드의 편집 일정표는 각 오디언스의 관여를 위해 사진, 동영상 등 다양한 형식을 아울러야 한다. 사진이나 동영상은 유튜브 등 타 사이트 링크를 넣는 대신 페이스북에 직접 올려야 한다는 점을 기억하자.

2 키워드로 많이 나올 태그와 설명을 포함하자 사용자의 그래프 검색 결과에 나올 확률을 높이기 위해, 오디언스의 언어 사용 습관을 반영해야 한다.

3 위치 정보를 포함하자 특정 도시에서 촬영한 사진이나 동영상 검색

결과에 나오도록 하자.

4 페이스북 페이지에 관련된 지역의 정보를 넣자 브랜드의 포스트가 특정 지역과 관련 있다면 그 정보를 넣자. 회사의 주소와 연락처 정보도 넣자.

5 콘테스트와 프로모션을 고려하자 사용자들이 사진 및 동영상을 올리고, 당신의 브랜드를 태그하도록 하자. 이렇게 해서 페이스북 오디언스와 브랜드의 접점을 늘리자.

6 페이스북의 소개 항목을 최적화하자 이름이나 품목, 분야, 설명을 알맞게 적어넣자.

요약 유용하고, 쓸모 있고, 눈에 띄고, 바람직하고, 매력적인 콘텐츠를 만들자. 이것이 소셜 네트워크에서 성공하는 브랜드를 만드는 초석이다.

누가 페이스북을 잘하나?

반려동물 용품 브랜드 퓨리나원PurinaOne은 경이로운 스토리텔링으로 페이스북에서 매우 돋보인다(그림 21.1). 퓨리나원이 페이스북 활용을 잘하는 비결은 다음과 같다.

- 길지만 재미있는 글에 그림을 함께 넣는다.
- 글솜씨가 좋아서, 사람들이 댓글을 많이 남긴다.
- 브랜드 오디언스와 관련성이 높은 콘텐츠만 올린다.

그림 21.1 퓨리나원과 페이스북
퓨리나원의 페이스북 전략은 돋보인다

트위터

—

　　트위터는 온라인 대표 방송 도구가 됐다. 어떻게 트위터에서 돋보일 수 있을까? 아래 팁을 참조하자.

트윗을 통해 스토리를 전하자 당신의 업계와 브랜드 스토리를 일관성 있는 목소리로 내자. 각각의 트윗도 흥미로워야 하지만, 일관된 목소리를 내는 것도 생각하자.

해시태그를 이용하자 트윗과 관련된 해시태그를 한 개에서 세 개 정도 포함하면 사람들이 콘텐츠를 찾기 쉽다. (예를 들어 CMI는 연간 행사 관련

트윗에 #cmworld를 사용한다.) 브랜드나 회사 고유의 해시태그를 만들고 특정 캠페인에 연결하면 더욱 훌륭한 전술이 된다.

시험 무대로 활용하자 오리지널 콘텐츠들(리트윗이 아닌—역자주)을 트윗하고, 그중 어떤 콘텐츠가 더 많이 공유되는지 지켜보자. 이 정보를 활용해 향후 콘텐츠 활동에 반영하자.

업계 행사를 다루자 오디언스가 중요하게 생각하는 업계 행사 소식 실황을 트윗하고, 오디언스에게 실시간으로 정보와 인사이트를 제공하자. 이를 통해 행사에 참석하지 못한 오디언스의 눈과 귀가 될 수 있다.

누가 트위터를 잘하나?

음식 체인점 타코벨은 팔로워 30만 명 이상을 보유하고 있으며, 브랜드의 소셜 미디어 선점에 성공했다(그림 21.2). 타코벨이 트위터에서 성공한 비결은 무엇일까?

- 영향력이나 인기가 미미한 팔로워들의 트윗도 리트윗하고, 그들의 멘션에 응답한다. 타코벨 브랜드는 격의 없고 (때때로) 유쾌하다.
- 행사와 프로모션이 눈에 띈다.
- 화제가 되고 있는 주제에 대한 해시태그 사용으로 팔로워가 아닌 사람들에게도 타코벨의 트윗이 노출된다.

그림 21.2 타코벨의 트위터 페이지

유튜브와 비메오

—

브라이트코브Brightcove 같은 플랫폼에 영상을 저장해도 좋지만, 소셜 오디언스에게 동영상을 배포할 때는 유튜브나 비메오를 고려해야 한다. 다음은 유튜브와 비메오를 효과적으로 사용하는 팁이다.

영상 삽입을 허용하자 다른 사람들이 당신의 동영상을 웹사이트에 올릴 수 있도록 설정하자.

전문적인 영상과 일반 영상을 함께 올리자 전문 촬영 인원이 없다고 좋은 동영상을 못 만드는 것은 아니다. 전문적으로 찍은 영상과 일반적인 영상을 함께 보여주면 오히려 친근함을 줄 수 있어 좋다.

설명하지 말고 보여주자 제품이나 서비스를 실제로 보여주면 말로 설명하는 것보다 훨씬 효과적이고 재미있다.

짧게 하자 아무리 동영상이라도 오디언스의 집중력은 몇 초 단위다. 가능하다면 1분 이내로 짧고 간결하게 만들자.

긴 영상은 짧은 것 여러 개로 나누자 긴 영상을 만든다면, 하나로 합쳤을 때 연결되는 이야기가 되는 짧은 영상 여러 개로 나누자. (강연 영상이 5분 이상 나올 때처럼) 동영상을 한 숏shot으로 길게 올리면, 오디언스가 지루해한다.

누가 유튜브와 비메오를 잘하나?

대형 보험사 올스테이트는 다양한 동영상 캠페인을 활용해 유튜브 브랜드 채널을 운영한다. 올스테이트가 사용한 방법은 아래와 같다.

- 설명하는 대신 보여주는 짧은 동영상으로 조회 수 2,600만을 기록했다.
- 전문적으로 촬영한 광고부터 평범하게 찍은 짧은 영상까지 다양한 종류의 동영상을 올린다.▪

▪ 이 동영상은 유튜브 사이트 http://bitly.com/epic-allstatevids에서 볼 수 있다

링크드인

—

링크드인은 이제 단순히 업무용 연락처 저장소가 아니라 종합 퍼블리싱 플랫폼이다. 링크드인을 잘 활용하는 팁은 아래와 같다.

회사 페이지를 단장하자 링크드인 회사 페이지는 다양한 콘텐츠 유형을 공유할 수 있는 플랫폼이지만, 링크드인을 활용하는 브랜드는 아직 많지 않다. 링크드인 페이지를 만들고, 배경 사진을 올리고, 기본 정보를 올리고, 공유를 시작하자.■

직원들이 브랜드 계정과 연결되도록 하자 당신의 회사에서 일하는 사람들은 당신의 브랜드 계정에 자신의 프로필을 연결할 수 있다. 특히 임원들이 이것을 해야 좋다. 켈리 서비스 같은 회사는 모든 직원들에게 프리미엄 계정을 지급하고 직원들에게 콘텐츠를 정기적으로 보내 공유하게끔 한다. 켈리 서비스에서 이런 작업을 시작한 후 링크드인에서 켈리 서비스 계정의 트래픽이 폭증했다.

양보다 질을 생각하자 링크드인 사용자들은 브랜드 계정이건 개인 계정이건 공유를 너무 많이 하면 부담스러워 한다. 콘텐츠 중 가장 품질이 좋은 것만 공유하자.

■ 링크드인 회사 페이지 작성 팁은 CMI 웹사이트에 있다(http://bitly.com/epic-litips)

그룹에 참여하자 링크드인 그룹에서 활동하면 회사의 전문성을 드러내기에 정말 좋고, 그룹 내의 대화를 통해 새로운 고객을 만날 수 있다. 콘텐츠를 공유하고 그룹 구성원들과 소통하며 긴밀한 관계를 맺자.

추천을 통해 사용자 콘텐츠를 활용하자 클라이언트나 고객에게 꾸준히 추천을 받은 콘텐츠는 훌륭한 사용자 콘텐츠의 공급원이기도 하다.

누가 링크드인을 잘하나?

기업용 소셜 네트워크 소프트웨어 개발사 세일즈포스는 페이지도 깔끔한데다 1만 명의 직원들이 자신의 페이지와 회사 계정을 연결시켜 놓았다(그림 21.3). 잘한 부분은 다음과 같다.

- 페이지 관리자가 하루에 두세 번만 업로드를 한다.

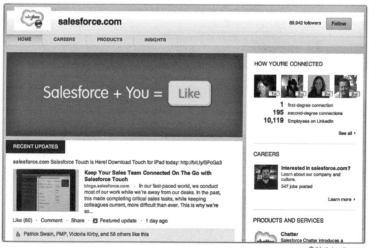

출처: linkedin.com

그림 21.3 세일즈포스의 링크드인 기업 페이지

- 회사 제품 12개에 추천 914개가 달렸다.

구글+

—

소셜 미디어 세계에서 잊힐 때도 있지만, 구글+는 (2013년 5월 현재) 액티브 유저Active user 수가 3억 5천만 명이다. 구글+에서는 어떤 것이 통할까? 아래의 방법을 사용해보자.

콘텐츠 매체를 고루 쓰자 구글+는 시선을 끄는 페이지를 만들기 쉽게 되어 있다. 링크와 텍스트 외에 다양한 것들을 올려 이 장점을 활용하자. 사진, 동영상, 인포그래픽을 다양하게 섞어 써서 탄탄한 페이지를 만들자.

'#'나 '+' 같은 기호와 친해지자 해시태그를 이용하면 검색을 통해 발견되기 쉽고, '+'기능은 개인이나 브랜드의 주목을 유도한다. 이 도구들의 활용 방법을 찾으면 오디언스가 당신을 발견하기 쉬워진다.

직원들의 콘텐츠를 공유하자 개인의 콘텐츠를 페이지에 공유해 개성을 살리고, 소셜 미디어 친화적이며 개인화된 경험을 제공하자.

예전 콘텐츠로 마일리지를 쌓자 콘텐츠가 오래 됐다고 수명이 다하진 않는다. 새로운 콘텐츠와 함께, 지금 관심을 끄는 해당 주제에 대한 과거 콘텐츠를 시의적절하게 공유하자.

부연 설명을 위해 긴 글을 이용하자 미니 블로그 같은 확장형 포스트를 시험해보자. 제3자의 콘텐츠를 공유할 때 적절할 것이다.

오서랭크AuthorRank를 활용하자 오서랭크는 구글이 개별 온라인 콘텐츠의 저자를 파악하기 위해 사용하는 개념이다. 콘텐츠를 작성한 저자를 구글이 믿을 만하다고 여길수록 구글에서의 순위가 높아진다. 이를 위해서는 콘텐츠마다 작성자를 모두 태그해야 한다.

누가 구글+를 잘하나?

컴퓨터 하드웨어 브랜드인 델은 동영상, 사진, 인포그래픽 등을 골고루 섞어 쓰며 적절한 카피를 붙인다(그림 21.4). 잘한 부분은 다음과 같다.

- 검색이 잘되도록 태그를 달며, 업데이트를 꾸준히 한다.
- 긴 글을 활용하여 사진이나 동영상 등에 그 배경과 부연 설명을 덧붙여 맥락을 알려준다.

핀터레스트

—

핀터레스트는 인기가 많은 사진 공유 사이트로, 내 사진을 직접 관리하면서 다른 계정의 사진이나 영상을 공유할 수 있다.

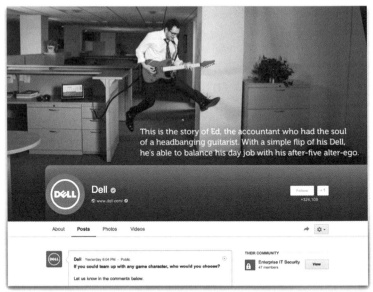

This is the story of Ed, the accountant who had the soul of a headbanging guitarist. With a simple flip of his Dell, he's able to balance his day job with his after-five alter-ego.

그림 21.4 델과 구글+
델은 시각 콘텐츠 전략으로 구글+를 활용한다

특히 상업 공간에서 꾸준히 사랑받고 있다. 핀터레스트가 당신에게 맞는지 궁금한가? 몇 가지 아이디어를 제시해보겠다.

핀터레스트를 시작하기 전에 오디언스에게 맞는지부터 살펴보자 관심사 위주 커뮤니티인 핀터레스트는 18~34세의 여성들을 중심으로 이용층이 확대되는 중이다. 당신의 오디언스가 여기에 해당하면 잘 맞을 것이다.

이미지가 전부는 아니다 동영상은 강력하다(그리고 핀pin할 수 있다—일종의 즐겨찾기 기능—역자주) 좋은 영상 콘텐츠들이 있다면 핀터레스트를 이용해 웹사이트나 유튜브 채널로 트래픽을 유도해보자.

고객에게 애정을 보여주자 고객의 성취를 자랑하는 게시판을 만들어서 관계를 강화하고 성공 사례를 강조해 트래픽을 늘려보자. 허세 없이 당신의 업적을 보여주기 좋다.

독서 목록을 공유하자 오디언스와의 유대를 강화하기 위해 그들과 관련 있는 책을 추천하자. 실제로 읽은 책을 활용해 브랜드가 끊임없이 발전하려는 의지가 있음을 보여주자.

회사의 개성을 보여주자 제품 사진이나 구성원 프로필 사진만 덩그러니 올려놓지 말고 제품의 실제 사용법이나 팀이 일하는 모습을 보여주면 회사 이미지에 개성을 불어넣을 수 있다. 오디언스가 이런 사진을 보면 고객이나 클라이언트가 된 느낌을 받게 된다.■

누가 핀터레스트를 잘하나?

GE의 '공장으로부터'라는 게시판은 회사 내 엔지니어와 기술에 대한 비하인드 스토리 콘텐츠를 아주 많이 보여준다(그림 21.5). 잘한 부분은 다음과 같다.

- 동영상과 이미지 콘텐츠를 적절히 섞어놓고 리핀repin(다른 사람이 핀한 콘텐츠를 다시 핀하는 기능—역자주)을 유도하는 콜투액션을 잘 배

■ CMI 웹사이트에서 적용 사례를 확인하자(http://bitly.com/epic-pinterest)

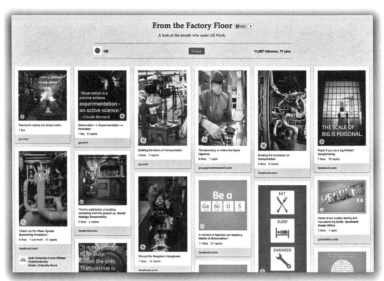

그림 21.5 GE와 핀터레스트
GE의 핀터레스트 게시판 '공장으로부터'

치했다.

- 수준 높은 콘텐츠는 GE의 유튜브, 페이스북, 플리커 등 다른 소셜 미디어 채널에 대한 관심으로 이어진다.

포스퀘어

—

　　포스퀘어는 스마트폰에서 주로 사용하는 위치 기반 소셜 미디어 사이트다. 포스퀘어를 활용해야 할까? 다음의 팁을 보고 생각해보자.

직원이 사무실과 회사 행사에 체크인하도록 하자 회사에 체크인하는 직원들에게 인센티브를 주자. 회사에서 후원하는 행사에도 체크인하도록 하자. 기업 문화를 홍보하고 인간적인 브랜드 이미지를 만들 수 있다.

콘텐츠 생산을 위해 시장조사를 하자 오디언스의 체크인을 주시하면 타깃 시장에 대한 데이터를 잘 모을 수 있다.

클라이언트, 협력사와 미팅할 때 체크인하자 회사 행사 외에도 임원이나 다른 직원들이 클라이언트나 협력사 미팅에 체크인하도록 하자. 그들의 브랜드를 노출시켜주면, 그들도 우리의 브랜드를 노출시켜줄 것이다.

배지Badge를 만들자 포스퀘어는 브랜드가 자체 배지(방문 횟수 등 지정한 목표를 달성하면 앱상에서 부여하는 보상―역자주)를 만드는 기능을 유료로 제공한다. 브랜드 페이지의 팔로워들이 체크인과 미션을 달성하면 배지를 지급하자.

오디언스와 유관한 팁을 공유하자 브랜드 페이지를 만들고 나면, '익스플로어' 메뉴를 통해 오디언스와 팁을 공유할 수 있다. 포스퀘어 사용자가 당신을 팔로우하면 당신이 제공하는 팁을 볼 수 있으며, 이것이 바로 콘텐츠 마케팅을 통해 오디언스와 강력한 관계를 맺는 것이다.

누가 포스퀘어를 잘하나?

팔로워가 6만 5천 가까이 되는 뉴욕 공공 도서관New York Public Library

은 포스퀘어를 활발히 하는 조직이며, 팁과 특별 기능들도 잘 쓴다. 잘한 부분은 아래와 같다.

- 팁, 비하인드 스토리, 행사 시 특별 프로모션 등을 공유한다.
- 100주년 배지를 만들었고 1만 2천 명 이상이 배지를 획득했다.

인스타그램과 플리커

—

최근 페이스북이 인수한 인스타그램은 이제 온라인 최대 이미지 공유 사이트가 됐다. 야후가 소유한 플리커는 60억 장 이상의 사진을 보유하고 있다. 이미지 공유가 당신의 콘텐츠 마케팅 전략의 일부인가? 그렇다면 아래 아이디어를 살펴보자.

당신의 콘텐츠로 연결시켜줄 만한 이미지를 올리자 이미지를 블로그나 당신의 웹사이트 콘텐츠와 짝지으면 바로 시각 콘텐츠에 콜투액션을 더한 것이 된다. 이렇게 하면 사진 공유 사이트를 당신의 콘텐츠로 오디언스를 이끄는 훌륭한 유인책으로 활용할 수 있다.

독특한 비하인드 스토리나 개인 콘텐츠를 공유하자 오디언스에게 인간적인 모습을 보여주자. 팔로워들에게 회사에서 일하는 모습을 보여주자. '비하인드 스토리' 같은 느낌의 콘텐츠를 활용하면 독특함을 더할 수 있다.

프로모션과 이미지를 엮자 시각 콘텐츠에 프로모션을 더하여 관여와 전환을 높이고, 팔로워가 더 많은 콘텐츠를 볼 수 있는 콜투액션을 만들자.

팔로워들을 콘텐츠 제공자로 바꾸자 팔로워들에게 브랜드를 대표하는 콘텐츠를 요청하고, 좋은 콘텐츠를 제공한 사람들에게 공개적으로 감사의 표시를 하자. 관계를 강화하기 위해 팔로워들에게 오너십을 주자.

수준 높은 관련 콘텐츠를 제공하자 어떤 주제가 당신의 제품, 서비스, 브랜드와 직접 관련이 없더라도 오디언스가 관심을 가질 만한 것이라면 공유하자. 인스타그램과 플리커는 이미지 중심이기 때문에, 매력적인 관련 콘텐츠는 새로운 차원의 콘텐츠 기회를 만들어주기도 한다. 인스타그램은 최근 짧은 영상을 배포하는 기능도 출시했는데, 당신의 브랜드에서 이 기능을 활용할 만한지도 시험해보자.

누가 인스타그램과 플리커를 잘하나?

레드불은 팔로워가 45만 명이며, 익스트림 스포츠 관련 콘텐츠로 팔로워들의 관여도를 높인다(그림 21.6). 레드불이 잘한 점은 다음과 같다.

- 레드불은 스케이트보드, 스노보드, 기타 종목 선수들의 멋진 사진을 올리고, 그들이 가끔 레드불을 마시는 사진을 통해 브랜드를 강화한다.
- '#날개를달아줘요' 같은 해시태그를 사진에 첨부하여 눈에 더 잘 띄

그림 21.6 레드불의 인스타그램 페이지

고 화제가 될 수 있도록 한다.

스텀블어폰

스텀블어폰은 초기 디스커버리 엔진(검색엔진의 일종으로, 보통 추천 기능이 강화된 검색 서비스를 가리킨다—역자주) 중 하나다. 사용자가 설정을 하면 관심사에 맞는 콘텐츠가 나온다. 스텀블어폰에서 잘 통하는 방법은 아래와 같다.

적극적으로 활동할 수 있으면 가입하자 스텀블어폰에서 활발하게 활동하면 링크 신뢰도가 높아진다. 로그인을 하고 여기저기 다니면서 평점을 매겨 알리고자 하는 사이트의 자연 유입을 높이자.

'유료 디스커버리' 서비스를 이용하자 스텀블어폰의 유료 서비스인 디스커버리 프로그램은 클릭당 10센트부터 시작하는데, 저렴한 가격으로 타깃 오디언스에게 당신의 콘텐츠를 노출할 수 있다. 더 전문적인 서비스가 필요하면 아웃브레인Outbrain, 타불라Taboola, 디스커스Disqus, 엔릴레이트nRelate, 원스팟OneSpot 등도 있다.

모든 콘텐츠에 스텀블어폰 버튼을 넣자 콘텐츠에 스텀블어폰 버튼을 넣자. 액티브 유저가 몇 번만 공유해도 새로운, 타깃 트래픽이 된다.

과거 콘텐츠도 공유하기 쉽게 해놓자 새로운 소셜 채널을 추가하면 콘텐츠 마케팅도 처음부터 새롭게 해야 한다고 착각하기 쉽다. 하지만 과거 콘텐츠에도 공유 버튼만 넣으면 도움이 된다.

콘텐츠에 대한 영감을 찾자 스텀블어폰을 사용하면 눈앞에 새로운 웹사이트, 채널, 브랜드 같은 유관 콘텐츠가 펼쳐진다. 따라서 새로운 콘텐츠를 위한 영감을 곳곳에서 발견할 수 있다.

누가 스텀블어폰을 잘하나?

재무 관리 소프트웨어 개발사인 민트닷컴(Mint.com, Intuit 자회사)은 유료 디스커버리 서비스를 이용해 큰 효과를 봤다. 성공한 이유는 다음과 같다.

- 민트닷컴은 재무 설계와 자기 계발 같은 주제와 성별을 조합해 타깃팅했다.
- 민트닷컴은 유료 서비스인 디스커버리 프로그램을 이용해 사이트 트래픽을 20% 늘렸고, 스텀블어폰을 통해 월 18만 명이 방문했다.

텀블러

—

최근 야후가 인수한 텀블러는 멀티미디어와 이미지를 효율적으로 사용할 수 있는 마이크로블로깅 플랫폼이다. 2013년 7월 현재 텀블러에는 1억 2,500만 개의 블로그가 있다. 텀블러를 잘 쓰는 방법은 다음과 같다.

태그를 쓰자 검색이 잘되도록 콘텐츠에 태그를 쓰자. 콘텐츠마다 설명하는 태그를 달면 훨씬 눈에 잘 띈다.

콘텐츠 스니펫Snippet을 올리자 블로그 인기글에서 눈길을 끄는 구절을 복사해서, 링크와 태그를 달자. 그리고 미리보기를 공유하자. (사진과 같은) 다른 스니펫을 써서 미리보기를 제공해도 좋다.

리블로그Reblog, 댓글, '좋아요'를 많이 하자 다른 텀블러 사용자의 콘텐츠를 공유할 때 이런 기능들을 쓰자. 콘텐츠 제작 부담을 줄이면서 인 플루언서들의 관심은 유지하는 방법이다. 사람들과 관계를 형성하면 당 신의 콘텐츠가 더 많이 공유될지도 모른다.

내 페이지를 링크하자 콘텐츠마다 텀블러 링크를 달자. 콘텐츠가 입소 문을 타면 사용자들이 링크를 타고 페이지에 쉽게 들어올 수 있다. 링 크가 없으면 콘텐츠에 대한 관심이 식고 공유를 추적하기 매우 힘들어 진다.

콘텐츠의 초점을 잡자 콘텐츠의 영역을 아주 좁게 잡으면 특정 키워드 검 색 결과 상위에 오르기도 쉽고, 오디언스가 당신을 쉽게 발견할 수 있다.

누가 텀블러를 잘하나?

IBM의 '스마터 플래닛' 텀블러 페이지(그림 21.7)는 조직들이 혁신을 위 해 어떤 노력을 하는지 훌륭하게 보여준다. 잘한 부분은 아래와 같다.

- IBM의 텀블러 관리자는 리블로그를 많이 해 관계를 맺고, 큐레이 션을 통해 콘텐츠 제작의 부담도 줄인다.
- 포스트마다 태그를 충분히 달아 검색이 잘되도록 하고, 방문자와 댓글을 더 많이 유도한다.

그림 21.7 IBM의 스마터 플래닛 텀블러 페이지

슬라이드셰어

링크드인 계열사인 슬라이드셰어는 간단히 말해 '파워포인트계의 유튜브'다. 슬라이드셰어는 순 이용자 5천 만을 자랑하는 서비스다. 슬라이드셰어를 잘 쓰는 방법은 아래와 같다.

전자책을 공유하자 슬라이드셰어는 PDF보다 더 간단히 열람할 수 있고, 소프트웨어를 받을 필요가 없으며, 추적하고 측정하기 쉽고, 검색엔진 등의 자연 검색Organic Search에 더 잘 등장한다.

과거 콘텐츠를 재활용하자 예전에 썼던 파워포인트 자료를 찾아서 올리

자. 영업, 브랜딩, 마케팅, 발표 자료 등 모두 좋다. 오래된 자료라도 꼭 올리자.

슬라이드를 다른 사이트에 삽입하자 슬라이드셰어도 유튜브처럼 아무 웹사이트에나 넣을 수 있다. 블로그 포스트를 개선하거나 임원이 추후 행사에서 발표할 내용의 맛보기를 제공하기에 아주 좋은 방법이다.

첫 장에 공을 들이자 이용자가 처음 보는 것은 첫 장이다. 이용자가 다른 웹사이트로 빠져나가지 않게 하려면 첫 장이 눈길을 끌면서 유용해야 한다.

길고 자료가 많은 슬라이드를 만들자 슬라이드셰어에서는 길이가 길수록 반응이 좋다. 슬라이드셰어의 대상은 소수의 전문가이기 때문에, 슬라이드에 수치와 자료를 많이 넣으면 당신의 콘텐츠는 그들의 레이더망에서 벗어나지 않는다.

*저자주: 토드 윗랜드의 『마케터를 위한 슬라이드셰어The Marketer's Guide to SlideShare』는 이 플랫폼 활용에 대한 최고의 안내서다.

누가 슬라이드셰어를 잘하나?

고객센터 소프트웨어 개발사인 헬프 스카우트Help Scout은 슬라이드셰어에 전자책을 활발히 올려 사이트로 트래픽을 끌어간다(그림 21.8). 잘한 부분은 다음과 같다.

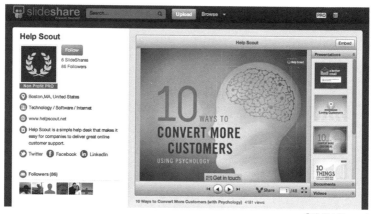

그림 21.8 헬프 스카우트의 슬라이드셰어 프레젠테이션 샘플

- 표지를 비롯 발표 자료의 디자인이 멋지다.
- 분석적인 독자들의 입맛에 맞춰 수치와 자료를 많이 넣었으며, 발표 자료 수가 많다.

쿼라

쿼라는 소셜 기능을 갖춘 질의응답 사이트다(그림 21.9). 전 세계에 개방된 포럼이자 각 분야 전문가들이 '자기 것을 보여주는' 사이트라고 생각하면 된다. 쿼라를 잘 활용하는 방법은 다음과 같다.

프로필을 빠짐없이 작성하자 완벽한 프로필은 질문과 대답의 신뢰도를

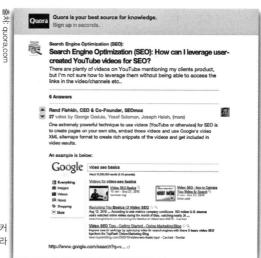

그림 21.9
모즈의 CEO 랜드 피시킨은 커
뮤니티의 질문에 답할 때 쿼라
의 Q&A 게시판을 활용한다

높여준다. 또 당신과 당신의 브랜드에 내해 더 자세한 정보를 얻고 싶어
서 프로필을 조회한 방문자들을 올바른 방향으로 이끄는 도구가 되기
도 한다.

주제를 팔로우하고, 인플루언서를 찾자 당신의 브랜드와 오디언스에 맞
는 주제를 팔로우하자. 가장 답변을 많이 한 사람을 살펴보면서 주요 인
플루언서를 알아내자.

질문하고 대답하자 질의응답이라는 짧은 콘텐츠로 웹사이트 방문을 유
도하는 방법이다. 새 블로그 포스트, 전자책, 동영상, 기타 콘텐츠의 소
재를 발굴할 수도 있다.

감사 표시를 하자 글 하단의 '추천'이나 '감사' 버튼을 누르자. 지속적으로 관여하고, 친구를 만들고, 수준 높은 답변을 선정하여 콘텐츠의 가치를 높이자.

오디언스에게 유용할 만한 Q&A를 선정해 게시판을 만들자 즐겨 찾는 질문과 답변을 모으는 게시판을 만들고 거기에 콘텐츠를 올리자. 다른 사용자도 이 게시판에 콘텐츠를 올릴 수 있게 하면, 콘텐츠 협력을 통해 관계 형성도 할 수 있다.

누가 쿼라를 잘하나?

모즈Moz의 설립자 랜드 피시킨Rand Fishkin은 매우 활발하게 쿼라를 이용하며, 쿼라를 통해 회사를 알린다. 잘한 부분은 다음과 같다.

- 랜드의 프로필은 정보와 커리어가 잘 정리되어 있다.
- 주제를 팔로우하고, 답변을 하고, 좋아하는 답변을 추천하며 관계를 쌓는다. 또한 자신의 피드feed를 항상 업데이트한다.

지금까지 현재 나와 있는 소셜 미디어 채널 중에서 적어도 몇 가지 자원을 투자해도 될지 고려해볼 만한 가치가 있는 것들을 소개했다. 오디언스를 찾기 가장 좋은 소셜 채널에 집중하는 한편, 무슨 일이 있어도 양보다는 질이라는 사실을 기억하자.

EPIC THOUGHTS

• 소셜 채널은 많다. 모든 곳에 계정을 만들어도 좋다. 하지만 자원을 많이 투입할 곳을 결정하자. 꾸준함이 중요하기 때문에, 이 플랫폼에서 실제 할 수 있는 일에 집중하자.

EPIC RESOURCES

• Joe Pulizzi, "2013 B2B Content Marketing Research: Benchmarks, Budgets, and Trends," ContentMarketingInstitute.com, October 24, 2012, http://contentmarketinginstitute.com/2012/10/2013-b2b-content-marketing-research/.

• Joe Pulizzi, "2013 B2C Content Marketing Research: Benchmarks, Budgets, and Trends," ContentMarketingInstitute.com, November 14, 2012, http://contentmarketinginstitute.com/2012/11/2013-b2c-consumer-content-marketing/.

• Purina ONE's Facebook page, accessed March 24, 2013, http://www.facebook.com/PurinaOne.

• Taco Bell Twitter account, accessed March 24, 2013, https://twitter.com/TacoBell.

• Mayhem campaign (Allstate Insurance Company), YouTube, accessed July 9, 2013, http://www.youtube.com/user/Allstate?feature=watch.

• "John Riggins Honored as Hometown Hall of Fame in Centralia, Kansas," YouTube, October 19, 2012, https://www.youtube.com/watch?feature=player_embedded&v=M2jnRzPRYf0.

• Constance Semler, "New LinkedIn Company Pages: A Step-by-Step Guide for Content Marketers," ContentMarketingInstitute.com, April 19, 2011, http://contentmarketinginstitute.com/2011/04/new-linkedin-company-pages-a-step-by-step-guide-for-content-marketers/.

• Salesforce.com's LinkedIn page, accessed March 24, 2013, http://

www.linkedin.com/company/salesforce.

- Amanda Peters, "6 Keys to Creating Engaging Using Facebook Graph Search," ContentMarketingInstitute.com, March 14, 2013, http://contentmarketinginstitute.com/2013/03/creating-content-facebook-graph-search/.

- Henrik Bondtofte, "Understanding Google's Author Rank and How to Use It in Your Content Marketing," ContentVerve.com, December 4, 2012, http://contentverve.com/understanding-googles-author-rank-in-content-marketing/.

- General Electric's "From the Factory Floor" Pinterest board, accessed March 24, 2013, http://pinterest.com/generalelectric/from-the-factory-floor/.

- New York Public Library page on Foursquare.com, accessed March 24, 2013, https://foursquare.com/nypl.

- Red Bull page on Instagram.com, accessed March 24, 2013, http://instagram.com/redbull.

- IBM's "A Smarter Planet" Tumblr page, accessed March 24, 2013, http://smarterplanet.tumblr.com/.

- Todd Wheatland, *Marketer's Guide to SlideShare*, Content Marketing Institute, 2012.

- Help Scout on SlideShare.com, accessed March 24, 2013, http://www.slideshare.net/helpscout.

- Rand Fishkin's page on Quora, accessed March 24, 2013, http://www.quora.com/Rand-Fishkin.

22

콘텐츠를 홍보하는
깨알 기술

성공하는 조직은 남들이 하기 싫어하는 것이나
할 시간이 없는 것을 꾸준히 실행한다
———
돈 하우스DON HOUSE

나는 수많은 마케터나 기업들이 콘텐츠를 만들고 나서, 트윗 몇 번 날리는 것으로 끝내는 모습을 볼 때마다 놀란다. 어떤 콘텐츠를 만들건, 그 새로운 콘텐츠를 어떻게 기존 고객과 새로운 고객의 손에 쥐어줄 것인지를 계획해야 한다. 즉 콘텐츠를 마케팅하는 방법을 생각해야 한다. 콘텐츠를 마케팅하는 것은 아마 콘텐츠 마케팅 프로세스에서 가장 중요한 부분일 것이다. 아웃브레인의 길라드 드 브리Gilad de Vries의 말처럼 "훌륭한 콘텐츠를 만들었는데 아무도 안 본다면 그게 훌륭하다고(에픽하다고) 할 수 있을까?"

콘텐츠는 소비하기 위해 만든다. 콘텐츠가 소비되지 않고 목표를 이루어주지 못하면, 회사에서 다른 자리를 알아보자. 따라서 에픽 콘텐츠를 더 만들기 전에, 어떻게 마케팅할지부터 먼저 알아내자.

콘텐츠 마케팅의 다른 모든 것과 마찬가지로, 콘텐츠 홍보에도 정답은 없다. 콘텐츠 마케터라면 실험하고, 시험하고, 배우고, 결국 효과가 있는 방식을 찾을 것이다. 이 장에서는 콘텐츠 홍보를 하는 팁과 기술을 망라해 기술하겠다.

SEO

―

콘텐츠와 SEO가 떼려야 뗄 수 없는 관계라는 점은 새로울 것도 없는 사실이다. 하지만 어떤 회사들은 이 부분에 자원을 충분히 투입하지 않는다(특히 검색엔진들이 알고리즘을 계속해서 바꾸기 때문에 더 그렇다). 오랫동안 CMI에서도 SEO의 기본을 이해한 상태로 훌륭하고 공유할 만한 콘텐츠를 올리면 자연 검색 순위가 올라갈 것이라고 믿어왔다. 그리고 검색엔진을 통해 상당한 유입이 있었던 것도 사실이다. 하지만 작년부터 SEO를 본격적으로 시작하자 검색엔진을 통한 유입이 두 배 이상 늘어났다.

키워드 '우선순위 목록'을 만들자

SEO 전문가(이자 다음에 나오는 글의 저자인) 마이크 머레이와 일하면서 SEO를 위한 키워드 우선순위 목록 50개를 선정했다. 마이크는 매달 스프레드시트(그림22.1)를 업데이트하는데, 이것을 보면 지난달에 비해 그리고 주요 경쟁사에 비해 얼마나 성과를 내고 있는지 알 수 있다.

검색 문구에 맞춘 콘텐츠를 만들자

	A	C	G	H	I	J	N	O	P	Q	U	V	W	X
1			Google Rankings				Bing Rankings				Yahoo Rankings			
2	Keyword	Searches	Dec	Jan	Feb	Mar	Dec	Jan	Feb	Mar	Dec	Jan	Feb	Mar
3	b2b content marketing	480	1	1	1	1	3	3	2	1	3	3	2	1
4	b2c content marketing	46	4	1	1	1	1	1	1	1	1	1	1	1
5	best content marketing	140	1	1	1	1	1	3	1	1	1	3	1	1
8	brand storytelling	880	1	1	1	5	6	4	5	4	6	4	4	4
9	content calender	1000	18	17	16	23	3	2	2	1	3	2	2	1
11	content engagement	140	2	2	2	1	2	3	1	1	2	3	2	1
12	content marketing	40500	2	2	2	2	2	2	2	2	2	2	2	2
13	content marketing best practices	46	4	3	5	5	2	2	2	1	2	2	2	1
14	content marketing blog	210	1	1	1	1	1	1	1	2	1	1	1	2
15	content marketing book	36	2	2	2	2	2	2	2	1	2	2	2	1
16	content marketing guide	36	8	8	4	2	4	5	7	1	4	5	7	1
17	content marketing news	58	15	20	13	10	26	26	-	2	26	27	-	2
18	content marketing process	28	1	1	1	1	1	1	1	1	1	1	1	1
19	content marketing roi	36	5	4	2	4	2	2	2	8	2	2	2	8
20	digital content marketing	210	14	10	-	30	5	3	5	14	5	3	6	14
21	effective content marketing	22	1	1	3	3	23	1	1	1	27	1	1	1
22	engaging content	480	1	2	2	3	1	1	6	1	1	1	6	1
23	how to curate content	91	16	16	18	12	1	1	1	1	1	1	1	1
24	measuring marketing effectiveness	260	1	1	1	1	4	3	4	4	4	3	4	4
25	successful content marketing	36	2	3	2	1	2	2	8	7	2	2	8	7
27	what is content marketing	880	1	1	1	1	1	1	1	1	1	1	1	1

CMI keywords & rankings | 25-former-and-Top

Ready

출처: CMI

그림 22.1 키워드 '우선순위 목록' 샘플
CMI가 SEO 키워드 성과를 위해 만든 '우선순위 목록' 스프레드시트

CMI가 만드는 모든 블로그 콘텐츠는 '네이티브 광고'나 '콘텐츠 마케팅 대행사' 같은 키워드 문구에 맞춘다. 온라인 콘텐츠를 작성할 때 사람들이 검색엔진에 가장 많이 입력할 키워드가 무엇인지 생각해보자.

콘텐츠 마케팅 SEO를 위한 키워드 선정 팁 12가지

CMI의 SEO 전문가, 마이크 머레이

Mike Murray, CMI's SEO Specialist

어떤 콘텐츠 마케터들은 검색엔진 순위를 위한 키워드 선정을 대충 빨리 마무리한다. 필요한 조사와 분석을 생략하거나 키워드 문구가 적합한지 일단 대충 시도해볼 뿐이다.

SEO와 키워드에 대해 고민하지 않고 인터넷 콘텐츠를 계속 생

산해도 어떤 부문에서의 순위는 오를 것이다(그 정도로 콘텐츠는 검색엔진 알고리즘의 영향을 받고 있다). 하지만 이렇게 되면 브랜딩, 전환 또는 그 이상을 위해 SEO 전략을 급격히 변경해야 하는 리스크가 끊임없이 존재한다. 또한 관련된 검색엔진 트래픽의 점유율을 차지하기 위한 노력도 많이 든다.

한 달에 1만 5천 번 검색되는 키워드를 검색했을 때 당신의 회사 사이트나 블로그 포스트가 제일 먼저 나오게 할 필요까지는 없다. 하지만 조금만 더 노력을 들이면 SEO의 효과를 볼 수 있다.

시간과 지식이 허용하는 범위 안에서, 아래의 질문과 변수들에 대해 생각해보자. 이것들은 당신이 제작하고 배포하는 모든 온라인 콘텐츠의 콘텐츠 마케팅과 SEO에 영향을 주는 요소다. 프로세스를 수월히 진행할 수 있도록 짧은 체크리스트도 포함했다. 웹사이트나 블로그 콘텐츠에 적용할 만한 키워드를 고려할 때 참고해보자.

SEO 작업을 시작할 때 아래 체크리스트에 대해 스스로 묻고 답해보자. 각각의 질문 아래에 적은 내용을 보면 좀더 자세히 알수 있을 것이다.

1 검색어 조사 자료를 챙겼는가?

아이디어를 위해 (구글이 애드워즈라는 무료 툴에서 심도 있는 자료를 제공함에도 불구하고) 구글을 곧장 이용하는 일도 많다. 하지만 키워드 디스커버리Keyword Discovery, 워드트래커WordTracker를 비롯한 키워드 도구를 사용하면 키워드에 관한 통찰을 얻을 수 있다. 나는 SEM러시SEMrush를 사용하는데, 페이지나 글에서 간과한 키워드를 제안해준다.(9,500만 개 이상의 키워드를 분석한다.) 이외에도 사람들이 소셜 멘션Social Mention에서 이용하는 단어를 활용할 수 있다. 나는 키워드 아이디어를 위해 책 뒷부분의 색인도 확인한 적이 있다.

SEM러시에 키워드 문구를 넣으면 몇 분 내로 포천 100대 기업에서 사용하는 키워드 3만 개가 채워진 엑셀 스프레드시트가 나온다. 대기업들이라 검색어 순위가 이미 높지만, 순위를 더 높일 수 있는 방법들이 많이 보인다.

이미 존재하는 자료들을 통해 키워드를 찾을 수도 있지만, 사람들이 실제 어떤 단어로 검색하는지를 알아야 한다. 당신이 작성한 키워드 목록이 아무리 적합해 보여도, 실제 검색 횟수가 중요하다. 경우에 따라서는 한 달에 1,000번 검색한 인기 단어가 핵심 키워드일 수 있다. 하지만 경쟁이 덜한 키워드를 노려야 할 때가 훨씬 많다. 나는 50번 검색된 키워드는 용의 선상에 남겨두지만, 3만 번 검색된 키워드는 처다보지 않는다. 이런 검색어를 이용하는 경우는 키워드 문구가 관련성이 정말 높고, 웹사이트에 해당 키워드가 많을 때, 특히 인바운드 링크가 많을 때 뿐이다.

2 키워드 문구의 관련도가 높은가?

키워드가 당신의 사업이나 타깃 고객과 잘 맞는가? 몇 년 전 어떤 사람이 나에게 '전자상거래' 키워드에서 높은 순위에 들고 싶다고 요청했다. 그는 이 용어가 너무 광범위하다고 생각해본 적이 없었다. 이 경우는 '전자상거래'보다 '전자상거래 솔루션 업체' 같은 키워드가 더 적합하다.

당신이 선택하는 키워드는 당신이 쓴 글의 일부처럼 보여야 한다는 점도 기억하자. 철자 하나로 결과가 완전히 달라질 수 있다는 점도 유념하자. 놀이기구인 그네를 찾을 때 띄어쓰기를 지키면 '그네 세트'지만, 사람들은 '그네세트'를 더 많이 검색할 수도 있다. 누구도 '잘못된' 말을 사용하길 원하지 않고, 맞춤법을 지키지 못하는 사람처럼 보이길 원치 않는다. (그래도 '그네 세트' 정도의 단어라면, 어떤 페이지에서는 '그네 세트'라고 쓰고 다른 페이지에서는 '그네세트'라고 쓸 수도 있지 않을까.)

3 유료로 키워드 문구를 구매했는가?

유료 검색 및 검색엔진 내 광고를 구입하는 것도 키워드 조사의 한 방법이다. 하지만 많은 회사들이 유료 검색 광고를 통해 성과를 내고, SEO는 빠뜨리는 우를 범한다. 유료로 키워드를 구매한다면, SEO와 콘텐츠 마케팅에도 이용할 수 있어야 한다.

예를 들어, 전문 상품을 소매로 판매하는 회사에서 'GE 식기세척기'라는 키워드를 구매했다고 하자. 검색어 전환율이 좋게 나와서 효과가 있다고 판단된다면, SEO까지 진행해볼 만하다.

컨덕터Conductor의 2010년 자료『포천 500대 기업의 자연 검색 트렌트『Natural Search Trends of the Fortune500』에 따르면, 500대 기업은 유료 검색 광고에 매일 340만 달러씩, 10만 개의 키워드에 돈을 지불한다. 하지만 이들의 웹사이트와 키워드 중 2%만이 구글 자연 검색(무료) 결과 30위 내에 들었다.

유료 검색 결과 최상단에는 돈을 내면 올라가지만, 자연 검색에서 높은 순위를 차지하기는 어렵다. 하지만 키워드에 돈을 지불하고 있다면 SEO 전략을 고려해야 한다. 단지 검색어 순위를 높여서 키워드 문구에 돈을 안 쓰는 문제가 아니다. 전환율이나 ROI 목표에 따라, 유료 검색과 자연 검색 모두에서 키워드 문구를 계속 가져가는 것이 좋다.

4 이 키워드 문구에서 이미 상위를 차지했는가?

SEO 계획 작성에 착수했다면, 해당 주제에서 현재 순위를 알아두는 것이 좋다. 당신은 10위권인가, 20위권인가, 30위권인가, 아니면 저 뒤 199위인가? 웹 CEOWeb CEO, 브라이트엣지Bright Edge, 모즈 같은 도구를 사용하면 순위에 대한 자료를 얻을 수 있다. (이런 도구들에 대해 더 자세히 알고 싶다면 『Enterprise SEO Tools: The Marketer's Guide』라는 보고서를 참고하자. 이 책은 수천 가지의 키워드를 관리, 트래킹, 최적화할 여러 가지 플랫폼을 안내해준다. http://bitly.com/epic-seo에서 무료로 볼 수 있다.)

5 새로운 페이지는 키워드 문구를 적절히 포함하는가?

당신은 해당 주제를 자세히 다루고, 사례와 신선한 관점까지 제시하는 멋진 콘텐츠를 만들었다. 그렇다면 반드시 전략적으로 가장 중요한 키워드를 꾸준히 포함시키자. 문단이 13개, 15개인데 키워드를 한 번만 언급하면 사람들은 당신의 콘텐츠를 발견하지 못한다.

키워드 빈도 '법칙'은 오랫동안 논란거리로 남아 있다. 어쨌든 항상 키워드를 자연스럽게 언급할 기회를 찾는 것이 가장 중요하다. 해당 키워드 문구를 150단어에서 200단어마다 사용한다면 문제 없을 것이다. 더 자주 쓴다고 걱정하지는 말자. 불필요한 곳에 억지로 쓴 티만 안 나면 된다. 언급 빈도는 순위를 확인한 후에 얼마든지 줄일 수 있다(순위는 물론 페이지 제목, 페이지 헤더, 웹사이트 생성 시기, 인바운드 링크 등 수많은 요소의 영향을 받는다).

6 키워드 문구를 통한 웹사이트 트래픽은 얼마인가?

웹사이트 분석 자료를 들여다보면 다양한 키워드 자료가 있다. 한 단계 깊이 분석하려면 방문자가 최초로 입력한 키워드나 사이트 내에서 검색한 단어를 살펴보면 된다. 예를 들어 누군가 '건설 자금 대출'을 검색했다면 '건설 자금 대출 자격'이나 '건설 자금 대출 받는 법' 같은 선택지를 고려하게 된다. 새로운 키워드 문구를 기존 페이지나 새 페이지에 넣기 위해 콘텐츠 전략을 조정해야 할 경우도 생긴다.

키워드 문구를 많이 검색하지 않는다고 낙담하지 말자. 검색이 적어도 가치가 클 수 있다. 나는 순위와 키워드 트래픽을 함께 살펴본다. 예를 들어 SEO가 제대로 되지 않았기 때문에 검색 횟수가 20번밖에 안되고 검색어 순위가 낮을 수도 있다. 반면 구글에서 검색어 순위가 2위지만 방문자 수가 수십 명인 경우도 있다. 검색 횟수가 20번이더라도 당신이 판매하는 것과 키워드가 잘 맞으면 상관없다. 구매로 이어질 예상 고객을 만들기 위해 방문자가 1,000명이 돼야 할 필요는 없다.

나는 웹사이트의 페이지에서 검색어 순위가 높은 몇몇 키워드를 주시한다. 어떤 페이지를 가보면 한 페이지에 '무료 온라인 계좌'와 '무료 계좌 온라인'이 동시에 있는 경우를 볼 것이다. 하지만 둘 다 검색어 3위 안에 들지는 못할 것이다(아마 하나는 7위 정도, 하나는 14위 정도 될 것이다). 검색어 순위를 높이려면 문구 하나를 정해서 그 문구에만 집중해야 한다.

7 유사 키워드로 웹사이트 트래픽이 발생하는가?

나는 웹사이트 애널리틱스를 꾸준히 확인하는데, 전략 키워드 문구에 없는 것 중 사람들이 검색해 찾아 들어오는 키워드가 있는지도 살펴본다. 기존 콘텐츠나 신규 콘텐츠에 SEO까지 고려하면, 다양한 연관 검색어와 키워드를 통한 유입이 활발해진다. 예를 들어, 어떤 콘텐츠에서 원래 '랩톱 컴퓨터'를 키워드로 노렸는데 콘텐츠를 만들다보니 '랩톱 컴퓨터 사기' 같은 몇몇 다른 키워드 유입이 생길 수 있다. 이런 키워드의 검색엔진 트래픽 증가나 페이지뷰 등의 자료를 도표로 만들어보고 이런 변화를 활용하자.

8 키워드 문구(나 유사 문구)에서 이미 전환이 일어났는가?

웹사이트 분석이나 전환 깔때기, 전자상거래(키워드를 제품 판매와 연관 짓는 것) 등을 통해서 키워드를 추적할 수 있다. 어떤 회사는 몽구스 메트릭스Mongoose Metrics, 마첵스Marchex 등의 콜트래킹 call tracking 서비스를 이용해 추가 정보를 얻는다. 콜트래킹 기술은 장점이 많다. 예를 들어 키워드 단계에서 누군가 검색어를 입력해 웹사이트에 들어왔다면 콘텐츠에 (웹사이트에 있는 일반 전화번호 대신) 고유 전화번호가 일시적으로 나온다. 키워드 문구와 연결된 이 전화는 추적되고 기록될 수 있다.

9 페이지에 콜투액션이 있는가?

효과적인 콜투액션을 포함해서 콘텐츠의 키워드 문구를 타깃팅하는 것은 특히 중요하다. 제안 내용이 무엇인가? 어떻게 보이는가? 숨겨져 있는가? SEO를 통해 트래픽이 나온다면, 방문객이 콘텐츠를 보고 난 후 무엇을 해야 할지 몰라 갈팡질팡하게 만들고 싶지 않을 것이다. 독자들에게 어떤 행동을 해야 할지 분명하게 알려주자. 무료 상담 전화를 걸어야 하는가? 체험판을 요청해야 하는가? 안내서를 다운로드받아야 하는가? 추가 정보를 요청해야 하는가? 그리고 이런 행동을 하기 쉽게 만들어놓자. 화면 내 신청 양식, 전화번호, 선택 사항 등의 색과 배열을 시험해보는 것도 필수다. 많은 사람들이 키워드 차원에서만 SEO를 생각하지만, 웹사이트 이용이 쉽고 사이트 내에 전환을 유도하는 요소가 많으면, SEO를 통해 유입된 트래픽이 매출로 이어진다. 웹사이트에서 방문자의 시간과 노력을 빼앗는다면 많은 트래픽도 무용지물이 된다.

10 내부 링크 전략을 지원해줄 관련 페이지가 있는가?

SEO를 통해 단일 페이지가 높은 순위를 차지한다 해도, 콘텐츠 마케팅 전략이 성공하려면 관련 페이지에서 링크들이 제대로 작동해야 한다. 즉 몇몇 페이지와 글에 전략 키워드를 서로 링크시키면 검색엔진 순위 상승 가능성이 높아진다. 그리고 링크 안에 (최소한 근처에) 타깃 키워드 문구를 꼭 포함시키자. 예를 들면 어떤 페이지에서 '저렴한 자동차 보험'을 간략히 언급하고, 블로그 포스트나 별도 상세 페이지에서 '저렴한 자동차 보험의 장단점'을 자세히 설명하는 방법이 있다.

11 향후 콘텐츠에서 이 키워드 문구를 어떻게 맞춰 넣을 것인가?

SEO와 콘텐츠 마케팅을 위한 키워드 선택은 몇 주 전부터 사전 계획한 콘텐츠에 맞춰야 한다. 지금 올리는 콘텐츠에 맞추면 안된다. 콘텐츠 일정표가 있다면 기사를 작성하거나 제품 설명을 적거나 블로그 포스트를 쓰기 전부터 키워드를 생각할 수 있다. 주로 사용하는 키워드들이 있다면, 콘텐츠 계획 전략에서도 이 키워드 문구의 우선순위와 부족한 부분을 반영해야 한다. 예를 들어 '탑승형 잔디깎기'라는 문구는 검색어에서 월등히 높은 순위를 기록하고 있지만 '자동 잔디깎기'의 순위는 형편없다면, 이 부분을 보완할 콘텐츠를 작성해볼 수 있다. 그리고 이런 부분들을 기억해 뒀다가 키워드 계획에 반영해야 한다.

12 키워드 문구가 도메인 이름에 들어가 있는가?

구글은 2012년에 EMD(Exact Match Domain, 키워드와 정확히 일치하는 도메인)를 단속하겠다고 발표했다. 구체적인 단속 대상은 도메인 이름에 특정 키워드가 많이 들어가 있지만 내용은 부실한 사이트들이다. 사기성 도메인이나 작은 사이트(예를 들면 'seocontent marketingtipsideasforonlinemarketers.com' 같은)를 운영한다면 문제겠지만, 정상적으로 회사와 사이트를 운영한다면 걱정하지 않아도 된다. 여전히 훌륭한 웹사이트 중에 도메인 이름이 검색엔진 순위에 영향을 주는 것들이 많다.

결론

키워드를 선택하기 전에 다른 요소들도 고려하고 싶겠지만, 위의 사항들에서부터 출발하면 좋을 것이다. 키워드 조사 도구를 사용해서, 사람들이 실제로 어떤 키워드를 사용하는지를 알아보는 작업이라도 먼저 해놓고 키워드를 선택하자. 사람들이 한 달에 1만 번씩 검색하는 키워드는 당연히 피해서 콘텐츠를 만들게 될 것이다. (경우에 따라서는 대체 키워드로 100번 검색되는 키워드를 고르게 되기도 한다). 새로운 콘텐츠는 당신이 전략적으로 고른 키워드군을 넣을 기회가 된다. 그리고 이것을 기존 콘텐츠와 서로 연결시키자.

콘텐츠 신디케이션

당신의 업계에서 에픽 콘텐츠를 찾는 사이트가 있는가? 그렇다면 당신의 원본 콘텐츠를 그 사이트에 합치는 기회가 될 수 있다. CMI는 비즈니스투커뮤니티닷컴Business2Community.com이라는 사이트와 이렇게 하고 있다. 비즈니스투커뮤니티는 매월 순 방문자가 50만 명이며 이들 중 상당수가 콘텐츠 마케팅에 관심이 있다. 우리는 이런 오디언스와 교류를 희망한다. 콘텐츠 연합은 이렇게 움직인다.

- CMI가 콘텐츠를 사이트에 올린 2주 후, 비즈니스투커뮤니티가 사이트에 '재발행'할 수 있게 해준다.(원작자가 CMI임을 구글 검색엔진이 인식할 때까지 몇 주간 기다린다.)
- 콘텐츠에는 CMI 웹사이트 내의 다른 연관 블로그 포스트 링크를 포함시키고, 맨 마지막에는 '저자' 링크를 넣는다.

지금 갖고 있는 콘텐츠를 더 많이 노출시키고 싶다면 한 가지 방편으로 콘텐츠 신디케이션 제휴를 고려해보자.

콘텐츠 10대 1 법칙

—

검색엔진이 끊임없이 알고리즘을 바꾼다는 말은 결국 검색이 잘되려면 믿을 만한 개인들이 당신의 콘텐츠를 공유하는 일이 그 어느 때보다도 중요해졌다는 뜻이다. 고객들은 이제 콘텐츠에 관여하는 때와 방식을 스스로 완전히 통제할 수 있기 때문에, 스토리를 어떻게 만들고 공유할지를 처음부터 생각해야 한다.

따라서 10 대 1을 생각하자. 이야기를 10가지 다른 방식으로 변환할 수 있는가? 블로그에 쓴 글이 백서 시리즈, 전자책, 심지어 종이책도 될 수 있는가? 동영상을 블로그 포스트로 풀어내고, 몇 개로 쪼개서 소셜 네트워크에 공유하고, 팟캐스트로 만들 수 있는가? 아래 사항을 먼저 생각해보자.

- **어떻게 해당 콘텐츠를 예고할 것인가?** (커뮤니티가 콘텐츠에 관심을 갖게 하자.)
- **어떻게 해당 콘텐츠를 공유할 것인가?**
- **기본 콘텐츠**(블로그, 동영상 등)**는 무엇이 될 수 있을까?**

켈리 서비스의 토드 윗랜드는 콘텐츠 스토리 한 개 당 20편의 콘텐츠 제작을 목표로 한다. 과거의 켈리 서비스였다면 백서 하나를 만들고 이것을 그대로 블로그에 홍보하고 관련 보도자료를 냈을 것이다. 오늘날은 페르소나별로 개인화된 백서를 만들고, 쉽게 구입할 수 있도록 전자책으로 쪼개고, 여러 개의 블로그 포스트로 만들며, 인포그래픽 시리즈

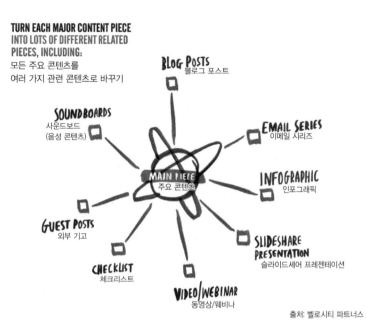

TURN EACH MAJOR CONTENT PIECE INTO LOTS OF DIFFERENT RELATED PIECES, INCLUDING:
모든 주요 콘텐츠를
여러 가지 관련 콘텐츠로 바꾸기

BLOG POSTS
블로그 포스트

SOUNDBOARDS
사운드보드
(음성 콘텐츠)

EMAIL SERIES
이메일 시리즈

MAIN PIECE
주요 콘텐츠

INFOGRAPHIC
인포그래픽

GUEST POSTS
외부 기고

SLIDESHARE PRESENTATION
슬라이드셰어 프레젠테이션

CHECKLIST
체크리스트

VIDEO/WEBINAR
동영상/웨비나

출처: 벨로시티 파트너스

그림 22.2 콘텐츠 원자화
벨로시티 파트너스의 콘텐츠 원자화 사례

로 변형한다(그리고 링크드인과 슬라이드셰어에 공유한다). 켈리 서비스에서 이 방법이 통하는 이유는 전체 콘텐츠 전략의 일환으로 미리 계획을 세워 진행하기 때문이다.

런던에 있는 벨로시티 파트너스는 이런 프로세스를 '콘텐츠 원자화'라고 부른다(그림 22.2).

모든 것에 이미지 넣기

—

스카이워드 리서치는 회사 웹페이지 중 이미지가 있는 것이 이미지 없는 것보다 91% 더 좋은 반응을 얻었다는 조사 결과를 발표한 적이 있다. 스카이워드는 수만 건의 웹사이트 글을 분석한 결과 기업용 웹사이트에서 이미지가 갖는 가치를 규명할 수 있었다(연예, 뉴스, 스포츠 관련 글은 제외했다).

이미지는 작은 차이가 아니라 큰 차이를 만든다. 이 연구에 상식선의 부연 설명을 조금만 더하자면, 이미지가 있는 글이 당연히 검색엔진에도 더 잘 노출되고 공유하기도 좋다.

이 결과는 새로울 것도 없다. 잡지 업계 사람들은 항상 "잡지 표지의 목적은 단 하나, 잡지를 펼치게 하는 것이다"라는 말을 해왔다. 이 목적을 위해서는 디자인이 가장 중요하다.

그러면 이미지를 활용하기 위해서는 무엇을 해야 하는가?

- 콘텐츠 제작자의 역할을 정하고, 자체 제작과 유료 이미지 구매 비율도 결정한다.
- 모든 블로그 포스트에 이미지를 넣는다.
- 콘텐츠가 시각적으로 끌리는지를 전수 검토한다.
- 가능하면 당신의 이미지에 메타태그와 설명을 단다(이미지 검색도 하루에 수백만 건씩 일어난다).

마지막으로 중요한 것은...

- 콘텐츠 프로세스에 디자인을 포함하고, 디자인을 고려하여 일정을 잡자. 디자인을 벼락치기로 해서는 안 된다.

블로그 댓글 전략

—

나는 사업을 키우면서 형성한 관계들이 우리 회사가 전 세계에서 가장 빠르게 성장하는 기업 중 하나가 되는 데 일조했다고 생각한다. 솔직히, 이것은 몇 가지 일을 동시에 실천했기 때문에 가능했다. 하지만 나 자신도 놀랐던 부분은, 세계 최고의 콘텐츠 전문가들과 처음 알게된 계기였다.

블로그에 댓글 달기

내가 콘텐츠 전문가들과 관계를 맺고 친구가 된 대부분의 계기는 블로그에 댓글을 달고 그들의 글을 공유하는 것에서 시작됐다.

데이비드 미어만 스콧과는 어떻게 알게 됐을까? 그의 블로그에 댓글을 남겼다. 마이크 스텔즈너, 브라이언 클락, 제이 배어, 버니 보르헤스, 앤드류 데이비스 모두 마찬가지다(이들은 모두 콘텐츠 마케팅 분야의 저명인사들이다).

잊힌 기술, 블로그 댓글 달기

최근에 대형 마케팅 콘퍼런스에서 발표를 하면서 기업 블로그를 운영하는 비율을 물었다. 50% 정도가 블로그를 갖고 있었다. 이들 중 댓글 전략을 갖고 있는 사람은 얼마나 되는지 물었다. 블로그를 운영하는 곳 중 10%만 댓글에 대한 전략이 있었다. 안타까운 일이다.

훌륭한 콘텐츠만으로는 부족하다. 콘텐츠를 갖고 움직여야 한다.

당신이 전 세계 최고의 콘텐츠 제작자일수도 있겠지만, 채널을 활용하지 않으면 아무도 그 콘텐츠에 대해 모르고, 사업에 도움이 안 될 것이다. 배포 기술 목록 중 상위에 적절한 블로그에 댓글 달기가 올라가 있어야 한다.

방법을 잘 모르는가? 아래를 참조하자.

- 당신의 고객과 예상 고객이 자주 가는 곳을 알아내자. 구글 알리미이나 트위터(또는 평판 관리 시스템) 등의 도구를 사용해 고객에게 영향력 있는 블로그를 찾아내자.
- 당신이 관여할 블로그를 최소 10개에서 15개 선정하자.
- 각 블로그에 매주 적어도 한 개 이상 정보성 댓글을 작성하자.

실제로 이 작업은 일주일에 한두 시간 정도 걸린다. 하지만 보상은 엄청나다. 업계의 영향력 있는 사람들이 당신을 알게 될 것이다. 조금 지나면 누군가 당신의 콘텐츠를 공유할 것이다. 시간이 가면 누군가와는 친구가 되어 있을 것이다. 장기적으로는 당신의 블로그 및 마케팅 목표에 도움을 줄 것이다.

콘텐츠를 풀자

—

나는 저명한 작가이자 연설가인 데이비드 미어만 스콧의 발표를 즐겨 들어왔다(CMI 콘퍼런스인 콘텐츠 마케팅 월드에서도 많이 발표했다). 그가 개인적으로 낸 통계에 따르면 그가 낸 백서나 전자책에서 '제약'을 제거하면 다운로드가 20배에서 50배 증가한다고 한다. 제약이란 콘텐츠를 받기 위해 작성하는 양식을 말한다.

"왜 이 장에서 이 내용을 다루지?" 하는 생각이 들지도 모른다. 답은 간단하다. 마케터들은 에픽 콘텐츠를 갖고 있지만 거기에 제약을 거는 일이 비일비재하다. 그래서 정작 마케터들이 전달하고픈 메시지를 사람들이 공유하거나 전달하기가 거의 불가능한 것이다. 물론 어떤 콘텐츠는 제공하기 전에 양식을 받을 필요도 있다. 하지만 양식이나 제약의 의미를 이해해야 한다. 장단점이 있기 때문이다.

그 의미를 이해하기 위해서는 우선 "내 목표가 무엇인가?"를 묻자.

대부분은 잠재 고객이나 고객 관리를 목적으로 콘텐츠에 제약을 건다. 즉 고객에게 판매하기 위해서 고객 정보가 필요하고, 고객이 원하는 것을 더 정확하게 알기 위해서 추가 정보를 요구한다. 타당한 생각이다. 그렇지 않은가?

이런 방식은 뚜렷하고 강력한 마케팅 목표를 지녔다. 하지만 그것이 최선의 목표일까? 맞는 목표이긴 할까?

브랜디드 콘텐츠 제작의 목표는 생각을 퍼뜨리는 것이지 않을까? 마케팅 관점에서 한 명보다는 50명이 콘텐츠에 관여하는 것이 더 맞는 것이지 않나?

데이비드는 이 부분을 명확히 정리해준다. 당신의 콘텐츠를 적극적으로 공유할 고객은 누구인가? 블로거와 소셜 미디어 인플루언서다. 당신이 제약을 건 콘텐츠를 다운로드받지 않는 고객은 누구인가? 바로 블로거와 소셜 미디디어 인플루언서다.

따라서 콘텐츠에 제약을 거는 사람들은 콘텐츠에 접근하는 사람들을 제한할뿐만 아니라 그 콘텐츠를 자기의 오디언스와 활발하게 공유하는 고객들도 끊어내는 행동을 하고 있는 것이다.

확률 계산

당신이 백서를 다운로드를 통해 잠재 고객 1,000명이 생겼다고 하자. 데이비드 미어만 스콧의 계산법을 보수적으로 적용했을 때, 제약 없이 다운로드받을 수 있게 하니 다운로드 수가 10배로 늘어났다고 해보자. 그렇다면 잠재 고객의 개인정보를 받지 않고 1만 명이 다운로드한 셈이다. 다운로드를 받은 사람 중 1%가 자신의 블로그 오디언스와 이 콘텐츠를 공유했다고 가정하자(그리고 블로그의 오디언스도 보수적으로 잡아 100명이라고 하자. 대부분의 블로그는 오디언스가 100명 이상이다).

이렇게 계산했을 때, 콘텐츠에 제약을 걸었다면 콘텐츠는 2,000명에게 도달한다. 제약이 없다면 2만 명에게 닿는다.

이 말을 명심하자. 나는 '바이럴'이 되고 엄청나게 퍼져나간 콘텐츠 중 제약을 걸어 놓은 경우는 단 한번도 본 적이 없다. 본 적이 있으면 알려주기 바란다. 당신에게 더 중요한 사실은 이것이다. 소수의 잠재 고객 정보와 당신이 지금은 모르는 의사결정권자들에게 당신을 알리는 것 중 무엇이 더 좋을까?

고객 정보는 때와 장소를 가려서 얻어내야 한다. 남들이 당신의 콘텐츠를 적극적으로 공유하기를 원하는 상황이 고객 정보를 얻어내야 할 때나 장소인가?

*저자주: 이 전략을 쓴다고 고객에게 콘텐츠 구독을 위한 이메일 정보를 '부탁'할 수 없다는 뜻은 아니다(자세한 내용은 9장과 23장 참조).

브랜드스케이핑

—

앤드류 데이비스의 책 『브랜드스케이핑』은 콘텐츠 제휴가 어떻게 성공하는지를 보여준다. 브랜드스케이핑의 핵심은 훌륭한 콘텐츠를 만들기 위해 브랜드끼리 뭉치는 것이다. 콘텐츠 마케팅 프로세스 관리가 어려운 브랜드들이 많아지면서, 브랜드스케이핑은 콘텐츠 마케팅의 진화에 필수 사항이 될 것이라고 생각한다.

많은 브랜드들이 콘텐츠 마케팅 프로젝트를 위한 예산 문제에 직면하는 것도 사실이다. 고객이 비슷하지만 경쟁관계는 아닌 회사와 제휴해서 놀랍고 매력적인 콘텐츠를 못 만들 이유가 무엇인가?

CMI는 클리블랜드에 있는 단체인 포지티블리 클리블랜드Positively Cleveland와 이것을 해오고 있다. 포지티블리 클리블랜드의 목표는 클리블랜드에 더 많은 사람들이 방문하고 머무는 것이다. CMI는 클리블랜드에서 최대 행사인 콘텐츠 마케팅 월드를 개최하기 때문에(외부에서 1,500명 이상을 불러모은다), 포지티블리 클리블랜드에서 도시 홍보 건으로 접촉을 해왔다. 즉 CMI의 광고가 지역 잡지에 실리고, 잡지에서 콘텐츠 마케팅 월드를 알리며 왜 클리블랜드에서 행사를 개최하는지를 설명할 기회가 생긴 것이다. 두 곳 모두에 도움이 되는 일이었고, 우리 입장에서는 파트너로 비슷한 목표와 타깃 오디언스를 가진, 좀더 지역적 특색이 강한 단체를 찾고 있었다는 점에서 정말 잘 맞았다.

EPIC THOUGHTS

- 자연 검색으로 인한 트래픽이 예전 같지는 않지만, 여전히 콘텐츠 홍보 목록 최우선 순위다. 주의를 기울이자.
- 대부분의 조직은 한 콘텐츠가 성공하면 이것을 다른 형식으로 바꾸는 작업을 시작한다. 하지만 이런 포맷 변환을 미리 계획하면 더 좋다. 당신의 이야기가 어떤 형태로 바뀔 수 있을지, 어떤 채널에서 목표를 달성하고 고객에게 타당하게 여겨질지 상상해보자.

EPIC RESOURCES

- Keyword Discovery: http://www.keyworddiscovery.com.
- WordTracker: http://www.wordtracker.com.
- SEMrush: http://www.semrush.com/.
- "Natural Search Trends of the Internet Retailer 500 / Q2 2010," www.Conductor.com, accessed July 9, 2013, http://www.conductor.com/resource-center/research/natural-search-trends-internet-retailer-500-q2-2010.
- Web CEO: http://www.webceo.com/.
- BrightEdge: http://www.brightedge.com/.
- Moz: http://moz.com.
- "The Content Marketing Strategy Checklist," Velocity Partners, accessed April 10, 2013, http://www.velocitypartners.co.uk/wp-content/uploads/2012/06/Content-Marketing-Strategy-Checklist-

Velocity—Partners.pdf.

- Google Alerts: http://www.google.com/alerts.
- "Positively Cleveland," Cleveland Meetings: http://www.clevelandmeetings.com/champions/pulizzi/.

23

콘텐츠 마케팅에
소셜 인플루언서 모델 활용하기

깨지지 않았으면, 깨라
(아니면 남이 선수를 칠 것이다)
———
톰 피터스TOM PETERS

2013년 2월 현재, CMI 웹사이트는 월 순 방문자 수가 13만 명이며 페이지뷰 30만, (일간 및 주간) 이메일 뉴스레터 구독자 4만 명을 기록하고 있다. 각 부문에서 2012년보다 수치가 두 배로 늘었으며, CMI 매출의 대부분이 어느 블로그 포스트에서 비롯됐는지를 추적할 수 있다.

CMI 성과의 상당 부분은 일간 블로그 콘텐츠에서 나온다. 작년 한 해 동안, CMI는 매일 하나씩, 총 365편의 블로그 포스트를 올렸다. 이 중 300편은 CMI 직원이 아니라 외부 필진이 기고한 것이다(우리는 이 필진을 '한 가족Community'이라고 부른다).

CMI의 사례

—

2010년 5월에, 나는 동업자들과 CMI를 만들자는 미친 생각을 했다. 최소한의 자원과 예산으로 콘텐츠를 만들 모든 방법을 강구했다. 업계의 판도와 오디언스의 니즈(우리의 오디언스는 대기업의 마케팅 관리자와 임원이다)를 살펴본 후, 콘텐츠 마케팅을 실천하는 정보성 글을 매일 올리면 기회가 있겠다는 확신이 들었다.

우리는 월 6,000달러 예산으로 매주 다섯 개의 글을 생산했다(2012년 전까지는 주말에는 글을 올리지 않았다). 이 예산은 초안 제작비, 편집, 교정, 워드프레스 CMS 업로드 비용, 개별 글을 위한 이미지 비용 등으로 사용했다. 두말할 것도 없이 빠듯한 예산이었다.

우리(나와 콘텐츠 디렉터인 미셸 린)는 고민 끝에 이 일을 해낼 수 있는 유일한 방법이 외부 필자를 섭외해서, 무료로 원고를 받고, 대신 우리 사이트에서 그들을 홍보해주는 것이라는 결론을 내렸다.

인플루언서 목록

다행히도, 인플루언서 목록을 만들며 좋은 출발을 했다. 우리는 인플루언서를 블로거, 경쟁자, 우리의 대상 오디언스가 관심 있어 하는 콘텐츠를 만드는 매체사 등으로 분류했다. 우리는 인플루언서 목록을 분기별로 평가해 '콘텐츠 마케팅 블로그 톱 42'(CMI 웹사이트 http://bitly.com/epic-cmibloggers에서 볼 수 있다)를 만들었다.

처음 이 목록을 만들 때 다음의 항목을 조사했다.

- 구글 알리미에서 '콘텐츠 마케팅' 같은 키워드로 추적하기

- 업계 잡지 저자

- 트위터에서 해당 주제에 대해 이야기하는 사람

- 흥미로운 블로거

완성된 목록은 42명이었지만, 사전 조사에서는 300명 이상의 사람들을 살펴봤다.

인플루언서의 관심 끌기

—

인플루언서는 중요한 사람들이다. 그들은 보통 본업이 있고 소셜 네트워크에서 매우 활발하게 활동하며, 콘텐츠를 공유하거나 블로그를 하면서 시간을 보낸다. 그들의 레이더망에 잡히기는 쉽지 않다. 그래서 그들의 관심을 끌기 위해 콘텐츠 선물을 나눠줬다. 거기에 사용된 몇 가지 다른 방식을 소개해보겠다.

소셜 미디어 4-1-1

『브랜드스케이핑』의 저자 앤드류 데이비스가 주창한 소셜 미디어 4-1-1은 회사가 소셜 미디어 인플루언서 눈에 더 잘 띌 수 있는 공유 체계이다. 방법은 이렇다.

소셜 미디어(트위터 등)에 공유하는 콘텐츠 6개 중

- 4개는 당신의 오디언스와 유관한 인플루언서가 올린 콘텐츠다. 즉 소셜 미디어 관리에 쓰는 시간 중 67%는 남의 콘텐츠를 공유하는 데 할애하고, 특히 인플루언서 집단의 콘텐츠가 주목받게 돕자.
- 1개는 직접 만든, 교육적 내용의 콘텐츠다.
- 1개는 쿠폰, 제품 알림, 보도자료 등의 판매 자료여도 좋다.

숫자가 정확할 필요는 없지만, 이것의 바탕에 깔린 철학이 중요하다. 인플루언서의 콘텐츠를 공유하면 그들은 그 사실을 인지한다. 그리고 다른 보상이나 바라는 바 없이 공유해야 언젠가 당신이 그들의 도움이 필요할 때 인플루언서가 요청에 응해줄 것이다.

콘텐츠 선물 대잔치

CMI에서 '콘텐츠 마케팅 블로그' 목록을 작성할 때, 우리는 인플루언서의 순위를 정하고 그 순위를 대중과 공유하면 그들의 눈에 잘 띌 것이라고 생각했다. 그리고 예상대로 이 작업은 큰 성공을 거뒀다.

우리는 블로그 순위를 정하는 방법론을 짜기 위해 외부 조사 기관과 협력했다. 꾸준함, 형식, 유용함, 독창성, 구글 페이지 순위(구글이 웹사이트의 신뢰도를 판단하는 순위) 등을 고려해 평가했다. 그리고 매 분기 이 목록을 발행하고, 10위까지 공개하고, 보도자료를 내고, 이런 활동을 통해 '콘텐츠 마케팅 블로그' 목록을 화제가 되게 만들었다. 당연히 순위 안에 든 블로거들은 이 목록을 아주 좋아했다. 인플루언서들은 자신의 오디언스와 이 목록을 공유했음은 물론, 42개 블로그 중 절반가량이 우리 사이트로 연결되는 위젯(과 본인 블로그의 순위 배너)을 홈페이지에 올렸다. 이를 통해 인플루언서들과 장기적인 관계가 쌓인 것은 물론, 우리 링크의 검색 신뢰도가 높아졌고 트래픽까지 덤으로 얻었다.

'콘텐츠 마케팅 블로그' 목록과 함께, CMI는 인플루언서들의 작업을 소개하는 긴 전자책을 만들기 시작했다. 예를 들어 2009년과 2011년에 『콘텐츠 마케팅 각본Content Marketing Playbook』을 출간했다. 이 책에는 콘텐츠 마케팅에 관한 50가지 사례를 넣었고, 대부분은 인플루언서의 작업이었다. 그리고 본문에 어떤 사례를, 어떤 인플루언서가 작업했는지 명시했다.

우리가 전자책을 내고 인플루언서들에게 알렸을 때, 사례에 포함된 인플루언서들은 적극적으로 자신들의 오디언스와 내용을 공유했다.

다시 블로그로

—

CMI에서는 콘텐츠 마케팅에 대해 알려주는 독자적인 콘텐츠를 만들 예산이 부족했기 때문에, 어디로 눈을 돌려야 할지 정확히 알고 있었다. 바로 인플루언서였다. 처음 CMI 블로그를 시작했을 때, 제일 먼저 접촉했던 집단은 우리가 선정한 소셜 인플루언서였다. 이 인플루언서 중 10여 명은 기꺼이 도와줬는데, 우리가 몇 년 동안 아무 것도 바라지 않고 그들을 홍보해줬기 때문이다.

미셸 린은 우리의 콘텐츠 편집자로서 편집 일정표를 짜고 각 인플루언서와 주제를 조율했다. 인플루언서가 제공한 콘텐츠를 집중적으로 편집하는 일도 그녀의 몫이었다. 인플루언서 대부분은 글솜씨가 훌륭했지만, 우리는 그들의 콘텐츠가 더 돋보이기를 바랐다. 그 이유는 우리 사이트에서 그들의 유용한 콘텐츠를 제공하면서, 그들을 스타처럼 대우하면 인플루언서들도 자신의 오디언스에게 그 콘텐츠를 공유할 가능성이 높기 때문이다. 이 단계가 아주 결정적인 역할을 했는데, 당시 우리는 온라인에서의 전파력과 영향력이 미미했기 때문이다. 우리만의 네트워크를 구축하기 위해서 인플루언서의 네트워크를 활용할 필요가 있었다.

제3집단의 중요성

기업들은 콘텐츠 배포에서 직접 보유한 데이터베이스만 고려하는 경우가 허다하다. 오늘날 소셜 미디어의 힘은 남의 데이터베이스를 통해 나의 메시지를 더 많이 배포할 기회를 준다. 당신의 이메일 연락처, 주소록, 소셜 미디어 구독자 같은 당신의 네트워크는 이미 잘 알 것이다. 하지만 매셔블이나 허핑턴 포스트 같은 매체의 성장은 소셜 공유를 등에 업고 성장했다. 당신도 이런 전략을 고려해봐야 한다.

『끝내주는 회사에 대한 책The Book of Business Awesome』에서 스콧 스트라튼Scott Stratten은 '콘텐츠 공유의 세 집단'에 대해 이야기한다. 각각은 다음과 같다.

• **제1집단** 당신과 가장 가까운 집단이고 가장 끈끈하다. 당신을 알고 신뢰한다는 이유만으로 콘텐츠를 공유한다. '브랜드

팬'이라고 봐도 좋다.

- **제2집단** 제1집단 구성원의 친구들이다. 제1집단 구성원이 당신의 콘텐츠를 공유하기 때문에 당신의 콘텐츠를 꾸준히 보게 된다.
- **제3집단** 제2집단의 친구들이다. 콘텐츠가 최대한 널리 퍼지길 바란다면 이 집단이 가장 중요하다.

제3집단 이론에서는 이해하고 지켜야 할 몇 가지 규칙이 있다.

- 제1집단은 당신을 사랑해서 눈이 멀었기 때문에 아무것이나 공유한다. 따라서 이들이 공유하는 것에는 크게 의미를 둘 수 없다.
- 제2집단은 대부분 콘텐츠의 종착지다. 제1집단이 공유한 콘텐츠가 제2집단에게 나쁜 인상을 주면 그들은 영영 떠난다. 즉 그들의 관심을 지속시키기 위해서는 콘텐츠가 정말 에픽해야 한다. 제2집단은 단지 제1집단과의 관계 때문에 콘텐츠에 노출되는 것이다. 그들이 처음 콘텐츠를 열어본 이후, 관여도를 높이는 일은 순전히 당신 몫이다.
- 궁극의 목표는 제3집단이다. 스트라튼에 따르면 "콘텐츠를 만들 때 제3집단을 염두에 둬야 한다." 제3집단은 브랜드와 아무 관계가 없는 사람들이다. 제3집단의 사람들이 당신의 콘텐츠를 공유한다면, 정말로 콘텐츠가 훌륭하고 공유할 가

치가 있다고 판단했기 때문이다.

제3집단에게 인정받는 3가지 방법은 다음과 같다.

- **점진적이고 완만한 성장에 집중하자** 콘텐츠가 크게 히트하는 일은 극히 드물다. 그런 사례 중 하나가 달러 셰이브 클럽(그림 23.1)이다. 2013년 4월 이들이 올린 바이럴 콘텐츠는 조회 수 1천만을 기록했다. 보통 바이럴 콘텐츠는 좋은 콘텐츠를 천천히 꾸준히 내는 와중에 터진다. 예를 들어 내가 코카콜

그림 23.1 달러 셰이브의 바이럴 성공 사례
달러 셰이브 클럽의 바이럴 비디오는 조회 수 1천만을 기록했다

라의 콘텐츠 2020에 대해 쓴 블로그 포스트는 순 방문자 수만 20만 명이 넘는다(제3집단이 많이 공유했다). 하지만 이런 일이 금방 일어난 것은 아니다. 이 성공은 정기적인 콘텐츠 500개를 발행한 후에 일어났다.

- **제1집단을 (사로)잡자** 많은 브랜드들이 트위터와 페이스북 등 소셜 네트워크 계정 구독자에 대해 걱정한다. 물론 그들도 훌륭하지만, 제3집단에게 다가가려면 이메일에서 출발해야 한다. 나는 수많은 블로그 콘텐츠에 '이메일 수집' 장치가 없는 것을 보면서 놀란다. 이메일 주소 수집이 블로그의 주목적이기 때문이다. 소셜 공유는 이메일로 시작해서 이메일로 끝나는 일이 많다. 콘텐츠에 제약을 걸어서 정보 제공 없이는 콘텐츠에 접근도 못하게 하라는 뜻이 아니다. 여러 가지 방식으로 이메일 주소를 요청하되, 콘텐츠는 대가 없이 주자. 당신의 콘텐츠를 구독하게 하고, 당신의 영역에서 세계 최고의 정보를 계속 보내자.

- **당신의 업계에서 최고의 정보 제공자가 되자** 나는 브랜드 마케터들에게 강연을 할 때 이 질문을 많이 한다. "이중에 구매자에게 최고의 정보 제공자가 되겠다는 목표를 가진 분이 있나요?" 손을 드는 사람은 거의 없고, 바로 이것이 큰 문제다. 고객과 예상 고객이 왜 당신의 콘텐츠에 관여해야 하는가? 왜냐하면 어떤 식으로든 가려운 곳을 긁어주기 때문이다. 하지만 그들이 당신의 콘텐츠를 피할 수 있는 방법은 너무나

많다. 따라서 내부와 외부에서 우수 인력을 모으고 프로세스를 만들어 에픽하고 정신이 번쩍 드는 콘텐츠를 만들어야 한다. 내가 보기에 대부분의 브랜드는 소셜 공간을 채워넣을 그럭저럭 괜찮은 콘텐츠면 된다고 여기는 것 같다.

'그럭저럭 괜찮은 콘텐츠'는 제1집단을 벗어나지 못한다. 제3집단으로 가는 콘텐츠는 업계를 쥐고 흔들 정도로 훌륭해야 한다. 최소한 목표라도 이렇게 세우고 실현을 위해 움직여보자.

인플루언서 프로그램의 결과

—

CMI는 인플루언서 네트워크에서 소셜 공유가 늘어나면서 트래픽 부분에서 거의 즉각적인 효과를 봤다. 그리고 이를 바탕으로 소셜 공유가 더 늘어났고, SEO 결과에도 놀랄 만한 결과가 있었다. (얼마 안 돼 해당 주제의 검색어 순위를 점령했다.) 우리는 CMI 블로그를 통해 여러 행사를 개최하고 잡지를 발행하며, 월간 2회의 웨비나를 열고, 그 외 회사에 매출을 일으키는 모든 활동을 진행해왔다.

우리처럼 외부 필진이 참여하는 블로그를 운영할 수도 있고, 내부 자원만을 활용할 수도 있다. 하지만 어떻게 하든 소셜 공유 프로그램에서 인플루언서 목록을 갖고 여기에 매진하는 것은 아주 중요하다.

인플루언서 프로그램은 예상치 못한 소득도 안겨줬다. 소셜 인플루언서 목록에 있던 사람들 중 여러 명과 좋은 친구가 됐다. 이것도 소셜 미디어의 마법인 것 같다.

EPIC THOUGHTS

- 소셜이 돌아가려면 공유를 해야 한다. 하지만 오디언스에게 맞고, 업계에서 영향력 있는 사람이 내놓은 콘텐츠를 공유해야 한다.
- 스스로의 네트워크는 이미 잘 알고 있을 것이다. 목표는 당신의 네트워크가 콘텐츠를 공유하고, 그것을 공유받은 집단이 다시 공유하는 것이다. 그러면 마법 같은 일이 생긴다.

EPIC RESOURCES

- Top 42 Content Marketing Blogs," ContentMarketingInstitute.com, http://contentmarketinginstitute.com/top-content-marketing-blogs/.
- Scott Stratten, *The Book of Business Awesome/The Book of Business UnAwesome*, Wiley, 2012.
- DollarShaveClub.com, "Our Blades Are F***ing Great," YouTube.com, accessed July 9, 2013, http://www.youtube.com/watch?v=ZUG9qYTJMsI.

5부

콘텐츠
효과 내기

24

콘텐츠 마케팅
효과 측정하기

"1년 후에는 무엇이 달라질까요?"

내가 B2B 대기업에 커스텀 퍼블리싱 서비스를 팔던 시절, 계약서에 서명을 하기 전 마지막으로 묻던 질문이다. 이 질문에 대한 답이 최종 계약에서 가장 중요한 요소였다. 그 답에는 우리가 대행하는 콘텐츠 프로젝트를 평가하고 측정하는 기준이 들어 있기 때문이었다.

당신도 측정에 대해 생각해볼 때 이 질문을 꼭 해보기 바란다. 이 장의 본론으로 들어가기 전에, 이 질문에 대한 CMI 전문가들의 말을 살펴보자.

우선, 당신의 사업 목표가 무엇인지를 알고 나서 전쟁터에 나가자. 콘텐츠가 사업 목표에 직접적인 영향을 준다면, 고객이나 임원들이 효과를 보기 원하는 부분에서 효과를 측정하면 된다. 리트윗,

'좋아요', 댓글은 사업 목표와 상관없다. 콘텐츠 측정 지표를 매출, 수입, 비용에 맞춰서 짜면 임원과 고객이 만족할 것이다.

제이슨 폴즈(@JASONFALLS)

우선, 고객 중심의 브랜드 마케팅은 길게 보고 진행하는 활동이라는 점을 미리 상기시켜야 한다. 하지만 오디언스(클라이언트 또는 임원―역자주)는 그래도 시간이 중요하기 때문에 정기적으로 팔로워 수, 순 방문자, 소통에 대한 고객의 칭찬 일화 등을 보고하는 것을 잊지 말자. 이런 보고 자료를 3분기나 4분기 후의 매출 자료와 함께 내놓으면 성과를 입증할 수 있다(물론 브랜드 성과에 영향을 주는 요소는 수십 가지다).

탐 기에라심척(@GIERASIMCZUK)

나는 고객들에게 "모든 것을 측정할 역량을 갖추세요. 그리고 다 버리세요."라고 한다. 옳은 것을 측정하는 좋은 분위기를 만들어야지, 측정되는 것은 아무거나 측정하는 분위기를 만들면 안 된다. 측정이란 어떤 방식이 통한다는 것을 '증명'하긴 해도, 프로세스를 개선할 통찰을 주지는 못한다. 이 때문에 나는 가끔 분석을 WMD(Weapons of Mass Delusion, 대량 눈속임 무기)라고 부른다. 측정과 분석에만 집착하다보면 지표를 올리는 데만 급급해서 새로운 것은 시도해보지 못하게 된다. 따라서 적절한 분석을 적절한 관리자에게 적절한 때 제공하는 것이 핵심이다. '좋아요' '팔로워' '조회 수' 그리고 여타 '관여' 지표는 임원들에게 의미가 없다. 적절한 태도로 분석과 측정 프로그램에 접근하고—최종목표를 위한 프로세스 개선에 사용하면—처음부터 큰 부담을 덜 수 있다.

로버트 로즈(@ROBERT_ROSE)

나는 구글 애널리틱스보다 더 나은 대안을 채택할 의사가 없는 클라이언트는 받지 않는다. 허브스팟이나 다른 플랫폼은 내 필수품이며, 모든 콘텐츠 마케터도 그럴 것이라고 생각한다. 나는 "블로그가 매출 200만 달러를 벌어줬다"라는 글을 쓴 적이 있다. ROI는 어떨까? 사람들이 그 글을 읽으면 알맞은 도구를 사용했을 때 ROI를 실제로 측정할 수 있다는 사실에 놀란다. 그리고 이렇게 놀란다는 게 모두의 문제다. 이제는 제발 ROI를 측정하자!!

마커스 셰리단(@THESALESLION)

기존의 광고나 마케팅은 사실 회계연도가 끝나서야, 즉 이익이 났는지를 파악하고 나서야 성과를 측정할 수 있었다. 이익이 나면 '커뮤니케이션 전략 중 뭔가 좋은 것이 있었겠구나' 하고 추측하는 정도였다.

이와 달리, 콘텐츠 마케팅은 성과를 측정할 방법이 정말 많다.

콘텐츠 마케팅 활동을 시작하자마자 규정해야 할 가장 중요한 것은 각 콘텐츠 자산이나 사용하는 도구에서 측정할 지표다. 그러면 모든 지표—동영상 조회 수, 이메일 오픈율, 리트윗 수, 게시글 공유 수, 그리고 당연히 판매 수치—를 하나로 엮어 그 활동의 효과가 얼마나 좋은지(또는 안 좋은지)에 대한 내러티브를 구성할 수 있다.

만병통치약은 없다. 이것은 마케팅이고, 마케팅은 유기적인 활동이다. 즉 시간이 걸린다. 기존 광고는 시름시름 메말라 죽고 있으며 측정하기 아주 어렵다. 콘텐츠 마케팅은 완벽히 측정할 수 있지만 실제 수치 자료를 얻는 데까지 시간이 걸린다. 6개월 이상 지속하지 않을 일은 측정할 필요가 없다. 자료를 모으는 데는 시간이 필요하다!

마이클 와이스(@MIKEPWEISS)

콘텐츠 마케팅이 성공하려면 시간이 걸린다. 훌륭한 기사나 블로그 포스트, 동영상 몇 개를 잘 만들었다고 잠재 고객이 내일 당장 구매 문의를 해오지 않는다. 차이를 만들려면 시간을 충분히 갖자. 예를 들어 판매 주기가 9개월이면 콘텐츠 마케팅 파일럿을 3개월간 운영했다고 결과가 나오지 않는다. 콘텐츠 마케팅은 시작일과 종료일이 있는 캠페인과 다르다.

또한 무엇을 측정할지를 들여다봐야 한다. 클릭 수와 조회 수도 좋지만, 콘텐츠 마케팅의 성공을 측정할 수 있는 진짜 지표는 아니다. 콘텐츠 마케터들이 관여도와 효과를 측정하기 위해서는 최초 반응에서 출발하여 판매 주기 마지막까지 지켜봐야 한다. 궁극적으로 콘텐츠 마케팅 전략이 판매 수입에 얼만큼 기여했는지를 측정할 수 있어야 한다. 이를 위해서는 시간과 노력과 의지가 필요하다.

점진적인 성과가 난다면 콘텐츠 마케팅이 최종목표를 향해 맞게 가고 있다는 것이다. 그 점진적 성과를 측정할 방법을 찾아보자.

아다스 알비(@ARDATH421)

측정 자체는 어렵지 않다. 따라서 측정에서의 관건은 현실적인 기대치를 설정하는 일이다. 모든 클라이언트는 영상이 '바이럴'되어 조회 수가 수백만을 넘기를 바란다. 이 상황에서 당신은 현실적인 기대치가 조회 수 수천 정도라고 말하고 그 이유를 보여줘야 한다. 클라이언트와 당신 사이에는 신뢰가 필요하며, 입을 떼기 어렵겠지만 매우 중요하다.

C.C. 챕먼(@CC_CHAPMAN)

콘텐츠 마케팅이 성공하기 위해서는 측정이 절대적으로 중요하다. 사람들이 저지르는 큰 실수는 초기 KPI가 무엇인지, 이 지표가 왜 사업에 중요한지, 이것을 어떻게 추적하고 늘릴 것인지를 미리 정하지 않는 것이다. 초보 콘텐츠 마케터들은 흔히 크게 의미 없는 지표(조회 수, 팔로워 등)에 집중하면서, 고객이나 임원들이 실제 매출에만 신경쓴다고 한탄한다. 콘텐츠 마케팅으로 매출 기여도를 측정하는 일은 어렵겠지만, 그리고 시간이 걸리겠지만, 마케팅 예산을 정당화하려면 반드시 필요할 것이다. 판에 박힌 측정에서 벗어나 매출과 관련한 측정 체계—잠재 고객 유인, 전환 추적

등—를 갖춰서 사업 전체의 ROI를 보여줄 수 있도록 하자.

월 데이비스(@WILLDAVIS)

이야기의 공통점은 명확하다. 당신의 사업에 중요한 행동을 측정하자.

이 장의 나머지 부분에서는 콘텐츠 마케팅의 수익률을 보여주는 몇 가지 방법을 다룰 것이다. 왜 하나가 아니라 여러 가지를 다루는가? 앞에서 여러 번 말했듯, ROO를 보여주는 방식도 왕도가 없다. 각자에게 맞는 방식이 있다. 이 장에서는 당신이 현재 마케팅을 측정하는 방식에 맞춰 콘텐츠 마케팅을 측정하는 방법을 모두 담았다. 다음 문장이 핵심이다! 이제 콘텐츠 마케팅의 신봉자가 됐다고 해서 새로운 측정 방정식을 마구 적용하지 말자. 대신 이 장에서 가장 좋은 부분을 추려서 지금 이미 하고 있는 방식과 결합하자. 이렇게 하면 조직 전체에서 쉽게 받아들일 수 있다.

37시그널즈의 공동 창업자 제이슨 프리드Jason Fried는 잡지 『Inc.』 기고에서 "나는 특정 프로젝트의 투자수익률이 18%든, 20%든, 심지어 25%든 신경쓰지 않는다. 손해만 아니면 된다"라고 했다. 콘텐츠 마케팅에서도 수익을 내길 원할 것이다. 콘텐츠 프로젝트의 수익을 측정할 수만 있다면, 그다음 가장 먼저 할 일은 수익을 내는 것이다. 그후에는 조금씩 손보다보면 수익률도 올라간다.

콘텐츠 마케팅에 대해 임원들이 궁금해하는 것

—

CXO(CXO는 최상위급 임원들, 즉 CEO, CCO, CMO, 기타 등등을 말한다)에게 애널리틱스 보고서를 보여주지 말자. 그들은 이런 보고서에는 신경도 안 쓰며, 시간 낭비인 질문만 던지다 끝날 것이다. CXO가 콘텐츠 마케팅 성과 측정과 ROI에 대해 신경쓰는 것은 단 3가지다.

- 그 콘텐츠가 매출을 올려주는가?
- 그 콘텐츠가 비용을 아껴주는가?
- 그 콘텐츠가 고객을 만족시켜서 고객 유지에 도움이 되는가?

CXO에게 보여주는 보고서는 이 3가지 질문에 대한 답을 내놔야 한다. 아니면 무엇 때문에 보여주는가? 콘텐츠 마케팅의 본질은 행동을 유지하거나 바꿔주는 콘텐츠 개발이다. 여기에 집중해야 한다.

ROO: 1부

—

매출 증대, 효과, 고객 유지 등은 모든 ROO 프로그램의 중요한 측정 지표가 된다. (*저자주: ROI 대신 ROO라는 말을 선호하는데, 콘텐츠 마케터로서 실제 목표에 집중한다는 의미를 담고 있기 때문이다.) 매출 자료가 없거나 반영하기 어려울 때는 '측정표'를 쓸 수 있다. ROO

는 한 가지 지표로 측정할 수도 있고, 4~5가지를 함께 측정해야만 조직의 사업 목표에 어떤 영향을 미쳤는지 알게 되는 경우도 있다.

ROO 측정은 어떤 형태나 규모로도 가능하다. 보통은 당신의 질문에 완벽한 답을 주기 위해 여러 개의 항목이 들어간다. 기억해야 할 중요한 부분은 측정을 위한 측정을 하면 안 된다는 것이다. 다음 문단에 있는 도구와 전술은 프로젝트의 목표를 정확히 밝히기 위해 사용하는 것들이다. 이것들을 유념한다면 ROO를 얻을 수 있다.

처음에는 다음과 같은 활동으로 시작해보면 좋다.

- 콘텐츠 프로그램에 노출된 사람과 노출되지 않은 사람들을 구분하여 매출 증대 추이 살펴보기
- 온라인 콘텐츠나 이메일 구독을 통한 전환을 파악하고, 이로 인한 매출 발생 및 증대 측정하기
- 고객의 정보 수요 및 유행 파악, 콘텐츠 프로젝트의 효과 파악을 위해 온라인 구독 현황 조사하기(독자들이 우리가 의도한 대로 관여하고 있는가?)
- 온라인 설문조사, 이메일 뉴스레터 분석, 웹 포털서비스 등을 이용하여 관여도(소비한 시간) 측정하기
- 프로그램의 효과를 측정하기 위해 사전/사후 인지도 조사하기

콘텐츠 마케팅 피라미드

—

로버트 로즈와 나는 한동안 측정을 위한 콘텐츠 마케팅 피라미드 작업을 했다. 간단히 말하면, 피라미드는 3가지 부분으로 되어 있다.

- **주요 콘텐츠 지표** 주요 콘텐츠 지표는 CXO가 알고 싶어하는 수치들이다(매출, 비용 절감, 유지율).
- **부 콘텐츠 지표** 부 콘텐츠 지표는 주요 콘텐츠 지표를 뒷받침하는 수치들이다(잠재 고객 우량도, 잠재 고객 수, 판매 주기 변화 등).

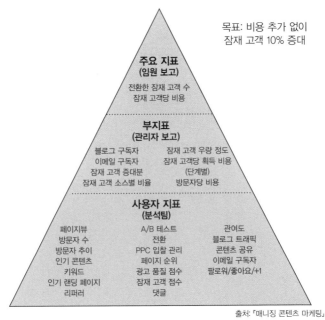

그림 24.1 콘텐츠 마케팅 ROO 피라미드

- **사용자 지표** 부 콘텐츠 지표 개선을 위해 콘텐츠 '실행자'들이 관찰해야 할 수치들이다(웹 트래픽, '좋아요', 페이지뷰, 검색어 순위 등).

달성하려는 목표마다 분석 피라미드를 만들면 더 쉬울 것이다. 측정하는 모든 것은 목표에서 시작한다. 예를 들면:

- 브랜드 인지도 형성 또는 강화
- 더 효과적으로 잠재 고객을 개발하고, 예상 고객이나 구매 고객으로 전환하기
- 고객 전환 늘리기
- 상향 판매와 교차 판매
- 콘텐츠 구독자 만들기

당신이 더 많은 잠재 고객을 발굴하려 한다고 해보자. 피라미드는 그림 24.1과 같을 것이다.

피라미드는 세 부분으로 나뉜다. 피라미드를 작성하는 법은 아래와 같다.

1단계: 피라미드를 나누자 피라미드를 세 부분으로 나누자. 맨 아래의 가장 큰 영역에는 사용자 지표가 들어간다. 오디언스 중심의 지표이자 그들의 활동을 측정하는 지표들이다. 이 지표들을 빈번하게 쪼개고, 나누고, 더하고, 빼는 일이 잦을 것이다.

피라미드의 두번째층에는 부지표가 들어간다. 이 지표들은 목표

달성을 위해 팀 구성원들과 특정 프로세스를 연결시켜 측정하는 수치들이다. 보통 우리가 단기 목표라고 생각하는 것들이 여기에 해당한다.

피라미드 맨 꼭대기에는 주요 지표, 또는 목표를 위한 KPI가 들어간다. 이 수치들은 가짓수가 매우 적으며, 관리자나 CXO에게 보고할 때 사용하는 대시보드 역할을 한다. 이 지표 항목들은 잘 바뀌지 않으며, 피라미드 아랫부분에 있는 지표들과 자료에 대한 해석, 해석을 통한 인사이트들이 주요 지표들을 뒷받침하게 된다(경우에 따라서는 감도 필요하다). 여기서 목표는 당신이 보고하는 내용 자체다(다른 목표를 끼워 넣지 말자).

2단계: 각 부분에 상세 지표를 넣자 당신의 목표가 '비용은 그대로 쓰면서 잠재 고객 전환율을 10% 높인다'라고 가정하자. 그리고 이 목표를 위해 새로운 교육용 블로그를 만들었다고 하자.

이 목표치에 도달할 방법은 하나가 아니다. 기존 잠재 고객 수를 그대로 둔 채 전환율을 10% 늘릴 수도 있지만, 잠재 고객 수를 1% 늘려도 고객으로 전환한 잠재 고객 수가 10% 늘어난다.

주요 지표를 위해서는 몇 가지 수치만 있으면 된다.

- 주간/월간/분기별 잠재 고객 전환 수
- 주간/월간/분기별 잠재 고객 전환당 비용

CXO는 해당 목표에서 이 두 가지만을 KPI로 따질 것이다.

그후, 부지표에서 여러 가지 수치를 살펴볼 수 있다. 부지표의 수치들은 훌륭한 통찰을 제공하며 팀이 목표에 도달하기 위해 프로세스를 개선하는 데 도움이 될 것이다. 부지표의 예는 아래와 같다.

- 이메일 구독자 목표 수치와 현황
- 주간/월간/분기별 잠재 고객 수
- 새 블로그를 통한 잠재 고객 수 추이
- 잠재 고객이 있는 곳(예를 들면 자연 검색, 트위터, 페이스북)

마지막으로, 사용자 지표를 아래에 두자. 사용자 지표는 매일 측정하며, 부지표를 이해하고 프로세스를 개선하기 위한 인사이트 도출에 사용한다. 예는 다음과 같다.

- 블로그 방문자 수
- 신규 방문자와 재방문자 수
- 블로그 페이지뷰
- 블로그 댓글 수
- 블로그 구독 수
- 구독에서 잠재 고객으로의 전환율
- 소셜 미디어 공유 수(가장 공유가 많이 되는 글)
- 키워드 SEO 수치
- 트위터 팔로워 수
- 페이스북 좋아요 수

Content Marketing Institute 2013 Marketing - Monthly KPI Tracker	2012 12/31	1/31	2/28	3/31	4/30	5/31	2013 6/30	
Increase email signups								
Laura/Angela								
Total daily alert signups - GOALS	13,628	15,389	16,717	18,046	19,374	20,702	22,030	
Total daily alert signups - ACTUAL	13,628	15,389	17,201	18,327	19,655	20,984	22,312	
New daily alert signups this month	1,551	1,761	1,812	1,887				
Unsubscribes (average per month)				159				
Signups from eBooks (daily)	738	826	711	653				
Sign ups from pop up (daily)	2,018	1,081	1384	1298				
Daily from CF only (daily)	152	261	217	250				
Sign ups from Join Over Box (daily)	Pulled into "Daily from CF only" - do we need to separate?							
Total weekly newsletter signups - GOALS	24,299	26,082	27802	29522	31241	32961	34681	
Total weekly newsletter signups - ACTUAL	24,299	26,082	27,887	30,631	32,351	34,071	35,790	
New weekly newsletter signups this month	3,552	1,783	1805	2459				
Unsubscribes (average per month)				226				
Weekly from CF only (EMUDHOME)	335	512	475	459				

그림 24.2 사용자 지표 추적
CMI가 월간으로 추적하는 사용자 지표 샘플

- 소셜 미디어 보고서(외부용과 내부용)

- 블로그 댓글과 반응(질적)

- 가장 인기 있는 블로그 콘텐츠/카테고리

- 페르소나 관련 수치(대상 페르소나 유인을 시도했을 경우)

CMI에서는 매월 한 번씩 사용자 지표를 검토한다. 그림 24.2는 CMI의 사용자 지표 자료다.

이런 수치의 목적은 프로세스 개선이다. 당신이 페이스북에 시간을 많이 들이지만 이를 통해 방문자나 구독자가 없다면, 전략을 바꿔 다른 소셜 네트워크로 실험을 해봐야 한다.

사용자 지표는 콘텐츠 마케팅을 얼마나 잘하고 있는지 진맥을 하는 역할을 한다. 시간과 노력을 들여 블로그 콘텐츠를 페르소나 및 관여과정과 짝지었다면, 방문자들이 관여과정 어디쯤에 있을지도 알게 된다.

피라미드 종합하기

피라미드 작성을 제대로 하는 데 시간을 많이 들인다면, 콘텐츠 마케팅 및 전체 마케팅 전략에서 극도로 복잡한 질문에 답할 수 있는 도구가 많이 생길 것이다. 또한 재미있는 사실들도 발견할 수 있는데, 예를 들면 아래와 같다.

- 소셜 미디어 채널에서 가장 좋은 잠재 고객들을 찾을 수 있다.
- 이메일 구독자는 비구독자에 비해 더 오랫동안 고객으로 남는다.
- 당신은 페르소나 1(대니라고 하자)에게 훨씬 매력적이지만, 페르소나 2(수지라고 하자)에 우량 잠재 고객 비율이 훨씬 높다.

이런 부분에서 공들인 보람이 생긴다. 콘텐츠에서 특정 흐름을 보여줄 수만 있다면, 효과가 있는 것을 더 하고 효과가 없는 것은 덜 할 수 있다.

더 많은 콘텐츠로,
더 많은 유리섬유 수영장을

―

리버 풀스 앤 스파스의 마커스 셰리단 이야기로 돌아가보자(6장 참조). 리버 풀스는 지역 내 주택 소유주들을 대상으로 꾸준히 에픽 콘텐츠를 만들어서 유리섬유 수영장 업계의 절대 강자가 됐다. 마커스는 콘텐츠 마케팅의 수익률을 분석하다가 재미있는 결과를 찾

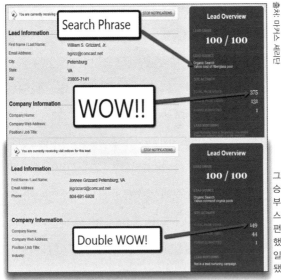

그림 24.3 에픽 콘텐츠의 승리

부부는 (각각) 리버 풀스 앤 스파스 웹사이트에서 100편 이상의 콘텐츠에 관여했다. 곧 전화가 왔고, 상담 일정을 잡고, 바로 고객이 됐다.

아냈다.

- 리버 풀스의 웹사이트를 30페이지 이상 본 사람과 판매 상담을 하면 80%가 구매한다. 업계 평균은 10%다.
- 어떤 고객들은 리버 풀스 웹사이트에서 100페이지 이상에 관여한다 (그림 24.3). 이런 고객들은 다른 고객들보다 빨리 계약을 진행한다.

이것이 핵심이다. 당신의 콘텐츠의 관여하는 사람들은 무엇이 다른가? 더 나은 고객이 되는가? 계약을 더 빨리 진행하는가? 더 오랫동안 고객으로 남는가? 당신을 다른 고객에게 소개해줄 가능성이 더 높은가? 어떤 것을 측정하든, 이런 부분에 집중해야 한다.

분석과 파악

—

다른 중소기업들은 항상 마커스 셰리단에게 콘텐츠에 관여하는 사람이 누군지를 파악하는 방법을 묻는다. 답은 바로 마케팅 자동화 시스템이다. 누군가가 사이트의 구독 양식이나 '문의하기' 양식을 채워넣으면, 마커스는 이 사람이 어떤 콘텐츠에 관여하는지를 파악할 수 있고, 이 정보들을 CRM(Customer Relationshop Management, 고객 관계 관리) 시스템에 통합할 수 있다(세일즈포스, 조호Zoho CRM, 하이라이즈Highrise 등).

모든 회사는 구글 애널리틱스 같이 방문자 및 그들의 행동을 파악하는 분석 프로그램을 갖춰야 하지만, 분석 도구로 할 수 있는 일은 이 정도가 전부다. 마케터들은 모든 이용자들의 일반적인 사용 행태와 경향을 파악할 수는 있지만, 개별 이용자를 파악하려면 더 강력한 기술이 있어야 한다. 이를 위한 마케팅 자동화 시스템은 회사 규모와 사이트에 따라 다양하며, 대표적인 시스템은 다음과 같다.

- 액트온Act-On
- 마케토
- 허브스팟
- 엘로콰
- 실버팝Silverpop
- 파닷Pardot
- 세일즈 엔진 인터내셔널Sales Engine International

●인퓨전소프트Infusionsoft

(상황과 필요에 따라 다르겠지만) 마케팅 자동화 시스템에는 연간 1만 2천 달러에서 5만 달러 정도가 든다. 처음에는 필요가 없겠지만, 개별 구독자가 콘텐츠를 어떻게 소비하고 각각 어떻게 다른지를 파악하려면 이런 시스템이 필요하다. 하지만 계획이 우선이고, 기술은 계획을 보조하는 도구일 뿐이라는 점을 명심하자.

콘텐츠 마케팅 지표 더 깊이 살펴보기

―

컨빈스 앤 컨버트Convince&Convert(CEO 제이 배어)와 CMI는 함께 자체 브랜드스케이핑을 실행하여 지표들을 검토해봤다. 그 결과 콘텐츠 마케터가 집중해야 할 수치는 주로 4가지 유형이었다(소비, 공유, 잠재 고객 발굴, 판매). 이것은 위에서 언급한 피라미드와 일맥상통하지만, 차이에 대해 언급하고 넘어가면 좋을 것 같다. (만병통치약은 없다는 것을 기억하자.)

콘텐츠 마케터들은 "결과를 측정하지 못하겠어" "이 전술은 측정이 불가능해" "콘텐츠를 측정하는 일이 불편해" 같은 말을 너무 자주 한다. 이들이 생각하는 콘텐츠 마케팅 앞에는 이런 말이 먹구름처럼 드리워져 있다. 당신이 여기에 해당한다 해도 너무 걱정 말자. 아직 바로잡을 시간이 있다.

콘텐츠 마케팅 피라미드의 지표처럼 서로 다른 수치를 구체적으로 보면—여기서는 4개다—타당성을 입증할 수 있다.

- 소비 지표
- 공유 지표
- 잠재 고객 발굴 지표
- 판매 지표

소비 지표

보통은 소비 지표가 가장 설정하기도, 이해하기도 쉽다. 이 지표는 이 콘텐츠를 "얼마나 많이 보고, 내려받고, 들었는가?"라는 질문에 답이 된다.

이중에서도 대표적인 수치는 아래와 같다.

- **페이지뷰** 구글 애널리틱스나 기타 웹 분석 프로그램을 이용해 쉽게 측정할 수 있다.
- **동영상 조회 수** 유튜브 인사이트Youtube Insights 등의 자료가 가장 좋다.
- **문서 조회 수** 슬라이드셰어 같은 플랫폼을 이용하면 볼 수 있다.
- **다운로드 수** 웹사이트에 제한을 두지 않았다면(구독 양식 등), CRM 플랫폼이나 구글 애널리틱스, 기타 웹 분석 소프트웨어로 다운로드를 측정할 수 있다.
- **소셜 대화** 멘션닷넷Mention.net, 세일즈포스, 마케팅 클라우드 Marketing Cloud, 시소모스Sysomos, 바이럴힛Viralheat은 모두 소셜에서

의 대화를 측정하는 데 적합하다.

보통 콘텐츠 마케터들은 이 단계에서 멈춘다. 하지만 이제 시작일 뿐이다.

새로운 질문 밝혀내기 소비 지표를 수집하고 나면, 여기에서 몇 가지 질문이 생길 것이다.

- 이 콘텐츠를 소비하는 사람들은 우리 사이트에서 다른, 내가 좀더 원하는 행동(문의 양식을 작성하는 등)을 보이는가?
- 콘텐츠 소비자와 사이트 방문자 간 관여 비율 차이가 있는가?
- 이 콘텐츠를 소비한 사람들이 다른 콘텐츠를 보러 재방문하는가?

콘텐츠 소비 지표가 전부는 아니지만 중요하다. 소셜에서의 콘텐츠 소비를 알고 싶다면 공유 지표를 살펴보자.

공유 지표

당신의 콘텐츠가 존재할 만한 모든 곳 중 가장 트래픽이 적은 곳은 당신의 사이트일 것이다. (예를 들어 CMI에서는 슬라이드셰어에서의 다운로드 수가 웹사이트의 다운로드 수보다 훨씬 많다.) 다행히 인터넷은 공유 문화를 키워왔으며, 인터넷에서 공유는 (적절한 지표를 보기만 한다면) 완전히 측정 가능하다.

공유 지표는 다음 질문에 대한 답을 준다. "콘텐츠의 효과가 있는가?

그리고 얼마나 많이 공유되는가?"

공유 지표는 아래의 세부 항목을 포함한다.

- **좋아요, 공유, 트윗, +1, 핀 등** 공유 도구들로 이런 것들을 파악할 수 있으며 구글 애널리틱스(나 기타 웹 분석 프로그램)를 사용하면 부수적인 통찰을 얻을 수 있다.
- **이메일 전달** 서비스 제공자와 구글 애널리틱스로 이메일 전달을 파악할 수 있다
- **인바운드 링크** 오픈 사이트 익스플로러Open Site Explorer, 레이븐 툴즈Raven Tools, 마제스틱 SEOMajestic SEO등의 블로깅 소프트웨어 도구들을 사용하면 간단히 측정할 수 있다.

공유 지표 측정은 모든 조직에서 중요하다. 하지만 이것을 명심하자. 공유 지표는 고평가되어 있다. 왜냐하면 수치가 공개되어 있고, 예상 고객이나 경쟁자도 쉽게 볼 수 있기 때문이다. 공유 지표에 대해 반드시 내부에서 기준을 세워야 한다. 그렇게 하지 않으면 이익에 별 도움이 안 되는 수치 경쟁에 휘말린다.

앞서 말했듯, 공유 지표가 있으면 콘텐츠에 문제가 생겼을 때 쉽게 알아차릴 수 있다. 예를 들어 CMI의 일간 블로그 포스트가 첫 24시간 내에 트윗 100개에 도달하지 못하고, 첫 7일 내에 트윗 200개가 되지 않았다면 콘텐츠가 뭔가 잘못됐을 가능성이 높다. 이런 현상이 나타나면 제목, 문구, 이미지에 문제는 없는지, 글이 너무 영업식인지를 자세히 살펴본다.

공유 수치 올리기 공유 지표가 사업 목표에 주는 영향을 명확히 이해했으면, 수치를 올리기 위해 공유를 쉽게 할 수 있도록 만들어야 한다. 아래와 같은 것들을 하면 좋다.

- 모든 콘텐츠에 편리한 공유 버튼을 넣자. 당신의 오디언스가 가장 자주 사용하는 채널에 중점을 두고 설정하자. (CMI에서는 공유가 최대한 일어날 수 있도록 제목 바로 아래와 콘텐츠 하단에 공유 버튼을 넣는다.)
- 당신이 만드는 모든 인포그래픽은 고객이나 인플루언서의 콘텐츠 채널(이나 핀터레스트)에 삽입하기 쉽도록 하자.
- 남들도 다 좋아한다는 사실을 적극적으로 알리자. 웹사이트에 대해 호평한 트윗을 사이트 내용에 포함하거나, 최근에 사이트에 올린 전자책의 다운로드 횟수를 표시하자. (※저자주: CMI는 콜투액션 양식에 남들이 얼마나 많이 구독하는지를 또렷하게 표시한다. 예를 들면 '4만 명이 구독 중입니다' 같은 말을 넣는 것이다.)
- 공유할 만한 콘텐츠를 만들자. 당신이 콘텐츠를 만들 때마다 "고객이 이 콘텐츠를 공유할까?"를 생각해야 한다.

잠재 고객 발굴 지표

잠재 고객 발굴 지표 측정은 다음 질문에 답하기 위해 하는 것이다. "콘텐츠 소비를 통해 잠재 고객이 얼마나 많이 생기는가?"

이 부문에서 중요한 지표들은 아래와 같다.

- **양식 작성 수와 다운로드 수** CRM과 URL 추적을 이용하면 방문자의 조건부 콘텐츠 접근 빈도는 간단하게 파악된다. 구글 애널리틱스에서 목표치 설정을 해도 측정할 수 있다.

- **이메일 구독** 이메일 서비스 제공자나 CRM은 방문자 중 몇 명이 이메일 구독 서비스를 신청하는지 파악해서 알려준다. (메일침프MailChimp나 어웨버AWeber, 대기업이면 이그잭타깃이 좋다.)

- **블로그 구독** 피드블리츠FeedBlitz나 당신의 CRM 시스템을 통해 블로그 구독을 측정할 수 있다.

- **블로그 댓글** 강력한 댓글 플랫폼(디스커스, 라이브파이어, 블로깅 소프트웨어에 내장되어 있는 도구 등)이 유용하다.

- **전환율** 콘텐츠를 소비하는 방문객이 잠재 고객이 되는 빈도는 얼마인가?

직급이 높을수록 잠재 고객 발굴 지표를 볼 때 전환율을 중요하게 여긴다. 웹사이트 전체의 전환율과 개별 콘텐츠의 전환율 비교 자료를 갖고 있으면 편리하다. 예를 들어 전체 전환율이 2%이고 전자책을 통한 전환율이 1%라면 전자책의 효과가 없어 보인다. 하지만 전자책을 포기하기 전에 다음을 확인하자. 전자책을 다운로드한 예상 고객의 고객 전환 속도가 빠르다거나 구매할 때 돈을 더 많이 쓴다는 등의 긍정적인 효과가 있는가?

간접 잠재 고객 발굴 측정 당신의 콘텐츠가 전부 잠재 고객을 직접 만들지는 못한다. 하지만 모든 콘텐츠가 잠재 고객 발굴 행동에 기여할 수 있다. 따라서 구글 애널리틱스나 유사 데이터 프로그램에서 목표치를 설정하고 콘텐츠가 잠재 고객 발굴에 간접적으로 기여하는 정도를 측정하자.

- 매출을 당장 일으키지는 않는 핵심 행동(이메일 구독 신청 등)의 가치를 구체적으로 매기자. CMI에서 새 이메일 구독자 한 명은 연간 21달러의 가치가 있다(이메일 구독으로부터 생기는 매출을 구독자 수로 나눈 값).
- 개별 콘텐츠의 목표를 보여주는 분석 보고서를 만들자. (백서 다운로드는 따로 측정하고 싶은 경우.)

*저자주: 고유한 URL 단축 기능이 있는 소셜 플랫폼(아자일 소셜Argyle Social, 허브스팟 등)은 소셜 미디어 포스트용 랜딩 페이지 링크 생성 기능이 잘되어 있기 때문에, 간접 잠재 고객 가치를 파악할 수 있다. CMI의 인쇄 잡지는 물론 온라인 전자책에도 'Bitly URL'을 콘텐츠마다 설정하여 각 콘텐츠의 성과와 출발점(블로그 포스트인지 인쇄 잡지 기사인지)을 파악한다.

매출 지표

당신이 하는 콘텐츠 마케팅의 최종목표는—항상 그랬듯—사업 성장이다.

매출 지표를 측정하면 다음 질문에 대한 답이 된다. "우리가 이 콘텐츠로 실제 돈을 벌었는가?"

이를 이해하기 위해 필요한 지표는 다음과 같다.

- **온라인 매출** 보통 온라인 쇼핑몰 시스템을 통해 분석한다(예를 들어 오서라이즈닷넷Authorize.net이 있다).
- **오프라인 매출** CRM과 고유 URL을 통해 분석 프로그램에서 측정한다. 엘로콰, 액트온, 마케토, 인퓨전소프트 등의 강력한 소프트웨어들은 고객이 어떤 콘텐츠를 소비했는지를 기록하고, 이에 따라 콘텐츠별로 가치를 매길 수 있다.
- **수기와 설명** 구두로 이루어진 계약을 기록하는 일도 중요하다. (세일즈포스 등의) 영업 담당 인력이 CRM 시스템에 고객 유입 경로를 입력할 수 있도록 해서 구두계약 현황을 파악하자. 영업팀이 잘 모르는 경우도 있지만, 최대한 노력하자.

기억하자. 잠재 고객과 매출을 파악하려면 파악 가능한 일을 해야 한다. 블로그 포스트 하나의 효과를 이해하려면 해당 콘텐츠 고유의 콜투액션을 포함해야 한다. TD 아메리트레이드의 『싱크머니』는 인쇄 잡지 전체에 걸쳐 고유 콜투액션을 넣는 방식으로 잡지의 성과를 확실히 파악한다.

고객 유지에 신경쓰자 가장 중요한 콘텐츠 오디언스는 현재 고객이다. 영리한 회사들은 정교한 CRM 시스템을 사용하여 고객이 어떤 콘텐츠를 소비했는지 파악하고, 개별 콘텐츠가 유지나 갱신에 미친 효과를 측정한다. 새로운 콘텐츠가 나오면 현재 고객이 가장 먼저 보게 하자.

고객 유지가 콘텐츠 마케팅이 갖는 모든 목표의 조상님 격이라 해도, 대부분은 고객 유치와 잠재 고객 발굴을 최우선으로 놓게 된다. 이런 실수를 하지 말자. 콘텐츠 프로그램을 한 단계 높이고 싶으면 현재 고객으로 시작하자. 고객을 더 오래 유지하고, 만족하게 하고, 더 많이 구매하도록 하는 일이 콘텐츠 마케팅의 가장 고귀한 목표다.

ROO: 2부

—

콘텐츠의 ROO는 우선 개별 콘텐츠 프로그램 차원에서 계산해야 한다. '콘텐츠 마케팅' 수익률 측정에는 내재 ROO가 없다(내재수익률, 즉 IRR과의 대비—역자주). 대신 각 프로그램의 수익률을 구해서 다 합하면 전체 수익이 나온다. 콘텐츠 마케팅이 사업에 준 효과를 이해하기 위해서는 투자 금액을 먼저 계산하자. 그다음에 수익을 계산하고, 이 두 숫자로 ROO를 구하자. 가상의 블로그를 갖고 예를 들어보겠다.

1단계: 투자 금액을 계산한다

- 매월 콘텐츠 제작에 드는 시간에 제작 시간당 단가를 곱한다.
- 여기에 고정비 비율을 산정하여 곱한다. (임대료, 보험료, 전기료 등을 말한다. 직원의 임금이 시간당 30달러(연봉 5만 7천 달러)라면 고정비를 고려했을 때 시간당 비용은 45달러가 된다. 따라서 임금이 얼마건 50% 정도를 더해서 기타 비용을 계산에 넣자.)

- 디자인비, 호스팅비, 구독, 소프트웨어 등 남은 모든 비용을 더하자. 개별 콘텐츠 프로그램에 알맞게 배분하고, 매월 모든 콘텐츠 프로그램에 균일하게 감가상각을 적용하자.

예 기업 블로그 운영에 월 20시간, 시간당 임금 50달러에 50% 고정비를 적용한다. 디자인에 매월 1,000달러를 더하고, 호스팅은 월 50달러, 잡비는 200달러다.

월간 실제 블로그 비용 = 2,750달러

2단계: 수익을 계산한다

월간 잠재 고객 수에 잠재 고객 전환율, 평균 고객 생애 가치, 평균 순 이익률을 곱하자.

예 기업 블로그를 통한 월간 신규 잠재 고객이 40명이다(신청 양식, CRM 자료로 판단). 잠재 고객 전환율이 10%이면 신규 고객이 4명이다. 고객 생애 가치 평균이 5,000달러고 순 이익률이 30%라고 하자.

월간 실제 블로그 수익 = 6,000달러

3단계: ROI를 계산한다

수익에서 투자금을 빼자. 그 금액을 다시 투자금으로 나누자.

예

$$6,000달러 - 2,750달러 = 3,250달러$$
$$3,250 \div 2,750 = 1.18$$
$$ROI = 118\%$$

위의 공식에 필요한 자료가 없어 ROI를 구하지 못할 때도 있다.

이 측정 전략을 효과적으로 사용하려면 다음과 같은 작업이 필요하다.

- 오랫동안 콘텐츠 관련 작업 시간 등 관련된 모든 것을 추적한다.
- 홍보 자료 배포, 웹사이트 업데이트, 새로운 라디오 캠페인 등 사소한 것이라도 바뀌면 모두 기록한다.
- 매출 관련 자료원 모두를 파악한다. 전체 잠재 고객 수, 신규 고객, 평균 주문 수량, 이탈, 총매출 등이 있다.
- 콘텐츠가 효과가 있다는 것을 나타내는 인과관계를 찾아보자. 예를 들면, '매출이 늘 때 콘텐츠 소비와 공유 지표가 함께 올라갔다' 같은 것들이다.

상관관계 접근법은 과학적이진 않지만 손놓고 있는 것보다는 사업에 진척이 있으며, 중요한 대안이 된다.

당신의 시간 가치는 얼마인가?

—

자신의 시간이 갖는 가치가 얼마인지 알고 있는가? 모른다면 알아야 한다.

내가 컨설팅을 시작하던 무렵, 나는 시간당 50달러에서 75달러인 일을 맡았다. 몇 가지 프로젝트를 끝내고 나니 일한 양에 비해 보상이 적다고 느꼈다. (이전의 분석처럼) 계산을 해보니, 우리 회사 같은 중소기업에서 수익이 나려면 시간당 최소 125달러는 받아야 했다. 그 결과 더 적지만 수익성이 좋은 일만 맡았다. 그리고 내 시간을 좀더 잘 쓰게 됐다.

똑같은 시나리오를 당신이 만드는 콘텐츠에 적용해보자. 앞에 나온 블로그 사례로 돌아가보자. 블로그 포스트를 작성하는 데 두 시간이 걸리고 (에픽한 블로그 포스트를 쓰려면 최소 한 시간 이상 걸린다), 마케팅 디렉터가 편집, 링크와 이미지 삽입 등에 한 시간을 쓴다고 하자. 당신은 시간당 200달러를 받고 마케팅 부서장은 시간당 100달러를 받는다고 하자(제반 비용 포함).

그렇다면 블로그 콘텐츠를 만드는 직접 비용은 200달러 x 2 + 100달러 = 500달러로, 포스트 하나당 500달러다. 이것을 알면 프로세스를 최적화할 수 있다. 예를 들어 직접 쓰지 않고 글을 써줄 외주 작가에게 15분 동안 설명을 한다고 하자. 외주 작가는 시간당 50달러를 받고 글 한 편을 쓰고, 편집하고, 다른 포스트 링크를 거는 데까지 두 시간이 걸린다. 그러면 마케팅 디렉터도 더 전략적인 활동에 집중할 수 있다. 블로그 포스트 하나당 500달러 대신 150달러가 든다. 0.25시간 x 200달러(당신) + 2시간 x 50달러(외주 작가) = 150. ROI는 얼마인가?

핵심은 콘텐츠 프로세스의 어떤 부분에서 실제 돈이 드는지를 아는 것과 그것이 콘텐츠 제작과 배포에서 최선의 방식인지를 결정하는 일이다. 이제 막 시작했다면, 몇 달 동안 가만히 지켜보자. 처음에는 강력한 에픽 콘텐츠를 만들고, 그다음에 더 효율적으로 작업하는 방법을 찾아내는 편이 낫다.

결과: 콘텐츠 마케팅 계획 도표

이 모든 정보—콘텐츠 영역에서 오디언스, 측정까지—는 단번에 체득하기에는 양이 많다. 그림으로 표현하면 개념화에 도움이 될 수도 있다.

1장부터 24장까지의 내용을 따라 계획을 세웠다면, 당신만의 전략을

구독 증대

특집	주간 E-뉴스레터
웨비나	**배포**
발표 자료 (슬라이드셰어)	구독 신청 받기
블로그	모든 양식에 체크박스 배치
동영상 (유튜브)	피피티 팝업 양식
백서	모든 소셜 사이트에 콜투액션 배치
	모든 직원 이메일 서명란에 양식 포함

측정 지표:
·매월 구독률 10% 증대
·개봉률 20% 이상
·구독 해지율 4% 미만

잠재 고객 및 우량 잠재 고객 증대

분기별 툴킷 업데이트

백서	동영상	웨비나
최고 인기 항목 2~3개는 양식 작성 시 다운로드 비인기 항목 삭제 기타는 툴킷&블로그로	유저 콘퍼런스 외주 제작 고려 페르소나별 1개씩: CEO CFO 인사팀장	분기당 1개 연간 4개

측정 지표:
·2012년 4분기부터 2013년 4분기까지 전환율 20% 증대
·예산상 매출 목표 달성
·2013년 2분기 소셜 미디어를 통한 잠재 고객 10% 증대

오피니언 리더로 인정받기

블로그	소셜 미디어	내부 교육 마케팅
1일 2회 짧은 노하우 글 페이스북, 트위터로 배포 백서 전자책 슬라이드셰어	최상위 블로그 15개 모니터링: ·댓글 달기 ·링크 걸기 ·소셜 미디어 관리 링크드인 그룹 활용: 각 타깃 그룹에 매일 댓글 1개 모든 직원 이메일 서명란에 소셜 미디어 URL 포함 임원 발표 자료 홍보	팀별 소셜 미디어와 커뮤니케이션 교육 부서별 교육 도우미 배치 사내 네크워크에 우수 사례 공유

측정 지표:
·사이트 이용 시간 20% 향상
·트위터, 링크드인 구독 15% 증대
·소셜 미디어를 통한 이메일 구독 비율 10%
·이전 분기 대비 인바운드 링크 20% 증대10%

그림 24.4 콘텐츠 마케팅 계획을 단순화하여 시각적으로 표현한 도표

세분화하여 (그리고 궁극적으로 콘텐츠 마케팅을 측정하는 계획까지도) 그림 24.4처럼 표현하는 일이 손쉬울 것이다.

전략을 짤 때는 스프레드시트 및 다양한 도구를 이용하기가 편하겠지만, 여기서 멈추지 말고 다시 한번 심호흡을 하고 계획 전체를 시각화하자. 결과물을 출력하고, 팀 구성원들과 공유하자. 모두가 이해를 공유하고 목표가 분명해야 콘텐츠 마케팅 진행이 수월하다.

구독자 가치 계산하기

—

CMI에서 중요한 사실 한 가지를 발견했는데, 콘텐츠 구독자는 더 좋은 고객이다. 구독자는 우리가 여는 행사에 참석하고 교육 프로그램을 살 가능성이 더 높다. 실제로 컨설팅 고객 80%는 처음에는 일간 블로그 포스트의 구독자였다. 게다가 구독자는 계약 결정을 더 빨리 내리고 더 오래 고객으로 남는다. 에픽 콘텐츠가 해낸 일이다. 당신이 콘텐츠를 통해 가져야 할 목표는 왜 구독자가 생기면 고객을 모으고 유지하는 데 좋은지를 알아내는 것이다.

브랜드들은 이 방식을 100년 넘게 사용해왔다. 당신이 특정 영역에서 최고의 전문가가 되는 데 지금보다 좋은 기회가 없다. 이렇게 하면 분명히 사업을 성장시킬 수 있을 것이다.

• 당신의 사업 목표를 이루기 위해 필요한 고객의 행동은 무엇인가? '좋아요'와 트윗은 사업 성공담을 풍성하게 해주는 지표일 뿐, 사업의 목적지가 아니다.

• 회사의 주주와 마케팅 임원들은 매출, 비용 절감, 고객 만족에만 신경쓴다. 이 세 가지에 집중해서 목표를 설정하고, CXO에게 그 세 가지와 관련된 내용만 보고하자.

EPIC RESOURCES

• Jason Fried, "Against Maximizing," Inc., April 2013, p. 43.

25

에픽한 이야기의
진화

이제 시작일 뿐이야…

카펜터스THE CARPENTERS

이 책에서 더 다루고 싶은 개념이 아직 많이 남아 있지만, 콘텐츠 마케팅에서 적절한 시기에 매듭짓는 일이 중요하기도 하고, 세스 고딘의 말대로 제품을 내놓는 것이 가장 중요하기 때문에 여기서 마무리를 짓겠다.

이 장은 내가 주기적으로 받는 중요한 질문과 그에 대한 답을 수록했다. 이 내용이 없는는 제대로 된 마무리가 아니라는 생각이 든다. 또한 이 장의 마지막에는 동기부여가 될 만한 내용을 넣었다.

영감을 주는 사례

이미 수십 가지 사례를 봤지만, 콘텐츠 마케팅 사례

는 끊이지 않는다. 다음 사례들은 오랜 기간 모은 에픽한 콘텐츠 마케팅 사례다.

IBM IBM의 사업 시뮬레이션 게임 시티원CityOne에서는 네 가지 핵심 영역의 문제를 해결해야 한다. 핵심 영역은 금융, 유통, 에너지, 물이다. 심시티 같은 시뮬레이션 게임 방식으로 각 시나리오를 진행하다보면 사업상 의사결정이 실생활에 미치는 영향을 이해하게 된다. 2010년 출시 후 현재까지 시티원은 130개국 2만 명 이상이 즐기고 있으며, 관여하고 교육하고 영향력을 전파하기 좋은 콘텐츠 활동으로 시뮬레이션 게임이 있다는 사실을 증명하고 있다. (http://bitly.com/epic-cityone)

인디엄Indium 소재 공급 업체 인디엄의 엔지니어 17명은 자사 블로그인 '엔지니어에게 엔지니어가From One Engineer to Another'에서 콘텐츠 금광을 찾았다. 그들은 블로그를 통해 가치 있는 콘텐츠와 영상을 생산하고 다양한 엔지니어링 관련 질문에 답한다(예를 들면, 인디엄 슬파민산 도금 욕조를 설치하고 조작하는 방법). 블로그 내용이 전문적이라 자세히 모르는 사람도 그들이 추구하는 바에는 감탄할 만하다. 그들은 서로 대화하면서 아이디어를 실현하고자 한다. 인디엄의 마케팅 디렉터는 블로그 시작 이후 잠재 고객이 600% 증가했다고 한다. (http://blogs.indium.com)

포드Ford 성공한 온라인 커뮤니티는 회사 메시지만 전달하지 않고 고객의 소리도 듣는다. 포드의 사용자 커뮤니티는 포드 콘텐츠에 이용자의 이야기, 이미지, 영상을 결합하여 성공했다. 포드의 커뮤니티는 방문객

입장에서 사이트를 설계했는데, '당신의 이야기' '당신의 생각' 등과 같은 메뉴를 눈에 띄게 배치했다. 이런 접근법 덕분에 콘텐츠를 올리고 싶어하는 충성 구독자 집단이 생겼고, 강력한 사용자 경험을 창출했다. (http://social.ford.com)

캐터필러Caterpillar 캐터필러 온라인 커뮤니티는 포럼 형태이며, 캐터필러 장비와 엔진을 사용하는 전문가들이 정보를 나누고 궁금한 것에 대한 답을 얻으며 동료 전문가의 조언을 받는다. (https://caterpillar.lithium.com)

인투잇Intuit 인투잇 랩스Intuit Labs는 기업가들에게 회사의 문제 해결을 요청하고 우승자들에게 현금을 지급하는 개방형 협력 플랫폼이다. 인투잇은 코딩을 할 줄 아는 코딩 능력자들과 코딩을 모르는 기업가들이 협력하여 문제를 풀 수 있도록 설계하여, 사용자가 올리는 콘텐츠를 축적함은 물론 혁신과 참여를 장려하는 플랫폼이 됐다. (http://intuitlabs.com)

제니스 인포텍 Zenith Infotech MPStv는 제니스의 서비스 제공자들을 위한 교육 커뮤니티다. 커뮤니티에는 유용한 콘텐츠가 꾸준히 올라오고, 그 종류는 팟캐스트, 웨비나, 영상 등 다양하다. 이런 콘텐츠들은 총판 및 사업자들이 제품을 홍보하고 문제 상황을 해결하도록 도와주고, 제니스 인포텍이 고객과 상호 작용을 하며 새로운 방식으로 교육하도록 해준다. (http://msptv.net)

GE GE는 에코매지네이션GEcomagination이라는 사이트에서 과학, 혁신, 더 좋은 미래를 위한 도전에 대해 이야기하면서, 소비자들이 GE 사업의 여러 측면에 친숙해지도록 한다. 밝은 이미지, 동영상, 최신 경향을 반영한 글을 잘 조합하고 있기 때문에 환경문제의 최신 쟁점에 관심 있는 사람들이 꼭 둘러보는 곳이다. 이 사이트는 '새로운 생각을 얻고, 청정 기술과 지속 가능한 인프라에 대해 대화할 수 있는 포럼'의 역할을 한다. (http://www.ecomagination.com/)

제너럴 밀스General Mills 테이블스푼Tablespoon 커뮤니티는 음식을 사랑하는 사람들이 즐겨 찾는 사이트다. 최고의 콘텐츠만 선별해서 올리며, 콘텐츠를 깔끔하게 분류하고 핵심 오디언스에게 주제별로 나눠서 보여준다. 분류는 '초간단 요리' '실험적인 요리' '파티에 꼭 맞는 메뉴' 같은 형식이다. 당신의 요리 방식이나 모임 자리에 따른 분류 덕분에, 기존 웹사이트보다 쉽게 콘텐츠를 찾을 수 있다. 여기에 이메일 뉴스레터를 통해 최신 레시피와 아이디어를 제공하여 독자들이 뒤처지지 않게 돕는다. (http://www.tablespoon.com)

셔윈 윌리엄스Shirwin Williams 아이패드 잡지 『STIR』은 오디언스가 매우 구체적인데, 인테리어 디자이너, 건축가 및 집 꾸미기에 열성적인 사람들이 타깃이다. 이 잡지는 수준 높은 기사, 동영상, 인터랙티브 도구, 블로그, 이벤트, '수다Chatter'(소셜 사이트 댓글 모음)를 모아서 보여준다. 아이디어, 영감, 문제 해결 팁 등을 찾는 사람들에게 좋은 자료다. (http://bitly.com/epic-stir/)

로버츠 앤 더키 로펌 Roberts and Durkee law firm 에픽 콘텐츠는 문제를 해결한다. 뻔하고 지루한 분야의 브랜드도 고객의 삶을 개선하고 일을 더 잘하게 해줄 정보를 얼마든지 공유할 수 있다. 이런 예로 2008년 로버츠앤더키 로펌이 있다. 이 회사는 콘텐츠 마케팅을 이용해 2000년대 중반 미국 시장을 강타한 중국산 석고보드 문제의 소비자 대변인이 됐다. 회사는 '중국산 석고보드 사태Chinese Drywall Problem'라는 웹사이트 겸 블로그를 만들어 유독성 석고보드로 지은 집을 소유한 플로리다 주민들을 도왔다. 이 콘텐츠 전략을 통해 회사는 중국산 석고보드 문제의 전문가가 됐고, 결국 회사는 좋은 사업 기회를 많이 포착했다.

애질런트Agilent 애질런트 테크놀로지스는 과학자, 연구자, 엔지니어들이 화학 실험, 생명과학, 전자 분야에서 측정할 때 사용하는 계측 기구를 생산한다. 애질런트는 흔히 무미건조하다고 느끼는 기술 지식에 청개구리처럼 접근해서 예상치 못한 것을 내놓았다. 바로 인형극 영상이다. 이 시도는 큰 성공을 거둬 웹사이트 트래픽이 증가했고 예상 고객들이 더 자세한 정보를 얻기 위해 사이트 곳곳을 클릭해보는 효과를 낳았다. (https://www.youtube.com/watch?v=V-gHl3xTBF0)

로렌 루크 Lauren Luke 로렌 루크는 영국 뉴캐슬의 택시 배차원이었는데, 부업으로 2007년부터 이베이에서 메이크업 제품을 팔기 시작했다. 이베이 판매를 늘리기 위해 메이크업 영상을 만들어서 유튜브에 올리기 시작했는데, 5년 후 로렌은 세포라Sephora에서 독점 유통하는 독자 브랜드를 갖게 됐다. 그녀는 10대를 위한 시리즈 『로렌 루크 룩스Lauren

『Luke Looks』의 저자이며, 유튜브에서는 에스티 로더Esteee Lauder보다 인기가 높다. 주목할 점은 기존 광고에 돈을 한푼도 쓰지 않았다는 것이다. (http://laurenluke.com/video)

기타 센터 Guitar Center 기타 센터는 매우 뚜렷하게 정의된 오디언스에게 음악이라는 주제로 새롭고 재미있고 독특한 영상을 제공한다. 유튜브의 기타 센터 TV 채널 영상은 회사 웹사이트로 자연스럽게 연결되고, 열정적인 연주자들의 이야기를 들을 수 있는 오픈포럼을 제공하고, 제품 프로모션도 특별히 소개하고 있다. (http://www.youtube.com/GuitarCenterTV)

어반 마셜 아츠 Urban Martial Arts 어반 마셜 아츠의 블로그는 저비용 콘텐츠 마케팅의 모범사례. 이 블로그는 뉴욕 브루클린의 작은 무술 도장에서 운영하며, 학생(특히 어린이)들의 인성 발달 및 레크리에이션 활동을 보여주기 위해 운영된다. 다양한 오디언스에게 다가가기 위해 동영상, 소셜 미디어, 글 등의 멀티미디어를 적절히 사용하고 있다. (http://urbandojo.com)

NLB 슬로베니아 최대 은행인 NLB는 딱딱하고 멀게 느껴지는 금융 기관의 틀을 깨고 고객과 예상 고객에게 다가가길 원했다. 이를 위해 새로운 콘텐츠 마케팅 프로그램 '파이낸셜 어드바이스Financial Advice'를 시작했다. 파이낸셜 어드바이스는 NLB의 시장 위치를 재편하기 위해 디지털 미디어와 실시간 고객 참여를 활용했다. 새로운 웹사이트와 함께 인쇄 잡지, 아이패드 앱을 내놓고, 수도 류블랴나에 새 지점을 열었다. 새 지점에서는 고객들이 무료로 재무 상담을 받고, 커피를 공짜로 마시며, 교육 정보 자료를 마음껏 읽고, 개인 재무에 대한 강연도 매일 들을 수 있다. (http://bitly.com/epic-NLB)

유니레버Unilever 유니레버는 디 아드레날리스The Adrenalist를 들고 콘텐츠 전쟁에 뛰어들었다. 이 사이트는 아드레날린과 모험에 빠져 있는 사람들에게 좋은 콘텐츠를 제공하며 자사의 디그리 멘Degree Men 데오도란트를 홍보한다. 유니레버는 사이트의 테마인 용기, 흥분, 전율을 블로그, 동영상, 남자를 위한 그루밍 팁 등 다양한 콘텐츠를 통해 표현한다(이 짜릿한 콘텐츠의 배경에는 당신의 필수품인 데오도란트가 있음을 은근슬쩍 홍보한다).

리버티 뮤추얼 Liberty Mutual 리버티 뮤추얼은 브랜드와 '책임 있는 생각, 준비, 올바른 일 실천'을 연관 짓기 위해 콘텐츠를 사용한다. 사이트의 '책임감 프로젝트The Responsibility Project'는 윤리, 정치, 경제를 포함한 다양한 분야의 문제를 다루며 삶 속에서 '책임감 있게' 행동하기에 대해 이야기한다. 사이트에는 인터랙티브 투표, 동영상, 기사, 블로그 등이 있다. 블로그에서는 회사의 제품이나 서비스에 대한 언급이 거의 없으며, 홍보성 콘텐츠보다 좋은 일반 콘텐츠가 훨씬 더 효과적이라는 사실을 잘 보여준다. (http://bitly.com/epic-liberty)

나이트메어스 피어 팩토리 Nightmares Fear Factory 캐나다 나이아가라 폭포에 있는 이 귀신의 집은 겁먹은 입장객들의 사진을 플리커에 올린다. 이 캠페인은 엄청난 화제가 됐으며, 무엇이 그렇게 무서운지 궁금해서 이곳을 방문하고 싶게 만든다. (http://bitly.com/epic-fear)

RCI 세계 최대의 회원제 휴양 시설 네트워크인 RCI는 콘텐츠 마케팅의 미래를 밝게 보고, 독자가 원하는 훌륭한 콘텐츠를 만드는 데 집중하는 일이 회원제 휴양 시설 분야를 독식하는 길이라고 생각했다. RCI의 『엔드리스 베케이션Endless Vacation』은 종이를 탈피해 아이패드로 들어갔다. 이 잡지 앱에서는 독자에게 다양한 볼거리와 흥미거리를 제공하는데, 인터랙티브 기사와 사진첩을 볼 수도 있고, (아이패드를 흔들어서!) 표지를 바꾸고, 파노라마를 보는 것 등이 가능하다. (http://bitly.com/epic-endless)

미국 해군U.S. Navy '네이비 포 맘스Navy For Moms'는 틈새 오디언스를 위한 커뮤니티다. 사람들은 이제 군 모집원의 약속에만 의지하지 않아도 된다. 자식을 해군에 보낸 부모들의 생생한 이야기를 들을 수 있기 때문이다. 커뮤니티에서는 걱정, 이야기, 아이디어(크리스마스 선물을 해외로 보내는 방법) 등을 인터랙티브한 환경에서 공유한다. (http://navyformoms.com)

렉서스Lexus 잡지 『렉서스』는 주문 출판형 잡지다. 즉, 브랜드에서 직접 제작하고 배포한 콘텐츠를 잡지에 실어서 말 그대로 브랜드가 퍼블리셔가 된 것이다. 렉서스 자동차뿐만 아니라 렉서스 라이프스타일에 대해 다루며, 여행과 럭셔리 경험에 관한 콘텐츠를 독자가 사는 지역에 맞춰서 보여준다. (http://bitly.com/epic-lexus)

구글 ZMOT는 온라인 소비자가 구매 결정을 내리기 전에 하는 핵심 활동을 규정하기 위한 용어다. 구글은 소비자의 구매 행태 변화에 관한 콘텐츠인 ZMOT를 여러 권의 전자책, 보고서, 동영상으로 개발했다. 온라인 소비자에 관한 전 세계 연구 자료 중 이 연구를 인용하지 않은 것이 거의 없다.

미국소방기술사회Society of Fire Protection Engineers 잡지『파이어 프로텍션 엔지니어링Fire Protection Engineering』은 미국소방기술사회의 공식 간행물이다(이 협회는 설립한 지 60년이 넘었고 소방 기술 전문가 4,000명 이상이 회원으로 등록되어 있다). 이 잡지의 성공 비결은 무엇일까? 콘텐츠가 편집 자문 위원회를 거치기 때문에 온라인, 인쇄 매체, 대면 행사 등에서 일관성 있는 메시지를 낸다는 것이다. 잡지 내용을 확인하고 싶다면, 동료 직원이나 당신이 속한 협회에 구독자가 있는지 알아보자. 『파이어 프로텍션 엔지니어링』의 독자는 온라인에서 최신 기사를 읽거나 인쇄 잡지를 받을 수 있다. (http://magazine.sfpe.org)

추가 사례

인텔Intel 인텔의 『iQ』는 혁신에 관한 디지털 잡지이며 인텔 직원들이 만든다. 현재 직원 200명이 사이트 내용 선별을 돕는다. 인텔은 직원 수천 명이 여기에 기여한다는 목표를 갖고 있다. (http://iq.intel.com)

소셜 미디어 이그재미너 Social Media Examiner 2009년에 시작한 이 회사는 소셜 미디어에 관련된 '~하는 방법'을 하루에 딱 하나씩만 올린다. 현재 구독자가 20만 명이며 작은 회사에서 수백만 달러짜리 행사를 개최하는 회사가 됐다. (http://socialmediaexaminer.com)

핀센트 메이슨스 Pinsent Masons 영국의 법률 사무소인 핀센트 메이슨스는 5년도 전에 아웃로닷컴을 개발해 고객과 예상 고객의 진정한 법률 자료실이 되고자 했다. 현재 월 10만 이상의 트래픽이 발생하고 있으며, 신규 수임을 이끌고 있다. (http://out-law.com)

마케팅 자동화 시스템 기업들 세계 최고의 콘텐츠 마케팅은 마케팅 자동화 소프트웨어 기업인 엘로콰, 마케토, 허브스팟 등에서 나온다. 이들의 사이트에 가서 콘텐츠 제작과 배포를 어떻게 하는지 감을 잡아보길 추천한다. (http://eloqua.com; http://marketo.com; http://hubspot.com)

락웰 오토메이션 Rockwell Automation 세계적인 제조사 락웰의 아시아 태평양 지부는 기업 콘텐츠 마케팅과 지역 이야기를 독특하게 조합하여 분기마다 온라인과 인쇄 잡지로 배포한다. 호주와 뉴질랜드판인 『오토메이션 투데이Automation Today』를 살펴보자. (http://bitly.com/epic-atap)

루이스 CK Louis CK 유명 코미디언 루이스 CK는 중간 상인을 없애버렸다. 그의 스탠드업 공연 '라이브 앳 비컨Live at the Beacon'은 입장권을 5달러에 팔아서 12일간 100만 달러 이상을 벌었다. 루이스는 이 사업 모델을 매표에도 적용했다. 이 모델에 대해 더 자세히 알고 싶다면 포브스 기사 '소비자 직접 판매의 왕, 코미디언 루이스 CK'를 읽어보자. (http://bitly.com/epic-louisck)

크라프트Kraft 브랜디드 앱 중 아주 유명한 '크라프트 i푸드 어시스턴트 Kraft iFood Assistant'는 편리한 스마트폰 앱에 맛있는 레시피를 가득 담았다. 레시피가 필요한가? 쇼핑 목록 앱도 필요하지 않은가? 크라프트는 이 앱에 그런 기능들을 모두 담았으며 모든 스마트폰 플랫폼에서 이용할 수 있다. (http://www.kraftrecipes.com/media/ifood.aspx)

콘크레인즈Konecranes 80년이 넘은 이 크레인 회사는 매체 사업에 뛰어들었다. 회사 웹사이트에는 잡지 『웨이업Way Up』, 최신 인포그래픽, 사례 연구 등 주목할 것들이 많다. (http://konecranes.com/resources)

파타고니아Patagonia 환경 피해를 유발하지 않는 일을 사명으로 삼는 파타고니아는 '발자국 찾기The footprint Chronicles'라는 콘텐츠를 개발하여 자사와 거래하는 모든 직물 공장과 협력 업체의 환경 친화성 보고서를 제공한다. 블로그와 보고서는 각 협력 업체의 장점은 물론 단점과 개선 사항까지도 보여준다는 점에서 위대하다. (http://www.patagonia.com/us/footprint)

라이프타임 피트니스 Lifetime Fitness 라이프타임 피트니스는 미국 내 센터가 100개 이상인, 1조 원 가치의 헬스 앤 피트니스 기업이다. 『익스피리언스 라이프Experience Life』는 라이프타임 피트니스가 만든 온라인 및 인쇄 라이프스타일 잡지로, 1년에 10회 출간되며 신문 가판대 판매를 제외하고 구독자만 60만 명이다. 라이프타임 피트니스는 잡지를 통해 더욱 성장했다. (http://experiencelife.com)

자포스Zappos 자포스 『ZN』은 최신 패션 트렌드를 소개하기 위해 만든 자포스의 디지털 잡지다. (이 잡지에서 확연히 드러나듯) 지난 몇 년간 자포스는 신발에서 영역을 확장하기 위해 노력을 기울여왔다. 멋진 이야기와 리뷰, 아이패드에서 바로 구매까지 할 수 있게 만든 자포스에게 박수를 보낸다(콘텐츠를 구매로 연결시킨 좋은 사례다). (http://www.zappos.com)

LCBO 나다 온타리오의 LCBO는 주류 판매 업체이자 세계 최대의 주류 구매자로, 캐나다 전역에 소매점이 600개 이상이다. 『빈티지스Vintages』는 LCBO의 와인 애호가 대상 회원지인데, 우편과 온라인 전자책 형태로 배포된다. (http://vintages.com)

클리블랜드 클리닉Cleveland Clininc 클리블랜드 클리닉은 블로그인 헬스 허브Health Hub 전담 편집 인력과 예산을 할당한다. 자폐증에 대한 질문부터 아이가 먹어도 되는 음식 등 환자들이 갖는 다양한 궁금증을 이 블로그 한 곳에서 모두 해결해준다. (http://health.clevelandclinic.org)

포시즌스 호텔 앤 리조트 포시즌스의 마케팅 대행사 페이스Pace에 따르면 포시즌스는 3,000개 이상의 콘텐츠를 생산, 392개의 채널에 배포한다. 온라인 독자의 80%는 추가 행동을 보이고, 정기 구독자는 예약 시 부가 서비스 구매 등 비구독자에 비해 30% 이상을 더 지출한다. (http://www.fourseasons.com/magazine)

스테이트 팜State Farm 거물 보험사 스테이트 팜은 배우 윌리엄 샤트너 William Shatner와 칠면조 튀기는 법을 알려주는 웃기지만 교육적인 동영상 시리즈를 제작했다. 이후 칠면조를 튀기다 입은 화상으로 보험금을 청구하는 액수가 300만 달러 줄어들었다. (http://bitly.com/epic-shatner)

머스크Maersk 국제 운송 업체인 머스크는 재미있는 이미지와 질문을 페이스북에 꾸준히 올린 결과 100만 이상의 팬을 자랑하고 있다. (http://www.facebook.com/MaerskGroup)

홀 푸즈Whole Foods 유기농 식품 선도 기업 홀 푸즈는 '다크 라이Dark Rye(온라인 매거진 『다크 라이』의 연장 매체)'라는 텀블러 페이지를 통해 지속 가능성을 추구하며 사는 보통 사람들의 이야기를 전한다. 온라인 매거진은 월간이지만 텀블러 블로그는 매일 콘텐츠가 올라온다.

제니스 스플렌디드 아이스크림Jeni's Splendid Ice Creams 제니스는 미국 오하이오주 콜럼버스시에 있으며, 초고속 성장 중이다. 제니스는 2011년 6월 『집에서 만드는 제니스 스플렌디드 아이스크림Jeni's Splended Ice Cream at home』이라는 종이책을 만들었다. 책은 월스트리트저널에서도 서평을 실을 정도로 성공했고, 덕분에 제니스는 세계시장에 진출할 정도로 성장했다. (http://bitly.com/epic-jenis)

크레딧 스위스 Credit Suisse 글로벌 금융 회사 크레딧 스위스는 디지털 잡지 『더 파이낸셜리스트』를 만들었다. 이 잡지는 최신 뉴스와 함께 시장과 경제에 영향을 주는 이슈, 트렌드, 아이디어에 대한 심층 기사를 통해 인사이트를 제공한다. (http://www.thefinancialist.com/)

선 라이프 파이낸셜 Sun Life Financial 선 라이프는 돈, 의료, 기타 가족 재무 사항에 대해 궁금한 점이 있는 가족들을 타깃 오디언스로 잡고 '브라이터 라이프Brighter Life'라는 마이크로사이트를 만들었다. 이 사이트에서는 개인 재무 관리와 은퇴 설계 분야의 기사와 영상, 팁과 도구를 소개한다. (http://brighterlife.ca/)

콜비 칼리지 Colby College 메인주에 있는 리버럴 아츠 칼리지인 콜비 칼리지는 '학생을 위한, 학생에 의한' 사이트인 인사이드 콜비를 만들었다. 학생들은 학교생활에 관련된 사진, 동영상, 팟캐스트 등을 블로깅하기 위해 이 사이트를 이용한다. (http://www.insidecolby.com/)

알테어 엔지니어링 Altair Engineering 제품개발 회사인 알테어는 10년 전부터 『콘텐츠 투 리얼리티Content to Reality』라는 인쇄 잡지를 출간해왔으며, 5만 명 이상의 설계 엔지니어들이 이 잡지를 구독하고 있다. 이 잡지는 알테어가 '낭중지추'가 되어, 알테어를 몰랐던 예상 고객과 관계를 맺는

데 일조했다. (http://bitly.com/epic-altair)

킨비를 성장으로 이끈 콘텐츠 중심 접근법

킨비는 창업 후 15개월간 대부분의 회사처럼 마케팅을 했다. (자사의 성과와 네트워크를 자랑하는 내용의) 블로그를 운영하면서 방문자들에게 내용도 불분명한 '뉴스레터' 구독을 권유했다. 그 결과, 구독률은 들쭉날쭉했다. 제품을 출시하거나 투자를 마감할 때만 구독이 폭증했다.

하지만 이런 활동들은 당연히, 확장되지 않는다. 이런 중요한 순간들 사이에 회사는 커뮤니티 형성을 위한 노력을 거의 안 했다.

입력 콘텐츠 중심의 마케팅 프로그램

첫 단계는 쉬운 것부터 고치는 것이었다. 블로그에서 자기 자랑 대신 독자에게 유용한 이야기를 하기 시작했다. '더 알아보기' 형태의 링크를 적절한 곳에 모두 배치했다. 영업성 없는 핵심 키워드 몇 가지를 내부에서 정하고, 모든 필진이 그 용어, 앵커 텍스트, 최적화된 페이지에 대해 숙지하도록 했다.

다음 단계는 자원이 필요하기 때문에 더 어려웠다. 마케팅 자동화 플랫폼을 선택하고 기본적인 잠재 고객 개발과정을 만들고, 사용자가 개인정보를 제공하는 '비용'을 정당화할 만한 콘텐츠를 만드는 것이다.

마케팅 자동화 시스템을 구축하는 일은 첫 단계인 콘텐츠 자산 쌓기보다 시간이 오래 걸렸다. 그래서 킨비는 처음에는 제약 없이 콘텐츠를 제공했다. 이렇게 하면 트래픽을 늘릴 수 있고 이 회사는 좋은 콘텐츠를 내놓는다는 평판이 생기기 때문이다. 기술 인프라를 갖추고 난 후부터 조건부로 콘텐츠를 내놓기 시작했고, 사이트에서 무료로 배포하는 것은 물론 소셜 미디어 채널 등에 비용을 내고 콘텐츠를 알리기도 했다. 전환율이 높은 주제를 찾아내고(예를 들면 안드로이드 관련 주제는 모두 전환이 잘됐다), 이 주제에 콘텐츠 제작 역량을 집중했다.

출력 킨비는 7개월 만에 이용자 커뮤니티 규모가 여섯 배 늘었으며, 매 분기 성장률은 두 배씩 오르고 있다.

출처: 킨비 콘텐츠 마케팅 부장 조 체르노프
Joe Chernov, VP of Content Marketing, Kinvey

요약: 콘텐츠 마케팅에 대해
가장 많이 하는 질문과 140자 이내의 답변
—

우리는 때로 완전한 설명보다 간단한 대답을 얻고 빨리 갈 길을 가고 싶을 때가 있다.

이런 의미에서 콘텐츠 마케팅에 대해 가장 많이 하는 질문을 모아 약

140자 정도로 대답해보겠다.

혹시 하고 싶은 질문이 여기에 없다면 언제든 편하게 나에게 알려주길 바란다.

1 B2C 콘텐츠 마케팅 우수 사례는 무엇인가요?

파타고니아, 레드불, 코카콜라, 크라프트

2 B2B 콘텐츠 마케팅 사례에는 어떤 것이 있나요?

켈리 서비스, PTC, 오픈뷰 벤처 파트너스, 시스코 시스템즈

3 사내에 콘텐츠 마케팅을 어떻게 통합시켜야 할까요?

SAS 모델을 이용하세요. 각 부서장들을 한 자리에 모으고(이메일, PR 등을 통해) 콘텐츠 활동과 관련해 업무 조율을 하기 위해 매주 미팅을 갖는 겁니다.

4 콘텐츠 마케팅 전략을 어디서부터 시작해야 하나요?

콘텐츠 마케팅 미션 스테이트먼트를 만드세요. 그러면 권위자로서 변화를 줄 수 있습니다. 전략 없이 콘텐츠 만드는 것을 중단하고 미션 스테이트먼트부터 작성하세요.

5 콘텐츠 배포 도구 중 가장 저평가된 것은 무엇인가요?

슬라이드셰어입니다. 유독 저평가되어 있습니다.

6 어떻게 콘텐츠를 더 많이 만드나요?

아마 콘텐츠는 이미 충분할 것입니다. 잘 안 되고 있는 것들을 살펴보고 거기에 들어가는 자원을 좋은 콘텐츠 만들기에 투입하세요.

7 하지만 제 콘텐츠는 이야기 형식이 아닌데요?

네, 대부분의 회사는 콘텐츠 자산이 있지만 매력적인 형식이 아닙니다. 언론인, 편집자, 스토리텔러 등을 채용하거나 계약을 하고 콘텐츠 자산이 형태를 갖추도록 도움을 받으세요.

8 콘텐츠는 자체 제작해야 하나요, 외주를 줘야 하나요?

대부분의 회사는 둘 다 합니다. 양자택일의 문제가 아니고, 왕도도 없습니다. 필요한 일을 완수하는 데 필요한 자원을 찾아보세요. 완벽을 기하기보다는 시간을 끌지 마세요.

9 고객 정보를 받고 콘텐츠를 내줘야 하나요, 아니면 자유롭게 풀어야 하나요?

목표에 따라 다릅니다. 잠재 고객을 중요한 측정치로 삼는다면 어떤 식으로든 어딘가에 양식이 필요합니다. 양식 작성을 요구하면 인지도나 공유는 활발하지 않겠죠. 목표가 무엇인지에 따라 양식 작성 요구가 좋을 수도 있습니다. 기본적으로는 자유롭게 배포하는 것이 좋습니다.

10 이메일 뉴스레터가 필요한가요?

이메일은 브랜드가 소유한 매체 중에 최고입니다. 이 채널이 활발하려면 멋진 콘텐츠가 끊이지 않아야 합니다. 블로그에서 이메일 RSS나 이메일 뉴스레터로 이어지는 방식이면 충분합니다.

11 도대체 왜 우리가 아는 것을 전부 공짜로 줘야 하나요?
돈 슐츠가 항상 말하듯, 소통만이 진정한 비교 우위입니다. 고객이 더 높이 올라가도록 당신이 돕지 않으면 누가 돕나요? 경쟁자가 고객을 돕고 당신의 자리를 빼앗겠죠 ?

12 페이스북이나 트위터를 해야 하나요?
아니요. 하지만 한다면 왜 하는지를 따져보세요. 어떤 채널을 사용하든 왜 쓰는지를 생각해봐야 합니다.

13 어떻게 하면 콘텐츠 제작 관계자들끼리 진도를 맞추나요?
콘텐츠 제작 관계자 모두에게 콘텐츠 미션 스테이트먼트를 나눠주세요. 대부분의 브랜드에서 콘텐츠 제작자들은 진짜 독자가 누구인지, 회사의 콘텐츠 미션이 무엇인지를 전혀 모릅니다.

14 고객의 가려운 부분을 아는 가장 좋은 방법이 무엇인가요?
우선 고객들과 이야기하세요. 그리고 더 많은 고객들과 이야기하세요. 그후 트위터 등에 귀를 기울이고, 설문조사를 해보세요. 그후 영업이나 고객 서비스 담당자와 이야기하세요. 그리고 다시 고객과 이야기하세요.

15 콘텐츠 마케팅의 ROI는 어떻게 측정하나요?

측정하지 마세요. 콘텐츠 마케팅의 구체적인 목표를 파악한 후, ROO를 측정하세요. 콘텐츠 마케팅의 4대 지표 유형을 참고해서 측정하세요.

16 가장 효과가 좋은 콘텐츠는 무엇인가요?

크라프트의 줄리 플라이서는 이렇게 말합니다. 첫번째, 목적을 가질 것. 두번째, 매력적일 것. 세번째, 고객이 있는 곳으로 갈 것. 네번째, 알맞은 때의 중요성을 기억할 것. 다섯번째, 지표를 알고 있을 것.

17 콘텐츠와 콘텐츠 마케팅의 차이는 무엇인가요?

콘텐츠 마케팅을 통해 고객의 행동이 바뀌고 개선돼야 합니다. 이것이 안 되면 그냥 콘텐츠입니다.

18 임원진이 콘텐츠 마케팅을 도입하게 하려면 어떻게 해야 하나요?

효과를 입증하세요. 파일럿을 시작하세요. 텔레비전 프로그램이 확정되려면 파일럿이 필요합니다. 콘텐츠 마케팅도 그렇게 해야 합니다. 달성할 지표를 정하고 6개월간 파일럿 프로그램을 운영해보세요.

19 콘텐츠 마케팅이 실패하는 가장 큰 이유는 무엇인가요?

가장 큰 이유는 브랜드가 콘텐츠 생산을 중단해서입니다(캠페인 위주의 사고방식). 다음은 꾸준하지 못해서입니다. 마지막이 콘텐츠가 평범해서입니다.

20 콘텐츠 마케팅에서 디자인이 얼마나 중요한가요?

잡지에서 표지의 목적이 무엇입니까? 펼쳐보게 하는 것입니다. 여기에는 디자인의 역할이 큽니다. 디자인이 안 좋아서 관여를 이끌어내지 못하면 콘텐츠가 무슨 소용인가요? 디자인에 투자하세요.

21 마케터들이 당연히 해야 하는데 신경도 안 쓰는 영역이 있을까요?

모바일 콘텐츠입니다. 콘텐츠가 모바일에서 잘 안 보이면 고쳐야 합니다.

22 브랜드들이 퍼블리셔보다 콘텐츠 제작과 배포를 더 잘하게 될까요?

특정 영역에서 일부 브랜드들은 그럴 것입니다. 하지만 퍼블리셔와 브랜드는 함께할 때 더 잘합니다. 브랜드는 자원이 많지만, 매체 모델이 변하고 있습니다. 좋은 쪽으로요. 전통적인 매체의 수요는 항상 있을 것입니다.

23 한 가지 플랫폼으로 모든 고객에 대응하면 안 될까요?

광범위 뉴스 매체가 요즘 잘되고 있나요? 파타고니아가 어떻게 하는지, 필요에 따라 얼마나 많은 콘텐츠 플랫폼을 이용하는지 보세요.

24 다른 것을 다 중단하고 콘텐츠 마케팅만 해야 하나요?

잘리고 싶으세요? 콘텐츠 마케팅은 다른 마케팅을 대체하지 않고 공존해야 합니다. 현재 문제는 대부분의 브랜드들이 콘텐츠 마케팅에 충분히 익숙하지 않고, 부족한 부분을 메꿔야 할 필요가 있다는 것입니다.

콘텐츠 마케팅 수칙

—

나는 콘텐츠 마케팅 혁명과 그 중요성을 잊지 않기 위해 다음을 인쇄하여 벽에 붙여놓았다.

- 콘텐츠는 할인 등의 혜택보다 중요하다.
- 결제가 끝났다고 고객관계가 끝나지 않는다.
- 전면 광고만 인쇄 마케팅이 아니다.
- '콘텐츠 되기'가 '콘텐츠 갖기'보다 중요하다.
- 개입은 버림받고 관여는 환영받는다.
- 블로그는 고객 소통과 마케팅의 핵심이 될 수 있고, 돼야 한다.
- 내부 마케팅이 외부 마케팅보다 항상 우선이다.
- 브랜드는 슬로건이 아니라 관계다.
- 내가 파는 물건보다 고객이 원하는 것에 집중해야 한다.
- 보도자료를 만드는 이유는 언론에 나가기 위함이 아니라 고객이 온라인에서 당신의 좋은 콘텐츠를 찾게 하기 위함이다.
- 고객과 직접 이야기하는 것이 최고다.
- 마케터는 퍼블리셔가 될 수 있고, 돼야 한다.
- 요즘 기존 퍼블리셔들은 마케터들을 두려워한다.
- 콘텐츠 없이 커뮤니티가 존재할지는 몰라도 가망은 없다.

- 마케팅 브로셔는 모든 마케팅 전략 계획에서 제외돼야 한다.
- 디자인 없는 콘텐츠는 손이 가지 않는다(혹은 마케팅 목표를 달성해주지 못한다).
- 잠재 고객 발굴은 마케팅에서 극히 일부분일 뿐이다.
- 편집자 채용은 모든 조직에서 선택이 아니라 필수다.
- 모든 매체나 서비스는 항상 무언가를 판다.
- SEO에서 롱테일 효과가 일어나려면 회사 블로그나 웹사이트에 꾸준히 콘텐츠가 올라와야 한다.
- 회사 웹사이트의 90%는 회사나 제품의 훌륭함만 얘기하고 고객은 잊어버린다.
- 회사 웹사이트의 90%는 엉망진창이다.
- 구매자는 광고를 통제한다. 기존의 판매과정은 바뀌었다. 유관한 콘텐츠가 있어야 구매과정이 시작된다.
- 고객의 일터, 집, 노는 곳 어디에서든 장편 브랜디드 콘텐츠를 만들 수 있다.
- 미래의 CMO는 콘텐츠 책임자다.
- 고객은 영감을 원한다. 영감을 주는 사람이 되자.
- 콘텐츠 마케팅의 정답은 없다. 실험을 두려워하지 말자.
- 오프라인 행사는 여전히 오디언스와 닿는 가장 좋은 방법일 것이다.
- 단순함의 힘을 간과하지 말자.
- 콘텐츠 마케팅이 성공했다면 프로세스를 제대로 갖췄기 때문이다.
- 위대한 콘텐츠 마케팅의 지름길은 없다. 발에 땀이 나도록 해야 한다.

- 사이트 트래픽을 위해 검색엔진에 너무 의존하지 말자.
- 콘텐츠 큐레이션은 중요하지만, 전략은 아니다. 업계에서 신뢰받는 전문가가 되려면 독자 콘텐츠를 만들어야 한다.
- 완벽을 기하지 말자. 위대한 콘텐츠가 완벽할 필요는 없다. 완벽할 리도 없다.
- 외주를 효과적으로 이용하자. 그리고 고객에게는 훌륭한 외주자가 되자.
- 콘텐츠에서 규모 확장 문제가 없다면, 성장이 정체된 것이다.
- 콘텐츠 걸작을 만들기 전에, 어떻게 마케팅할지 파악하자.

이제 당신의 이야기를 들려줄 차례다

—

　　나는 독자들이 콘텐츠 마케팅을 통해 훌륭한 일을 많이 하리라고 믿는다. 이 책을 덮을 때면 고객과 회사를 위한 에픽 콘텐츠를 만들고 배포하는 데 필요한 도구는 갖췄을 것이다. 이제 하산하자.

1 콘텐츠 마케팅 미션 스테이트먼트를 작성하고 다듬자.

2 콘텐츠 마케팅을 함께 진행할 제휴사를 찾자.

3 콘텐츠가 적을 때 효과가 큰 경우도 있다.

4 사내에서 오피니언 리더를 세 명 이상 찾자. 그리고 콘텐츠 계획에 포함하자.

5 이들을 모두 토스트마스터(Toastmasters, 미국의 유명 연설 교육 서비

스)로 보내 연설 실력을 늘리도록 하자

6 가장 중요한 오디언스를 규명하고, 이들을 위한 인쇄물을 고려해보자.

7 슬라이드셰어 담당자를 두고 콘텐츠 마케팅에 어떻게 활용할지 알아보자.

8 업계에서 다룬 적이 없는 이야기 시리즈를 만들어보자.

9 올해부터는 콘텐츠 랜딩 페이지 하나당 콜투액션을 하나만 두자.

10 '코카콜라 콘텐츠 2020'을 30분간 분석해보자.

11 올해 콘텐츠 활동 중 하나를 중단하자.

12 책을 쓰자.

13 연말 전에 소셜 미디어 인플루언서 목록을 정비하자.

14 인플루언서 콘텐츠를 종합하여 편집하자(예를 들어 인플루언서가 제시한 통찰을 다루는 전자책).

15 주간 콘텐츠 계획에 마케팅 부서가 아닌 직원을 최소 다섯 명 이상 포함하자.

16 페르소나별로 콘텐츠를 달리 만들자.

17 경영진을 위한 팟캐스트를 시작하자.

18 모든 영업 인력과 개인 면담을 갖고 고객이 가장 불편한 부분이 무엇인지 묻자.

19 고객이 가장 많이 하는 질문 100개 목록을 만들자.

20 예술가에게 작품을 의뢰하여 다음 콘텐츠에 사용하자.

21 기존 마케팅 활동 중 하나를 선정하여 콘텐츠 마케팅을 통해 개선하자.

22 이메일 구독자를 두 배로 늘린다는 목표를 잡자.

23 콘텐츠 마케팅 월드에 참석하자. (영업해서 유감이다.)

24 한 달에 마케팅과 관련 없는 책을 한 권씩 읽자. (새로운 콘텐츠 마케팅 아이디어를 줄 것이다.)

25 CEO나 상사에게 보고할 콘텐츠 마케팅 측정 계획을 짜되, 사업 목표와 관련 있는 지표만을 넣자.

26 틀에 박힌 보도자료 대신 흥미로운 이야기를 보도자료로 만들자.

27 업계 잡지 퍼블리셔와 손잡고 콘텐츠를 만들자.

28 고객에게 필요한 연구 보고서를 의뢰하고 제작하자.

29 보고서를 통해 밝힌 사실을 이용하여 6개월짜리 캠페인을 운영하고, 콘텐츠를 최소 20편 이상 만들자.

30 콘텐츠에 이미지를 더 똑똑하게 쓰도록 노력하자.

31 블로그 포스트를 모두 검토하여 독자들이 어떤 제목에 적절히 반응하는지 알아보자.

32 예산이 있다면 업계에서 인수할 만한 매체사를 알아보자.

33 콘텐츠를 스마트폰과 태블릿에서도 읽기 쉬운지 확인하자.

34 부서마다 편집 책임자를 두고 각각 적어도 일주일에 한 번은 만나자.

35 고객 대상 행사를 열어 회사 업무 소개 없이 업계 소식에 관한 내용을 알려주자.

36 올해는 전혀 예상치 못한 콘텐츠를 만들어보고, 무슨 일이 일어나는지 지켜보자.

37 내년에는 이야기 소재 하나당 콘텐츠를 10편씩 만들자.

38 업계의 큰 행사에 촬영 담당자와 기자를 보내서 행사 소식을 전하자.

39 콘텐츠 공유 수를 기준으로 내부 콘텐츠 제작자들에게 분기별로 상을 주자. 시상 행사를 많이 알리자.

40 업계 최고의 블로그 10개를 뽑고 블로거들을 모아 협력 방안 브레인스토밍 자리를 만들자.

41 고객 서비스 책임자에게 작년 불만 사항 상위 10개를 물어보자. 불만 사항에 도움이 되는 콘텐츠 계획을 짜자.

42 올해 무엇을 하건, 업계 누구도 하지 않는 이야기를 하자.

마치며

—

이 책을 끝까지 읽은 독자들에게 정말 감사드린다. 당신이 이 책에 들인 시간과 노력을 정말 귀하게 생각한다.

물론 당신의 콘텐츠 마케팅은 이제 시작이고, 콘텐츠 마케팅은 계속해서 진화할 것이다. 콘텐츠 마케팅의 모든 것을 뒤처지지 않고 알고 싶다면 CMI 블로그 'ContentMarketingInstitute.com'을 구독하길 바란다. 후회하지 않을 것이다.

이제 고객에게 세계 최고의 이야기를 들려주어 세상을 바꾸자. 에픽!

과감한 모험 없는 인생은 인생이라 할 수 없다

_헬렌 켈러HELEN KELLER

ㄱ

간접 잠재 고객 발굴 429

강연 팁 298

    슬라이드 299-300

    아리스토텔레스 302

    의상 300

개인정보보호약관 262

객원 필진 258

검색엔진 최적화(SEO) 374

    검색 문구 374-375

    소셜 멘션 377

    키워드 375

    키워드 문구 375, 377

겁주기 전략 89

고객 서비스 148

고객 유지 148, 431

공유 버튼 428

공유 지표 426

공저 293

과거 콘텐츠 355, 363, 367

관여과정 173

교육 콘텐츠 283

구글

    드라이브 213

    알리미 252, 390

    애널리틱스 114-115, 169, 423, 427

    애드워즈 376

    키워드도구 252

    판다 243

    펭귄 243

    ZMOT 50, 447

구글+ 354

    델 355, 356

    오서랭크 355

구독 144, 261-262, 429-430, 436-437

구두계약 178

구매 결정 181

구매과정 165, 180-183

구매자 페르소나

    문제 인식 계기 165

    우려 사항 165

    프로필 166

구매자 페르소나 선언 163

구원으로서의 글쓰기(나탈리 골드버그) 322

급등 검색어 189

기대 효과 165

기업 영업의 e마케팅 전략(아다스 알비) 194

기타 센터 444

길라드 드 브리 373

ㄴ

나이트메어스 피어 팩토리 445-446
나탈리 골드버그 322
뉴스위크 276
뉴욕타임스 57-58, 71
닛산 58

ㄷ

다운로드 수 425, 429
다이렉트 마케팅 대행사 243
대안을 위한 대안 134
대필 작가 294
대화 251, 252
댄 매카시 156
데이비드 미어만 스콧 32, 392
돈 페퍼스 88
돈이 보이는 플랫폼(마이클 하얏트) 327
디지털 발자취 156
디지털 에이전시 243
디지털 잡지 281
딜로이트 토론 블로그 253, 254

ㄹ

라이프타임 피트니스, 익스피리언스 라이프 잡지 449-450

락웰 오토메이션, 오토메이션 투데이 잡지 448
랜드 피시킨 369, 370
러셀 스파크먼 411
레고 66
  마이 레고 네트워크 67-68
  애니메이션 67
  ID 68-69
레녹스 로드쇼 298
레드 스미스 321
레드불 104-105, 125, 361-362
렉서스 잡지 446
로드쇼 297-298
로렌 루크 443
로버츠 앤 더키 로펌 443
로버트 로즈 60, 124, 410
루이스 CK 448
리 오든 329
리버 풀스 앤 스파스 110, 421
리버티 뮤추얼 445
링크드인 269, 329, 340, 352-354, 366
  그룹 353
  세일즈포스 353-354
  회사 페이지 352

ㅁ

마이크로블로깅 364
마이크로사이트 36, 67, 290

마이클 와이스 411

마이클 조던 144, 145

마이클 하얏트 327

마커스 셰리단 110, 111, 410, 421

마케팅 스코어 303, 304

마케팅 자동화 시스템 423, 448, 454

마케팅과 PR의 새로운 법칙(데이비드 미어만 스콧) 272

마크 레비 322

만화책 296

맞춤형 잡지 273

맞춤형 퍼블리셔 243

매니징 콘텐츠 마케팅(로버트 로즈) 60, 80

매서블 141, 401

매체사 77, 92, 104, 105, 156-157, 328

매출 지표 430

　　설명 431

　　수기 431

매트릭스 70

맥킨지 라운드테이블 288

머니볼(마이클 루이스) 145

머스크 451

면책조항 122, 123

모네테이트 333

모바일 최우선 전략 75

모바일앱 284

　　차민 싯오어스콰 285

모즈 369, 370

목표 대비 수익률(ROO) 81, 414, 416, 432

문서 조회 수 425

미국 해군 446

미국소방기술사회, 파이어 프로텍션 엔지니어링 잡지 447

미션 스테이트먼트 196, 332, 341, 455, 457

　　사우스웨스트 항공 198

　　우수 사례 204-206

　　윌리엄스—소노마 206

　　CVS 약국 198

미슐랭 가이드 45

밀레니얼 세대 53

ㅂ

발행 부수 156

방사형 모델 329

배지 359-360

배포 266, 273, 329, 455

백서 260, 263-264, 265, 288, 391, 392

번즈 앤 맥도넬, 벤치마크 잡지 45-46

벼락 천재(마크 레비) 322

보스턴 글로브 57

보틀헤드 포럼 309

분납형 임대 콘텐츠 전략 76-77

분석 313, 314, 315, 410, 417, 423

브랜드스케이핑(앤드류 데이비스) 192, 398

브릭 킥스 잡지 68

블랙햇 검색엔진 최적화 54

비개입 마케팅 32

비교 기준 166

비교 우위 457

비메오 270, 350

비밀 임무 조직 242

비즈니스투커뮤니티 385

ㅅ

사실에 입각한 콘텐츠 140

사업 모델 63-66, 80

사업 목표 206-207, 409

사업 목표/콘텐츠 목표 144, 145, 146,
338

사용 후기 268

상향 판매 148

서베이몽키 170, 307

선 라이프 파이낸셜 452

설문조사 170, 307-308, 457

성과급 방식, 프리랜서 작가 고용 235

세상을 설득하는 매혹의 법칙(샐리 호그
셰드) 53

세스 고딘의 블로그 139

셔윈 윌리엄스, STIR 디지털 잡지 442

셰인 스노우 237

소비 지표 425

　　페이지뷰 425

소셜 마케팅 불변의 법칙, 유용성(제이
배어) 124

소셜 미디어 35, 54, 108, 170, 243,
270, 344

소셜 미디어 4-1-1 398

소셜 미디어 이그재미너 잡지 448

소통 창구 169, 225

스마트, 베터리 매거진 332-334

스마트머니 276

스마트폰 50, 358

스모시 151

스윗 스팟 207-208

스카이워드 235, 388

스카이폴 영화 123

스타라이트러너 101

스텀블어폰 362-364

　　디스커버리 엔진 362

　　유료 디스커버리 서비스 363

　　민트닷컴 363-364

스테이트 팜 451

스토리보드 321-322

스토리텔링 30, 46, 59, 129, 169, 321,
347

스팸메일 260

스프레드시트 313-314

슬라이드셰어 366-368, 455

시스코 시스템즈 125, 129, 296

시어스, 세상에서 제일 큰 가게 45

실시간 콘텐츠 139-140

ㅇ

아다스 알비 412

아델 레벨라 163

아메리칸 익스프레스 오픈포럼 202, 206

아멕스 204

안전지대 133

알테어 엔지니어링, 콘텐츠 투 리얼리티 잡지 452, 453

애드버토리얼 73, 74, 77

애질런트 테크놀로지스, 인형극 영상 443

앤드류 데이비스 192-193

야후 360, 364

어도비 CMO.com 55, 56

어반 마셜 아츠 블로그 444

업계 134-135, 404-405

업계 순위표 289

엘로콰

　그랑데 가이드 시리즈 241

　블로그 나무 306-307

열성 구독자 149

영업용 멘트 137-138

오디언스 59-60, 74, 77-78, 81-85, 134, 135, 146-151, 278-281, 359

오디언스 페르소나 159-171, 176, 178, 180, 214, 216, 337

오디오북 294, 295

오라클 테크놀러지 네트워크 283, 284

오레오 슈퍼볼 트윗 139-140

오프라인 매출 지표 431

오프라인 행사 65-66

오픈뷰 벤처 파트너스 107, 128, 150-151

온라인 게임 304

온라인 구독 현황 조사 415

온라인 매출 지표 431

온라인 박람회 295

온라인 보도자료 272-273

온라인 설문조사 307

온라인 커뮤니티 309

올스테이트 351, 352

옴니추어 169

외부 콘텐츠 크리에이터 233

외주 133

우량 잠재 고객 178

워드프레스 213, 330

워런 버핏 192-193

월마트 63

월스트리트저널 141

웨비나 65, 76, 260, 269, 283, 284, 298

웹 데이터 분석 169-170

위드비 카마노 섬 관광 260

월 데이비스 413

유니레버 445

유스카은행 105

유튜브 151, 270, 271, 329, 340, 350

윤리 강령 237-238

이러닝 시리즈 283
이메일 325, 427, 429
이메일 뉴스레터 260, 269-270, 456-457
인디엄, 엔지니어에게 엔지니어가 블로그 440
인바운드 링크 427
인스타그램 360-362
인터넷방송 269
인터뷰 95-100
인텔 63, 447
인투잇 랩스 441
인포그래픽 36, 260, 305, 428
인플루언서 258, 259, 396
일대일 대화 169
입소문 83

ㅈ

자유연상 글쓰기 322
자포스 125, 282, 450
작가의 벽 322
잠재 고객 발굴 지표 428
잠재 고객 전환 147, 433
잡지 273, 281
전담 관리 317-318
전자책 36, 260, 265, 288, 367
전화 세미나 286
전환율 418, 429

제너럴 밀스, 테이블스푼 커뮤니티 442
제니스 인포텍 커뮤니티 441
제리 맥과이어 영화 92
제이 배어 424-425
제이슨 폴즈 409
제이슨 프리드 413
젤로 레시피북 45
존 디어 43-44, 63, 204
존 리 뒤마 287
질의응답 259, 368
짐 맥더못 169
집에서 만드는 제니스 스플렌디드 아이스크림 451

ㅊ

차별화된 가치 81
최고 경청 책임자(CLO) 225
최적화(리 오든) 329
최종 후보 선정 181

ㅋ

카피라이터 234
카피블로거 미디어 139, 150, 327
캐터필러 온라인 커뮤니티 441
컨버스 이 주의 트랙 271
컨빈스 앤 컨버트 424

켈리 서비스 76, 386-387

코카콜라

    코카콜라 콘텐츠 2020 92-93, 94, 129

    코카콜라 행복 공장 101

콘크레인즈, 웨이업 잡지 449

콘텐츠 10 대 1 법칙 386

콘텐츠 관리 시스템(CMS) 330

콘텐츠 리더 127

콘텐츠 마케팅 각본 400

콘텐츠 마케팅 벤치마크 조사 308

콘텐츠 마케팅 월드(CMW) 170-171

콘텐츠 마케팅 인스티튜트(CMI) 29, 65, 170, 203, 206, 270

콘텐트 마케팅 파워 49, 107, 293

콘텐츠 마케팅 피라미드 416

콘텐츠 마케팅 효과 측정하기 408

콘텐츠 마케팅의 역사 인포그래픽 306, 307

콘텐츠 배치표 178

콘텐츠 신디케이션 385

콘텐츠 원자화 387

콘텐츠 인지 125, 126

콘텐츠 재고 실사 312-314

콘텐츠 제작 프로세스 220

콘텐츠 주인 134

콘텐츠 채널 계획 336

    어조 339-340

콘텐츠 크리에이터 224

콘텐츠 판매 매출 63-64

콘텐츠 패키지 257

콘텐츠 포화 지표(CSI) 113

콘텐츠는 화폐다(존 우에벤) 48

콘텐츠라는 자산 151-154

콘텐츠를 위한 콘텐츠 제공하기 157

콜비 칼리지 452

콜투액션 134, 217, 257, 266, 269-270, 273, 301, 382

콜트래킹 서비스 382

쿼라 368

큐레이션된 콘텐츠 141

크라프트 푸즈 150, 203, 207, 449

크레딧 스위스, 더 파이낸셜리스트 디지털 잡지 452

크리스 모리츠 312

클리블랜드 클리닉 50

키워드 문구

    유료 검색 378-379

    철자 378

킨비, 콘텐츠 중심 접근법 453-454

ㅌ

타코벨 트위터 페이지 349, 350

텀블러 364

    스니펫 364

테논관광 26

테슬라 모터스 71-72

테크니컬 라이터 234

토드 윗랜드 386

톰 기에라심척 409

톰 포렘스키 58

톰 피시번 296, 297

톱랭크 온라인 마케팅 246, 329

투자수익률(ROI) 410, 414, 433-434, 458

트래블팟의 트래블러 IQ 챌린지 305

트렌드 190

트위터 285, 299, 329, 340, 348, 390, 457

팀 모란 55

ㅍ

파라메트릭 테크놀로지(PTC) 라이프사이클 블로그 203, 207, 267-268

파일럿 제작하기 89

파일럿 팀 242

파타고니아, 발자국 찾기 449

판매 깔때기 174, 175

판매과정 173

팝업 157

팟캐스트 283, 286

패스트 컴퍼니 88, 104, 105

퍼로우 잡지 43-44

퍼블리셔 152, 273, 459

페어팩스 미디어 58

페이스북 285, 290, 329, 340, 345, 348, 360, 457

  그래프 검색 346

  타깃팅 346

  퓨리나원 347, 348

페이지 포스트 타깃팅(PPT) 346

편집 일정표 212, 341

  브레인스토밍 217

  콘텐츠 제목 216

  핵심 지표 217

  비고 217

  제작일 215

편집자 169, 214, 218, 223, 456

편집장 223, 320

포드 440

포스퀘어 358

  뉴욕 공공 도서관 359-360

포시즌스 호텔 앤 리조트 450-451

포지티블리 클리블랜드 393

프랙털 마케팅 191

프레드 윌슨 86

프록터 앤 갬블(P&G) 45, 57, 200, 331, 334

  BeingGirl.com 331-332, 334

  HomeMadeSimple.com 200, 201

프리랜서 작가 233

플리커 360

피셔 인베스트먼트 139

핀센트 메이슨스, 아웃로닷컴 448

핀터레스트 329, 355

ㅎ

해시태그 348, 349, 354
핵심 성과 지표(KPI) 412, 418
허브스팟 113-114, 126, 410
허핑턴 포스트 141, 401
헤드라인 255-256
헬프 스카우트 367-368
홀 푸즈 451
홍보 조직 243
효율적인 콘텐츠 141

A~Z

ARX 266, 267
Bitly URL 430
C.C. 챕먼 412
CCO 잡지 170-171, 221-223, 277, 280
CCO(콘텐츠 본부장) 221-223, 226-232, 240
CXO 414, 418
Enterprise SEO Tools: The Marketer's Guide 379
FAQ 265
GE(General Electric) 71, 357-358, 442
IAB(Interactive Advertising Bureau) 57

IBM 204, 263-264, 365, 366, 440
Inc. 잡지 138, 199-200, 328
LCBO, 빈티지스 잡지 450
NLB은행 444
PK 워즈워스 홈 컴포트 블로그 253-254
PR 20/20 303, 304
PR 뉴스와이어 272
RCI, 엔드리스 베케이션 디지털 잡지 446
RSM 맥글래드리 어드밴티지 뉴스레터 274
SEM러시 377
TD 아메리트레이드, 싱크머니 잡지 276

10배의 법칙(그랜트 카돈)186
2013년 CMI와 마케팅프롭스가 공동으로 수행한 콘텐츠 마케팅 벤치마크 조사 54
5가지 핵심 인사이트 166
70/20/10 투자 모델 99

작가에 대하여

조 풀리지는 원조 콘텐츠 마케팅 전도사다. 그는 2001년부터 '콘텐츠 마케팅'이라는 용어를 사용했다. 그는 'CMI'의 설립자로, CMI는 기업들에게 콘텐츠 마케팅을 교육하는 선도 기업이며, 2012년 잡지 『Inc.』가 선정한 고속 성장 비상장 기업 365위를 기록했다. CMI는 매년 9월 오하이오주 클리블랜드에서 열리는 세계 최대의 콘텐츠 마케팅 행사 '콘텐츠 마케팅 월드' 주최사다. 이 행사에는 포천 50대 기업의 절반 이상이 참가한다.

조 풀리지는 전 세계 12개국 200개 이상의 곳에서 콘텐츠 마케팅 사례에 대한 강연을 했으며, (공)저서로는 『콘텐트 마케팅 파워』 『매니징 콘텐츠 마케팅』이 있다.

홈페이지 joepulizzi.com이나 트위터 @JoePulizzi를 통해 독자들과 활발히 소통하고 있으며, 오렌지색 의상이 그의 트레이드마크다.

역자 후기

우리는 변화에 가속도가 붙는 시대에 살고 있습니다. 인공지능, 로봇, 디지털 기술이 진화했고, 어릴 때 봤던 SF 영화에 나오던 이야기가 현실이 되었습니다. 마케팅도 마찬가지입니다. 날마다 새로운 플랫폼, 툴, 기술이 생겨나고, 어떻게 따라가야 할지 막막합니다. 고객을 모으고 설득하기는 날로 복잡하고 어려워만지고 있습니다.

하지만 저는 어떤 기술이 나오든, 세상의 흐름이 어떻게 바뀌든, 깨지기 힘든 두 가지 원칙이 있다고 생각합니다. 하나는 '개인화' 또하나는 '실시간 마케팅'입니다. 코카콜라, 디즈니, 구글, 존슨앤드존슨 등 마케팅의 최전방에 있는 글로벌 대기업들은 모두 다양한 기술과 툴을 이용하여 개인화와 실시간 마케팅을 실현하기 위해 노력합니다. 기존처럼 하고 싶은 말을 그럴싸하게 포장하여 매스미디어에 살포하기만 하면 원하는 결과가 나오는 시대는 끝났기 때문입니다. 개인화와 실시간 마케팅을 위해 노력하는 기업들에게는 공통점이 있습니다. 바로 '콘텐츠 마케팅 프로세스'를 철저하게 따른다는 점입니다. '콘텐츠 마케팅'은 마케팅 수단이 아니라 '철학'이자 '사업 모델'이고 '프로세스'입니다. 사업 목표와 마케팅 목표를 명확히 정하고, 이에 맞추어 고객의 상황과 필요에 맞는 콘텐츠를 제때 제공할 수 있게 해주는 원칙과 같습니다. 콘텐츠도 넘쳐나고 마케팅도 범람하는 요즘, 광고비를 쏟아붓는다고 경쟁자들의 틈바구니 속에서 홀로 돋보이거나 고객들의 신뢰를 얻는 것은 거의 불가능합니다. 이제 '콘텐츠 마케팅'만이 고객을 찾고, 그들의 신뢰를 얻고, 사업을 성장시킬 수 있는 유일한 방식입니다.

국내에서도 '콘텐츠 마케팅'이라는 말이 퍼진 지 몇 년이 지났습니다. 콘텐츠 마케팅을 주제로 하는 대규모 정기 콘퍼런스도 생겼습니다. 하지만 콘텐츠 마케팅에 대해 하는 얘기들을 들어보면 모두가 '장님 코끼리 만지는듯 하다'는 생각을 해왔습니다. 누군가는 브랜디드 콘텐츠로 언론에 자연스럽게 노출하는 것이 콘텐츠 마케팅이라고 하고, 누군가는 페이스북이나 인스타그램 등 소셜 미디어 채널 운영만 이야기합니다. 또 누군가는 블로그 마케팅의 중요성을 강조하면서 내용은 부실하고 노출만 많이 되는 블로그 콘텐츠 양산을 유도합니다. 전문가로 알려진 사람들조차도 오디언스 페르소나와 브랜드 페르소나를 착각하고, 이런 잘못된 지식을 널리 공유합니다.

이런 상황에 대한 안타까움에 이 책을 번역하게 되었습니다. 『에픽 콘텐츠 마케팅』은 콘텐츠 마케팅에 대해 이해하고 실천하기 위한 모든 내용을 담고 있습니다. 원서가 출간된 지 4년이라는 시간이 지났기 때문에 일부 사례, 플랫폼, 도구 등에 대한 내용은 현 상황과 달라진 부분이 있지만 그 근간은 같습니다.

모두가 마케팅이 점점 더 어려워지고 복잡해진다고 호소하지만, 저는 원서가 출간되었을 때에 비하면 지금의 상황은 많이 우호적이라고 생각합니다. 글로벌 대기업이나 소규모 자영업자나 콘텐츠 마케팅의 기본 프로세스는 동일합니다. 기존 고객에 대한 정보와 각종 애널리틱스를 이용하여 잠재 고객을 찾아내고, 구매자 페르소나를 통해 그들의 생각을 파악하고, 페르소나 데이터와 페이스북, 구글 등의 사용자 데이터를 통해 고객에게 필요한 콘텐츠를 구매과정에 따라 타깃팅하여 제공하고, 측정을 통해 이 과정을 개선합니다. 놀랍게도 이 일련의 과정에서 광고 비용은 커피 한잔 값 정도면 충분합니다. 이제는 비용에 대한 부담 없이 수천, 수만 명의 사람들에게 메시지를 전달할 수 있게 되었고, 온라인 콘텐츠의 형식도 누가 발행하나 균일합니다. 정말 마음만 먹으면, 콘텐츠 마케팅 프로세스를 실무에 적용하려고 노력하면, 적은 비용과 인력으로 국내는 물론 세계 최대 기업들과 동일한 프로세스로 대등하게 경쟁할 수 있게 되었습니다.

제가 이 책에서 가장 공감하고 도움을 받은 부분은 15장의 「씁쓸한 현실」입니다. 이 절에는 좋은 콘텐츠 마케팅 대행사를 고르는 법이 나옵니다.

'온갖 종류의 대행사들은 오랫동안 고객을 위한 광고와 마케팅 프로그램을 만들어왔지만, 스스로를 마케팅하는 일은 잊어버린다.

콘텐츠 마케팅은 더 하다.'

이 문장을 보기 전과 후의 제 인생과 회사는 완전히 달라졌습니다. 제가 대표로 있는 밸러스트아이앤씨는 국내 대기업의 이런저런 콘텐츠 영상, 주로 애니메이션 영상을 제작하는 회사였습니다. 말로는 콘텐츠 마케팅을 표방했지만 실은 영상 제작 프로덕션에 가까웠습니다. 기존의 영상 제작으로는 부티크 에이전시로서 딱 회사를 운영할 수 있을 정도 의 매출만 내고 있었고, 수익성이 크지는 않았습니다. 게다가 몇 안 되 는 클라이언트의 내부 상황에 심하게 영향을 받았습니다. 수익성이 작 은데 매출 절벽을 만났고, 이렇다 할 업적은 쌓지 못한 채 시간만 흘러 회사의 존속을 걱정하는 상황이었습니다. 이전 몇 년 간 콘텐츠 마케팅 을 한다고 주장해왔던 제 회사도 앞에서 말한 '장님'과 다를 게 없었습 니다. 웹사이트는 있었지만 서비스 내용은 모호했고, 잠재 고객에게 다 가가려는 노력도 전혀 하지 않았습니다.

이랬던 회사에 변화가 있기 시작한 건 본격적으로 '콘텐츠 마케팅을 해야겠다'고 생각하고 『에픽 콘텐츠 마케팅』의 내용을 그대로 실천해본 다음부터였습니다. 우선 저 자신에 대해, 그리고 회사의 존재이유와 사 명에 대해 생각하고 고민하는 시간을 가졌습니다. 그리고 전략-제작- 배포-측정의 프로세스로 매체사처럼 꾸준히 콘텐츠를 냈습니다. 기업 의 경영자나 마케팅 담당자에게 도움이 될 만한 콘텐츠를 만들고, 여러 채널에 올리고, 밸러스트아이앤씨의 웹사이트로 방문하도록 유도했습니 다. 웹사이트와 배포 채널에서 콘텐츠의 성과를 측정하고 이를 반영하 여 다양한 제작-배포 실험을 했습니다. 그 결과 콘텐츠 마케팅과 제반 서비스에 관한 문의를 많이 받게 되었고 계속해서 회사를 이끌어나갈 수 있었습니다. 지금은 회사의 존속에 대해 걱정하지 않습니다. 대신 콘텐츠 마케팅을 통해 좋은 클라이언트를 많이 만나고, 클라이언트를 잘 도울 수 있는 방법을 골몰하며, 앞으로 해나갈 멋지고 위대한 일에 대한 즐거운 상상을 합니다. 물론 지금도 밸러스트의 콘텐츠와 배포 방식은 계속해서 변하고 진화하고 있습니다.

마지막으로 '콘텐츠 마케팅'에 대해 강조하고 싶은 것이 한 가지 있습니다. 바로 조직의 '사명'과 '사업 목표'입니다. 조직 구성원들이 사명과 목표에 공감할 때 콘텐츠 마케팅은 그 효과를 제대로 내기 시작합니다. 이것이 안 되면 흔히 마케팅을 폄하할 때 쓰는 '마케팅팔이'를 벗어나지 못할 것입니다.

번역을 하는 내내 머릿속 한 켠에는 어딘가에서 나름의 이유와 기대로 이 책을 읽고 계실 독자분들이 있었습니다. 번역자로서, 마케팅 에이전시의 대표로서, 삶과 일의 의미를 찾는 개인으로서, 좀더 나은 일의 방식과 세상을 만들기 위해 노력하는 사회 구성원으로서, 독자분들과 삶과 생각의 한 부분을 공유한다는 사실을 떠올릴 때마다 즐거웠습니다. 그리고 이 책이 독자 여러분들께도 좋은 영향을 준 책으로 오래 남기를 바랍니다.

2017년 가을
김민영

에픽 콘텐츠 마케팅

© Joe Pulizzi 2013

1판 1쇄	2017년 9월 11일
1판 4쇄	2023년 4월 21일

지은이	조 풀리지
옮긴이	김민영
펴낸이	김승욱
편집	김승관 한지완
디자인	이현정
마케팅	정민호 박치우 한민아 이민경 박진희 정경주 정유선 김수인
브랜딩	함유지 함근아 박민재 김희숙 고보미 정승민 배진성
제작	강신은 김동욱 임현식

펴낸곳	이콘출판(주)
출판등록	2003년 3월 12일 제406-2003-059호

주소	10881 경기도 파주시 회동길 455-3
전자우편	book@econbook.com
전화	031-8071-8677
팩스	031-8071-8672

ISBN	978-89-97453-90-0 03320

＊이 도서의 국립중앙도서관 출판시도서목록(CIP)은 서지정보유통지원시스템
홈페이지(http://seoji.nl.go.kr)와 국가자료공동목록시스템(http://www.nl.go.kr/kolisnet)에서
이용하실 수 있습니다. (CIP제어번호: CIP2017022524)